Franz Heininger (Hrsg.) – **TRINKWASSER · Quelle des Lebens**

Franz Heininger (Hrsg.)

Hermann Kuhn / DDDr. Franz Langmayr / Dr. Alois Riedler
Prof. Dr. Gerhard Vogel / Dr. Devanando Weise

Trinkwasser

Quelle des Lebens

Ein ganzheitlicher Weg
zu gesunder Ernährung und Umwelt

W. ENNSTHALER VERLAG, A-4402 STEYR

3. Auflage 1994

ISBN 3 85068 361 3

Satz, Druck und Verlag: Wilhelm Ennsthaler, A-4402 Steyr

INHALT

Unsere grosse Chance

— Franz Heininger und Hermann Kuhn —

Steht uns das Wasser schon bis zum Hals?

Optimisten haben ja die Ansicht, es wäre erst 5 Minuten *vor* 12. – Es sei noch nicht zu spät, wir haben noch Chancen.

Pessimisten dagegen meinen, es wäre bereits 5 Minuten *nach* 12. – Der Zug sei abgefahren, die Menschheit gehe dem Untergang entgegen, – es sei nur noch eine Frage der Zeit, wann das Jüngste Gericht stattfindet.

Haben Sie schon entschieden, zu welcher Kategorie Sie gehören wollen, – in welches dieser beiden Boote Sie einsteigen?

Wenn Sie noch unentschlossen sind – geben Sie uns ein paar Minuten Ihrer Zeit – ich bieten Ihnen

Eine dritte Alternative

Diese Alternative ist allerdings nicht so simpel wie die oben angeführten, vorgefertigten, fixierten Meinungen. Sie präsentiert sich nicht als fertiges Denkschema, sie kann nicht einfach übernommen werden, denn – **diese Alternative gestalten Sie selbst**.

Trotz gegenteiliger Veröffentlichungen in Presse und Fernsehen *besitzen wir immer noch die Fähigkeit, unsere Zukunft selbst zu formen*. Das mag Ihnen angesichts der vielen publizierten und eingebildeten Probleme zwar wie eine Utopie klingen, doch – lehnen Sie diese Alternative nicht gleich ab – selbst wenn der Verstand im Augenblick nicht weiß, wo er diesen Gedanken einordnen soll.

Noch einmal deutlich: **WIR haben die Fähigkeit, unsere Zukunft selbst zu gestalten und WIR entscheiden auch, wie hoch uns das Wasser stehen soll.**

Katastrophenalarm oder Medienspektakel?

Was ist nun mit den ganzen katastrophalen Nachrichten, die täglich, ja stündlich auf uns einstürmen? Sollen wir denn die Medien ignorieren, den Kopf in den Sand stecken?

Dazu eine kurze Überlegung: Was bieten uns die Medien?

Tag für Tag, Stunde für Stunde muß eine fast unübersehbar große Zahl von Zeitungen, Radio- und TV-Sendungen etwas Interessantes anbieten, um ihre Kunden (Leser, Hörer und TV-Seher) bei der Stange zu halten. Soweit sogut, doch was passiert, wenn – wie so oft – keine interessanten, neuen Ereignisse stattfinden? Ein Zustand, der für die Redakteure völlig undenkbar ist.

Haben Sie in den Nachrichten schon jemals gehört: *„Es ist nichts Interessantes passiert, – schalten Sie bitte wieder ab."* Vielleicht wäre diese *„echte"* Nachricht ehrlicher, als das was *ALLE* Medien in diesem Fall tun: Sie blasen unwichtige Ereignisse unabhängig von ihrer Bedeutung so lange auf, bis sie zu einer *„Nachricht"* geworden sind.

Sehen wir uns die ach so wichtigen Nachrichten im Fernsehen doch einmal kritisch an:

Die eine Hälfte berichtet ausführlich über unwichtige Reden unwichtiger Politiker, – die sowieso nur selten das meinen, was sie sagen.

Die andere Hälfte zeigt Katastrophen, die uns nicht betreffen. Und wenn wirklich einmal etwas passiert, das uns direkt und unmittelbar angeht, dann sind die Medien fast immer irreführend, beschwichtigend und ungenau. Das beste Beispiel ist immer noch der Fall Tschernobyl: Weder Regierungen noch Medien wußten etwas, aber kaum einer besaß den Mut, das auch zuzugeben.

Es bleibt das „Wetter von Morgen". Doch die meisten dieser *„Voraussagen"* sind inzwischen so global gefaßt, daß jeder Aussagewert verlorengeht. Originalton Fernsehen: *„Teils heiter, teils wolkig, strichweise Regen ..."* – das deckt nun wirklich alle Varianten ab und klingt wie eine moderne Fassung der alten Bauernregel: *„Wenn der Hahn kräht auf dem Mist, ändert sich das Wetter, oder es bleibt wie es ist."*

Die meisten künstlichen „Nachrichtenblasen" verschwinden glücklicherweise nach kurzer Zeit wieder, da sie nach mehrmaligem Durchkauern schon keine *„Nachrichten"* mehr sind. Einige dieser „Blasen" haben jedoch ein hartnäckiges Leben und werden bei jeder Gelegenheit wieder aufgewärmt. So geistert der „Treibhauseffekt" mit penetranter Regelmäßigkeit über den Bildschirm. Alle paar Monate gibt es neue *„revolutionäre"* Erkenntnisse, die die entsprechenden Professoren mit medienwirksamer Überzeugung vertreten. Ob jedoch eine neue Eiszeit auf uns zukommt, die Polkappen schmelzen, oder nur eine etwas wärmere Periode stattfindet, wie es sie auf der Erde schon oft gab, weiß niemand. Das Einzige, was wirklich feststeht, ist, daß es keine Methode gibt, das Wetter verläßlich vorherzuberechnen.

Verschwenden Sie Ihre Zeit und Energie nicht auf künstlich erzeugte Medienpanik. Betrachten Sie die Nachrichten mit Distanz und machen Sie sich Ihre eigenen Gedanken – das ist die dritte Alternative.

Wer ist eigentlich Kapitän auf dem Raumschiff Erde?

Die Politiker? Haben Sie wirklich den Eindruck, daß Politiker steuern können? Henry Kissenger, der lange Zeit eine der höchsten Machtpositionen innehatte, sagte sinngemäß einmal:

„Die Menschen glauben immer, daß wir Politiker unsere Projekte genau definieren und durch unsere Macht alle Handlungen, die dahin führen, exakt im Griff haben. Die Wirklichkeit sieht anders aus: Politische Projekte sind wie Flöße, die in einem Strom schwimmen. Wir als Politiker versuchen, diese Flöße in eine Richtung zu steuern, die wir als richtig ansehen. Ob uns das gelingt, ist eine ganz andere Frage – und ob die Richtung stimmt, die wir uns vorstellen, ist in noch größerem Maße fraglich."

Die Wirtschaftsführer? Das Prinzip: *„Geld regiert die Welt"?* – Ist das wirklich bewußt gesteuert, wenn Giganten wie IBM mit allen ihren gewaltigen Analysemöglichkeiten schon bei geringen Marktveränderungen so grundlegend ins Schleudern kommen und Jahr für Jahr höhere Verluste schreiben? (IBM ist nur ein Beispiel, die Liste läßt sich endlos ausweiten: Trump, BCC, Maxwell, COOP, Slater, Nixdorf, Neckermann, ...). Wenn die Großen des Marktes schon nicht steuern können, wer dann?

Der Zufall? – Das Modell, nach dem Alles im Kosmos wie ein großes Würfelspiel abläuft, bei dem die Einen mit Glück und Wohlstand ausgestattet werden und die Anderen in Armut verhungern, ist zu primitiv, um die ganze Komplexität der Welt erklären zu können.

Gott? – Auch das Bild des grauen, strengen Vaters, der über uns wacht, dem Einen (aus unerklärlichen Gründen) lieb gesonnen ist, und den Anderen bestraft (wegen seiner vielen Sünden), scheint überholungsbedürftig.

Was bleibt? – Wir selbst. *Wir* gestalten unsere Welt nach unseren Vorstellungen – ob sie aus uns heraus kommen oder von Außen in uns hereinprogrammiert werden. All das, was wir je erleben können, liegt in der Entscheidung jedes Einzelnen von uns. Zwar ist es einfacher, die Vorstellungen anderer über uns zu übernehmen, doch wenn Sie die dritte Alternative wählen – *jetzt und hier* haben Sie die Steuerung selbst in der Hand.

WIR sind der Kapitän. Doch –

Wer sind WIR eigentlich?

Sind wir armselige schwache Kreaturen, Sünder, aus dem Paradies verstoßen und dazu noch mit Erbsünde behaftet – wie viele Religionen sagen?

Sind wir Marionetten rücksichtsloser Durchsetzungskraft mit nichts als Zerstörung und Krieg im Kopf – wie Darwin sagte: *nur der Stärkste überlebt?*

Sie schütteln den Kopf. Beide Konzepte können nicht stimmen. Doch – wieviele Jahrhunderte lang wurden uns diese Bilder eingeprägt und von Generation zu Generation wach gehalten? Wieviel davon liegt noch unentdeckt in unserem Unterbewußtsein und beeinflußt – auch jetzt noch – unsere täglichen Entscheidungen?

Die Frage – *wer sind wir* – ist ja heute wieder ganz aktuell. Nicht umsonst erfahren alte Weisheitslehren einen Boom, nicht unsonst suchen viele ihren Guru. Esotherik ist in. Doch hat sie die Antwort? Franz Alt sagte einmal: „So mancher Esoteriker hält seinen eigenen Vogel schon für den heiligen Geist, der über ihn gekommen ist."

Können wir die alten Programmierungen überhaupt durch neue Lehren und neue Philosophien auflösen? Eignen sich Glaubensrichtungen (egal welcher Couleur) überhaupt dazu, unsere heutigen Probleme zu lösen?

Wer sind wir? Was wissen wir wirklich von uns?

Es tut ganz wohl, diese Frage einmal unabhängig von esoterischen, religiösen und weltanschaulichen „Vor-Urteilen" zu betrachten, auch wenn die Antwort fast banal klingt: Wir sind *Körper, Seele* und *Geist.*

Den Körper glauben wir zu kennen. Er begleitet uns täglich und scheint uns vertraut – solange er korrekt funktioniert. Doch, wenn er nicht mehr mitspielt und auch Antibiotika nicht wirken, dann wissen wir plötzlich nur sehr wenig über ihn.

Die Seele. Noch vor 100 Jahren berichtete der Arzt Virchow, er habe hunderte von Leichen aufgeschnitten und dabei niemals eine Seele entdecken können. Spätestens seit Freud, Adler und Jung dürfen wir auch im wissenschaftlichen Sinn nicht nur aus *Körper* bestehen. Da der Begriff „Seele" für viele aber immer noch zu intim ist und zu eng mit Religion verknüpft scheint, hat die Wissenschaft das Wort „Psyche" (griechisch für Seele) dafür eingesetzt – um den Begriff kleiner und erträglicher zu machen.

Die moderne Medizin führt inzwischen jedoch schon bis zu 90% aller Erkrankungen auf psychosomatische (d.h. seelische) Ursachen zurück. So unwichtig scheint die *Seele-Psyche* dann also doch nicht zu sein, auch wenn wir uns nur ungern mit ihr beschäftigen.

Der Geist. Mit dem Wort *„Geist"* assoziieren wir normalerweise *Verstand, logisches Denken, Intellekt* und *Vernunft.* Wenn wir den Bereich jedoch nur ein wenig weiter fassen, kommen *Intuition, Inspiration, Idee* und *Kreativität* hinzu – und schon wird die Definiton schwieriger.

Einstein behauptete, daß wir nur 10 Prozent unserer Gehirnkapazität in Anspruch nehmen. Wenn das stimmt, steckt in jedem von uns ein Genie. Unser Geist wäre dann verschwenderisch mit schöpferischen Kräften ausgestattet, die uns fast völlig unbekannt sind.

Eine Unmöglichkeit?

Bedenken Sie, daß jedes Artefakt, jeder Gegenstand, der je von Menschen geschaffen wurde, im ersten Stadium seiner Fertigung eine kreative IDEE war, und erst dann in die physische Form umgesetzt wurde. Die Vielfalt der Gegenstände, die uns umgeben, zeugt von dieser immensen Energie – der Mechanismus des kreativen Geistes ist überall zu erkennen.

Warum sollten wir mit dieser Kreativität nicht auch unsere Welt aktiv nach unseren Vorstellungen formen? Das wäre doch eine attraktive dritte Alternative.

Unsere große Chance

Das einzige Sichere in unserem Leben ist Veränderung – egal, ob sie schnell oder langsam stattfindet. Wir können uns entscheiden, darunter zu leiden oder auf eine bessere Zukunft zu warten. Wir können Veränderung aber auch als eine phantastische Möglichkeit ansehen, hier und jetzt die Gegenwart und die Zukunft in die von uns gewünschte Form zu bringen.

Der Schlüssel liegt im Verstehen und in der kritischen Auseinandersetzung mit Medien, überkommenen Konzepten, eingefahrenen Programmierungen, modischer Esoterik, etc. Es liegt in Ihrer Hand, ob Sie die dritte Alternative als ein modernes Märchen ansehen, – oder zum Anlaß nehmen, Ihre Welt kreativ selbst zu gestalten.

Dieses Buch ist das Erste einer Reihe. Es gibt Ihnen neue Informationen zu den grundlegenden Elementen unseres Lebens. Und es soll Ihnen – sofern Sie möchten – den Einstieg in eine kreative dritte Alternative erleichtern.

Die faszinierende Welt des Wassers

— Hermann Kuhn —

Das unbekannte Element

In unserem täglichen Leben sind wir fast ständig von Wasser umgeben. Wir trinken, kochen und waschen mit Wasser, in unserer Freizeit schwimmen wir darin und wenn es regnet, schneit oder hagelt, kann es uns manchmal sogar zu viel werden.

Mit Wasser scheinen wir also bestens vertraut zu sein. Doch wissen wir – außer der Formel H_2O – wirklich etwas darüber?

Wußten Sie,

- daß Wasser in unseren Adern als eine Art **weiches Eis** fließt?
- daß sich Schallwellen im Wasser **viermal schneller** fortpflanzen, als in der Luft.
- daß es **18 verschiedene Formen** von Wasser gibt?
- daß Wasser sich elegant über viele grundlegende Gesetze der Physik und Chemie hinwegsetzt?
- daß **„reines“** Wasser entgegen landläufiger Meinung keinen Strom leitet.
- daß Wasser ein **universelles Lösungsmittel** ist, dem auf Dauer kein Material – Eisen, Stein, Mineralien etc. – standhalten kann.
- daß Wasser äußerst seltsame, ja fast mysteriöse Eigenschaften hat, die der Wissenschaft heute immer noch Rätsel aufgeben und **in vielen Teilaspekten überhaupt nicht erforscht** sind?

Noch vor einer Generation fand das Thema Wasser in der Öffentlichkeit kaum Beachtung. Heute jedoch beunruhigen uns zunehmend Berichte in Presse, Funk und Fernsehen, die die Qualität unseres Trinkwassers immer mehr in Frage stellen. Viele Menschen möchten daher mehr über die Flüssigkeit wissen, die um sie herum und in ihnen ist.

Dieses Buch stellt Ihnen die faszinierende Welt unseres wichtigsten flüssigen Elementes vor. Es gibt Ihnen Einblick in die Qualität unseres Leitungswassers, zeigt Ihnen, wie Sie Reinigungsmethoden bewerten können und führt Sie *„hautnah“* an die Aufgaben heran, die Wasser in unserem Körper zu erfüllen hat.

Die Grundbausteine des Universums

Als vor über 100 Jahren der russische Physiker Mendeleyev nach dem System suchte, das den Grundbausteinen unseres Universums – den sogenannten *„Elementen“* – zugrunde liegt, entdeckte er, daß sich bestimmte wichtige Eigenschaften der Elemente periodisch wiederholen.

Diese sich wiederholenden Eigenschaften brachten ihn auf die geniale Idee, die Elemente tabellenartig so anzuordnen, daß alle Elemente, die die gleichen Eigenschaften besitzen, untereinander stehen. Er fand das *„Periodische System der Elemente"*.

Gold **Au** (chem. Zeichen) – 79 (Protonenzahl (Ordnungszahl)) – 196,97 (relative Atommasse)

I. Hauptgruppe	II. Hauptgruppe	III. Nebengruppe	IV. Nebengruppe	V. Nebengruppe	VI. Nebengruppe	VII. Nebengruppe	VIII. Nebengruppe			I. Nebengruppe	II. Nebengruppe	III. Hauptgruppe	IV. Hauptgruppe	V. Hauptgruppe	VI. Hauptgruppe	VII. Hauptgruppe	VIII. Hauptgruppe
Wasserstoff **H** 1 1,008																	Helium **He** 2 4,003
Lithium **Li** 3 6,94	Beryllium **Be** 4 9,01											Bor **B** 5 10,81	Kohlenstoff **C** 6 12,01	Stickstoff **N** 7 14,007	Sauerstoff **O** 8 15,999	Fluor **F** 9 18,998	Neon **Ne** 10 20,18
Natrium **Na** 11 22,99	Magnesium **Mg** 12 24,31											Aluminium **Al** 13 26,98	Silicium **Si** 14 28,086	Phosphor **P** 15 30,974	Schwefel **S** 16 32,066	Chlor **Cl** 17 35,45	Argon **Ar** 18 39.95
Kalium **K** 19 39,10	Calcium **Ca** 20 40,08	Scandium **Sc** 21 44,96	Titan **Ti** 22 47,88	Vanadium **V** 23 50,94	Chrom **Cr** 24 51,996	Mangan **Mn** 25 54,94	Eisen **Fe** 26 55,85	Cobalt **Co** 27 58,93	Nickel **Ni** 28 58,69	Kupfer **Cu** 29 63,55	Zink **Zn** 30 65,39	Gallium **Ga** 31 69,72	Germanium **Ge** 32 72,61	Arsen **As** 33 74,92	Selen **Se** 34 78,96	Brom **Br** 35 79,90	Krypton **Kr** 36 83,80
Rubidium **Rb** 37 85,47	Strontium **Sr** 38 87,62	Yttrium **Y** 39 88,91	Zirkonium **Zr** 40 91,22	Niob **Nb** 41 92,91	Molybdän **Mo** 42 95,94	Technetium **Tc** 43 [98]	Ruthenium **Ru** 44 101,07	Rhodium **Rh** 45 102,91	Palladium **Pd** 46 106,42	Silber **Ag** 47 107,87	Cadmium **Cd** 48 112,41	Indium **In** 48 114,82	Zinn **Sn** 50 118,71	Antimon **Sb** 51 121,75	Tellur **Te** 52 127,60	Iod **I** 53 126,90	Xenon **Xe** 54 131,29
Cäsium **Cs** 55 132,91	Barium **Ba** 56 137,33	Lanthan **La** 57 138,91	Hafnium **Hf** 72 178,49	Tantal **Ta** 73 180,95	Wolfram **W** 74 183,85	Rhenium **Re** 75 186,21	Osmium **Os** 76 190,2	Iridium **Ir** 77 192,2	Platin **Pt** 78 195,08	Gold **Au** 79 196,97	Quecksilber **Hg** 80 200,59	Thallium **Tl** 81 204,38	Blei **Pb** 82 207,19	Bismut **Bi** 83 208,98	Polonium **Po** 84 [209]	Astat **At** 85 [210]	Radon **Rn** 86 [222]
Francium **Fr** 87 [223]	Radium **Ra** 88 226,03	Actinium **Ac** 89 [227]	Element 104 **(Unq)** 104 [261]	Element 105 **(Unp)** 105 [262]	Element 106 **(Unh)** 106 [263]	Element 107 **(Uns)** 107 [264]	Element 108 **(Uno)** 108 [265]	Element 109 **(Une)** 109 [266]	110	111	112	113	114	115	116	117	118

Periodisches System der Elemente

Aus diesem *„periodischen System der Elemente"* hätten sich nun eigentlich auch die Eigenschaften von Wasser ergeben müssen. Doch das Wasser spielte nicht mit. Es verhielt sich gegen jede Regel. Hier einige Beispiele:

- Nach den Gesetzen der Physik müßte Wasser bereits bei *minus 46 Grad* (Celsius) anfangen zu kochen und nicht erst bei plus 100 Grad.
- Die größte Dichte von Wasser liegt nicht, wie zu erwarten, bei seinem Gefrierpunkt d. h. bei Null Grad Celsius, sondern bei ca. plus vier Grad.
- Fast alle Substanzen dehnen sich aus, wenn man sie erhitzt – wir kennen diesen Effekt von unseren Quecksilberthermometern. Wasser jedoch beginnt zu schrumpfen, wird vom Volumen her kleiner, je mehr Wärme es aufnimmt. Es verdichtet sich sozusagen.
- Auch die Umkehrung ist richtig: Normalerweise werden Substanzen beim Abkühlen vom Volumen her kleiner. Nicht jedoch Wasser – je mehr Wärme wir herausziehen, desto mehr dehnt es sich aus.
- Und noch ein weiterer Punkt: Wenn wir eine Substanz unter Druck setzen, dann erhöht sich normalerweise deren Temperatur. Wasser jedoch können wir beliebig hohem Druck aussetzen, seine Temperatur steigt nie über 35,6 Grad Celsius.

Die Wissenschaft und das Wasser

Um 1790 entdeckte Lavoisier – der eigentliche Begründer der Wasserchemie – daß Wasser sich durch die chemische Formel H_2O darstellen läßt. Allzuviel weiter kam er mit seinen Forschungen jedoch nicht, da er in den Wirren der Französischen Revolution der Guillotine zum Opfer fiel.

Seit dieser Zeit hat sich die Wissenschaft zwar auf der Basis H_2O ausführlich mit den chemischen Eigenschaften des Wassers beschäftigt, darüberhinaus aber kaum untersucht, warum es sich auf physikalischer Ebene so seltsam verhält.

Erst 1967 hat beispielsweise der Physiker Pauling die Frage endgültig beantworten können, warum Wasser überhaupt flüssig ist – nach den physikalischen Gesetzen müßte es eigentlich einen festen Block bilden.

Fast vollständig geklärt sind die subtileren Aufgaben des Wassers im menschlichen Organismus. So arbeitet Wasser im Körper nicht nur als Lösungs-, Transport- und Kühlmittel. Es ist ein genialer Informationsträger, der sich an eine Vielzahl von Organoberflächen anpaßt, die unterschiedlichsten Körperflüssigkeiten in individuellem Maße verdünnt und hochflexibel auf äußere Einflüsse reagiert. Nahrung, Getränke, Medizin, aber auch Mikroorganismen, Gifte, etc. können nur durch Wasser Eingang in den menschlichen Organismus finden und sich darin verteilen.

Das Problem liegt darin, daß die Formel H_2O nur einen Teilaspekt von Wasser beschreiben kann.

H_2O ist ein mechanisches Modell, das unserer technischen Zeit entstammt. Mit mechanischen Modellen können wir zwar Maschinen bauen, doch versagen diese Modelle regelmäßig bei der Übertragung auf lebende Organismen.

Zwar lassen sich viele Funktionen des Wassers in unserer Umwelt durch mechanische Modelle erklären, doch bleiben wichtige Aspekte – besonders im organischen Bereich – vermutlich noch für längere Zeit ungeklärt.

Wenn sich Wasser auch nur in einem Punkt *„normal"* verhalten würde, gäbe es kein Leben auf der Erde.

Leben ist nur durch Wasser möglich. Und von der Qualität der ca. 60 Liter Wasser, die jeder von uns in seinem Körper trägt, hängt entscheidend ab, wie gut wir uns fühlen.

Sehen wir uns diese mysteriöse Substanz einmal genauer an.

Eine Substanz mit Eigenheiten

H_2O (Wasser) ist wohl die bekannteste chemische Formel der Welt – doch kaum jemand weiß, was sie eigentlich bedeutet. Nehmen wir H_2O deshalb als Einstieg in unser mysteriöses Element.

Wasserstoff – **H** – hat Platz für zwei Elektronen, besitzt aber nur eins.

Sauerstoff – **O** –
hat Platz für 8 Elektronen,
besitzt aber nur 6.

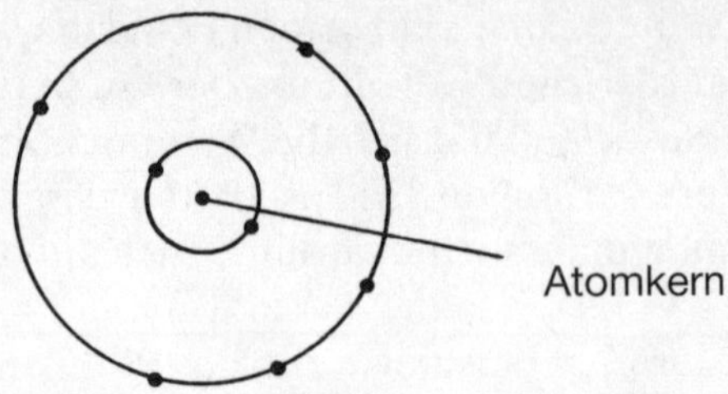

Da jedes Element versucht, seine freien Elektronenplätze zu füllen, verbinden sich ein Atom Sauerstoff und zwei Atome Wasserstoff zu einem Wassermolekül. Sie besetzen gegenseitig ihre *„freien"* Plätze und sind zueinander so stabil, daß sic sich kaum wieder voneinander trennen lassen.

H - O - H

Doch mit der Formel H_2O allein kommen wir nicht weit. Wir kennen damit zwar die Zusammensetzung von Wasser, haben aber noch keine Erklärung, warum dieses Molekül so außergewöhnliche Fähigkeiten besitzt.

Was Wasser so eigenartig macht, ist die *„Anordnung"* der beiden Wasserstoffatome, die in ihrer Bildung an das Sauerstoffatom einen Winkel von genau 105 Grad bilden.

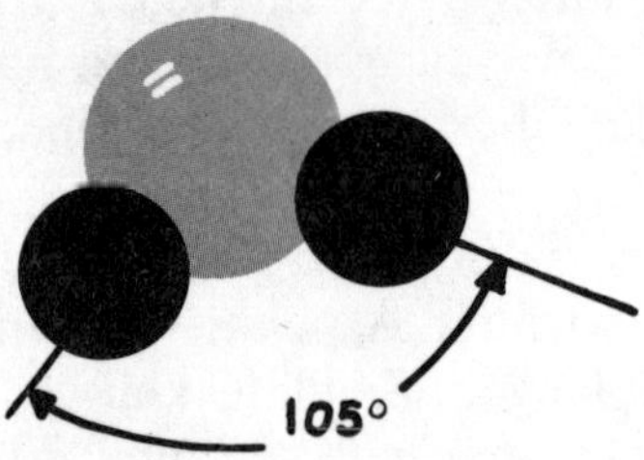

Dieser spezielle Winkel ist die Ursache für viele seltsame Eigenschaften des Wassers. So können beispielsweise Schneeflocken unendlich viele Varianten haben, bilden aufgrund dieses Winkels aber immer eine sechseckige Form.

Durch die asymmetrische Verteilung des Wasserstoffs wirkt das Wassermolekül wie ein winzig kleiner Magnet, der auf der Wasserstoffseite positiv geladen ist und auf der Sauerstoffseite negativ.

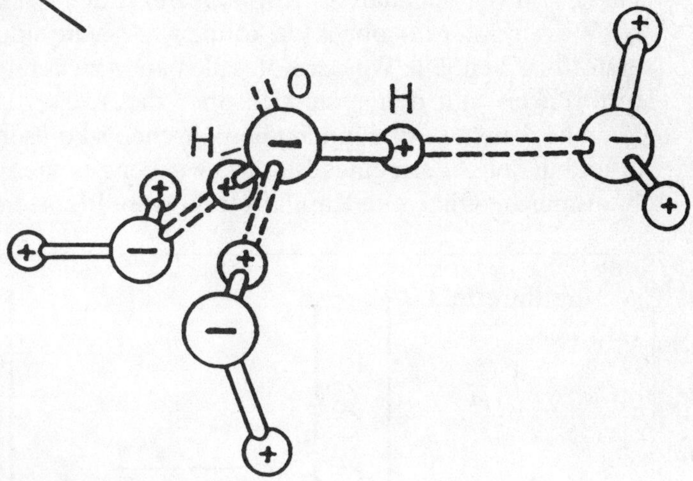

Die unterschiedlich geladenen Pole ziehen benachbarte Wassermoleküle an und verbinden sich mit ihnen über sogenannte *„Wasserstoffbrücken"* zu langen Molekülketten.

Wasserstoffbrücken finden wir auch in den Erbinformationen unserer Zellen – der DNS – also in den Grundbausteinen des Lebens wieder. Wasserstoffbrücken sind außerordentlich stabil und lassen sich nur mit viel Energie wieder auflösen. Aus diesem Grund müssen wir Wasser stark erhitzen, um einzelne Moleküle als Dampf zum Verlassen der Wasseroberfläche zu bringen. Die hohe Energie des Erhitzens wird dabei dem Dampf mitgegeben und läßt sich in der Industrie bestens für Antriebszwecke einsetzen.

Wie stark Wasserstoffbrücken sein können, sehen wir auch an der hohen Oberflächenspannung von Wassers. Eine Stahlnadel – siebenmal dichter als Wasser – kann auf dieser Oberfläche schwimmen.

Das lebensspendende Element

Haben Sie sich nie gefragt, wie in Bäumen das Wasser von den Wurzeln bis in die höchsten Spitzen gelangt? Bäume haben ja keine Muskeln, die Wasser nach oben pressen könnten. – Wie kommt das Wasser dort hinauf?

Verantwortlich für diese oft Hunderte von Metern hohe Klettertour des Wassers ist der sogenannte *Kapillareffekt*, den wir auch an der Innenwand von Wassergläsern beobachten können. Ursache sind hier ebenfalls die Wasserstoffbrücken. Die Wassermoleküle bauen zu der nassen Glaswand Wasserstoffbrücken, mit denen sie sich über die Wasseroberfläche hinaus an der Wand hochziehen. In dünnen Glasröhrchen ist dieser Effekt noch ausgeprägter und in den Adern eines Baumes wird er zu einem lebensspendenden Mechanismus. – Ohne den Kapillareffekt wäre Pflanzenleben nicht möglich.

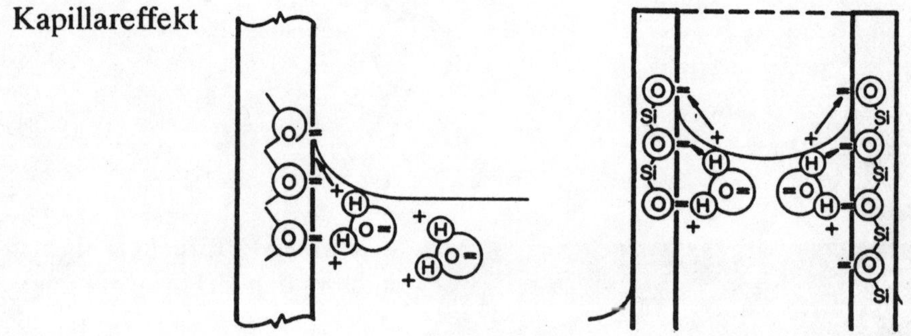

Die Wasserstoffatome des Wassers bauen zu den Sauerstoffatomen der Glaswand Brücken auf und ziehen sich damit „Hand über Hand“ an der Glaswand hoch. In sehr dünnen Rohren ist dieser Effekt ausgeprägter.

Auch gefrorenes Wasser – Eis – ist im Vergleich zu anderen Substanzen äußerst ungewöhnlich. Statt sich wie alle anderen Elemente durch Abkühlung zu verdichten, bilden sich im Inneren des Eises große Hohlräume. Durch diese Hohlräume und durch seine spezifische Dichte wird Eis leichter als Wasser und kann schwimmen.

Das mag ja alles stimmen – werden Sie denken, aber was ist daran so aufregend?

Nun – stellen Sie sich eine Welt vor, in der sich Wasser nicht *„gegen die Regeln“* verhält, sondern wie ein *„normales“* Element reagiert.

Was wäre, wenn sich Wasser „normal“ verhalten würde?

– Im Winter würde das Eis in unseren Flüssen auf den Boden des Flußbettes sinken. Auf der Oberfläche könnte sich keine isolierende Schicht bilden, unter der das Wasser weiterfließt. Ohne schützende Isolierung würde jedoch mehr und mehr Wasser gefrieren, bis schließlich nur noch ein Rinnsal auf einer soliden Eisunterlage übrigbleibt.

- Alle unsere Seen würden von unten nach oben gefrieren und damit jeden Winter ihr gesamtes biologisches Leben zerstören.
- Ohne die Fähigkeit des Wassers, Wärme und Kälte über lange Zeiträume zu speichern und nur langsam abzugeben, würden die Lufttemperaturen um mehr als hundert Grad schwanken. Wie in ausgedehnten Wüstengebieten ohne große Wasserflächen könnten die Temperaturen tagsüber bis über fünfunddreißig Grad Celsius ansteigen und in der Nacht bis weit unter Null Grad abfallen.
- Der Wind wäre nicht durch Luftfeuchtigkeit gebremst und Stürme würden ständig über die Erdoberfläche toben.

Ohne die Anomalien des Wassers wäre Leben – wie wir es kennen – auf der Erde nicht möglich.

Sie sehen, was für ein faszinierendes Thema Wasser sein kann.

Viele seiner seltsamen und subtilen Eigenschaften sind kaum erforscht und viele vermutlich noch nicht einmal entdeckt. Wir wissen jedoch, daß die Qualität unseres Trinkwassers großen Einfluß auf unsere Gesundheit hat. Deshalb wollen wir uns einmal ansehen, wie es um das Wasser bestellt ist, das wir täglich zu uns nehmen.

stern
Wie der Quell
des Lebens
vergiftet wird
Vorsicht,
Trinkwasser!

Was kommt aus Ihrem Wasserhahn?

Alles Wasser, das wir heute trinken, ist das gleiche Wasser, das unsere Vorfahren vor 2000 Jahren schon getrunken haben und das vor 10.000 Jahren und auch vor 100.000 Jahren schon existierte.

Wir haben auf der Erde eine begrenzte Menge Wasser, zu der nichts hinzukommt und von der auch kaum etwas verschwindet.

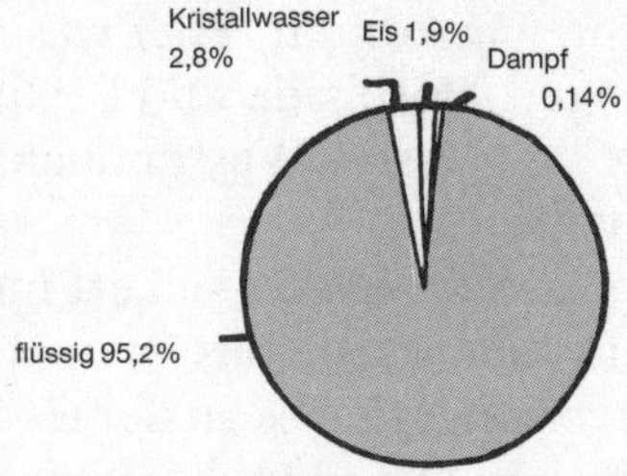

Der weitaus größte Teile dieses Wassers bedeckt in Form von Meeren ca. 70% der Erdoberfäche. Es ist Salzwasser, das für uns in dieser Form nicht genießbar ist.

Nur etwa 1% des gesamten Wasservorrates unseres Erde ist Süßwasser, 99% sind entweder Salzwasser, Eis oder Dampf.

Alles Wasser befindet sich in einem ständigen Kreislauf. Es wird an der Erdoberfläche von der Sonne erwärmt – verdunstet – sammelt sich in Form von Wolken – fällt als Regen wieder zur Erde – und dringt, sofern es nicht in Flüsse oder Seen fällt, in den Boden ein.

Im Boden sickert es – manchmal über Jahrzehnte hinweg – durch mehr oder weniger mineralhaltige Schichte, bis es sich in Grundwasserströmen sammelt und schließlich als Quellwasser wieder zutage tritt.

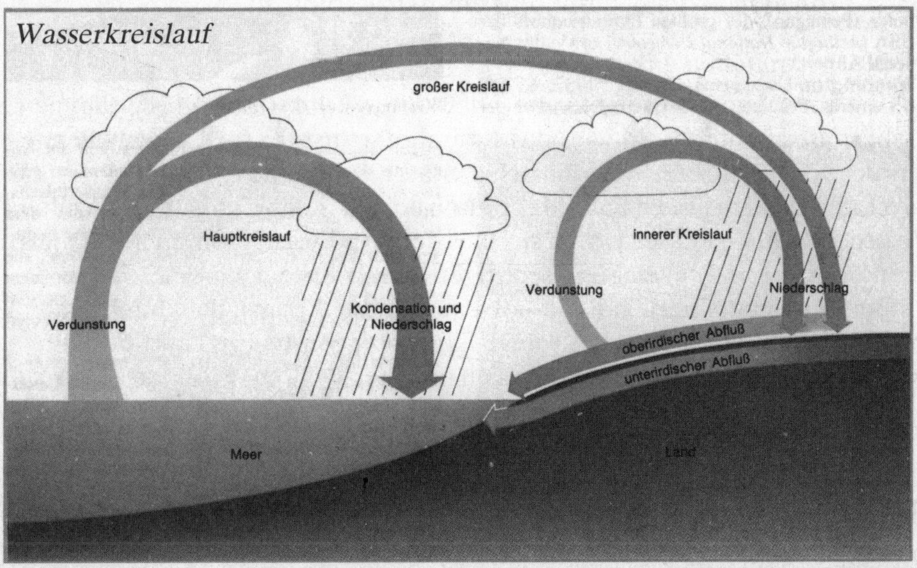

Dieser Kreislauf funktionierte seit Äonen ohne Probleme, bis der Mensch anfing, große Mengen an Dünger, Pestiziden, Herbiziden und Chemikalien darin einzubringen.

Normalerweise wird Wasser durch Verdunstung von allen Verunreinigungen gereinigt – der Regentropfen, der zur Erde fällt, sollte völlig sauberes Wassers enthalten.

Wir wissen inzwischen aber, daß Regen oft schon in der Luft verunreinigt wird und vielfach sauer unten ankommt. Hier wäscht er die auf der Erdoberfläche aufgebrachten Dünger, Herbizide und Pestizide in den Boden. Damit nicht genug, löst das saure, aggressive Wasser auch jede Menge Chemikalien, die es auf seinem Weg antrifft.

Dieses oft schon hochbelastete Wasser sickert nun langsam durch mineralhaltige Bodenschichten. Früher wurde das Wasser hier wie in einem großen Filter von dem Schmutz gereinigt, den es an der Erdoberfläche aufgenommen hat. Inzwischen wagt jedoch niemand mehr, überhaupt Vermutungen anzustellen, wie die im Wasser gelösten Chemikalien und Schadstoffe mit den Mineralien und auch untereinander reagieren. Fest steht, daß die Endprodukte im besten Fall neutral sein dürften, im schlechtesten Fall hier aber weitere giftige Schadstoffe entstehen.

Chlor – eine erschreckende zusätzliche Gefahr

Als würden all die gefährlichen Chemikalien nicht schon ausreichen, gibt es seit kurzem neue Erkenntnisse über das Chlor, das seit Jahrzehnten zur Desinfektion unseres Trinkwassers eingesetzt wird.

Es wurde entdeckt, daß Chlor mit der organischen Materie reagiert, die in jeder Wasserversorgung vorhanden ist (Medical Tribune 1988). Dabei entstehen giftige organische Stoffe (THM), von denen man annimmt, daß sie das Risiko von Magen- und Darmkrebs um 100 % erhöhen.

Asbest – Millionen mikroskopisch kleiner Nadeln

Erst vor kurzem wurde bekannt, daß unser Trinkwasser große Mengen an Asbestfasern enthält. So wies das Fraunhofer Institut für Umweltchemie im Trinkwasser mehrerer westdeutscher Städte rund eine Million Asbestfasern pro Liter nach, in einem Fall (Meerbusch bei Düsseldorf) sogar 11,1 Millionen Asbestfasern. Die Fasern lösen sich aus den Trinkwasserrohren aus Asbestzement, die in den fünfziger und sechziger Jahren verlegt wurden.

Deutsche und amerikanische Forscher fanden heraus, daß durch orale Asbestaufnahme ein erhöhtes Krebsrisiko im Magen-Darm-Trakt besteht. Asbest wandert im Körper und lagert sich in Leber, Nieren, Milz und Gehirn ab.

Das Problem Aluminium

1989 fand eine Untersuchungskommission der britischen Regierung heraus, daß hoher Aluminiumgehalt im Trinkwasser die Alzheimersche Krankheit hervorrufen kann (Bericht im Wall Street Journal Januar 1989). Die Krankheit ist unheilbar und zerstört das Gehirn.

Aluminium wird jedoch von den Wasserwerken in Form von Aluminiumsulfat auf breiter Ebene zur Trinkwasseraufbereitung eingesetzt und befindet sich in gelöster Form im Leitungswasser.

Natürliche Verunreinigung

Nicht alle Verunreinigungen unseres Wassers werden vom Menschen verursacht. Wasser ist ein ausgezeichnetes Lösungsmittel und nimmt viele Stoffe auf, die in der Erde vorkommen. Unerwünschte Mineralien, Salze, Metalle, verrottete organische Materie und unzählige Bakterien und andere Mikroorganismen finden so Eingang in Oberflächenwasser und Grundwasser.

Die Medien werden wach

Das Thema Trinkwasserverschmutzung ist inzwischen so brisant, daß es schon die Titelseiten großer Zeitschriften dominiert.

In einem Artikel des Stern (siehe Seite 20) schlugen beispielsweise die Direktoren von acht Wasserwerken Alarm, daß sie die Trinkwasserversorgung kaum noch sicherstellen können.

Die Spiegel brachte bereits im August 88 eine ausführliche Titelgeschichte mit der Überschrift *„Wasser – vergiftet und vergeudet“* und auch die Tageszeitungen zweifeln immer häufiger die Qualität unseres Leitungswassers an.

Zwar ist die Trinkwassersituation nicht in allen Gegenden gleich problematisch, doch wenn immer mehr Wasserquellen und Reservoirs ungenießbar werden und Trinkwasser nicht mehr wie selbstverständlich im Überfluß zur Verfügung steht, dann wird uns plötzlich klar, welche immens hohe Bedeutung sauberes Wasser in unserem Leben hat.

Soweit kurz der Hintergrund.

Wie können wir feststellen, ob unser Wasser belastet ist?

- **Schäumt** Ihr Wasser, wenn es ins Glas läuft?
- Sieht Ihr Wasser **trübe** aus?
- Ist Ihr Wasser **gefärbt**?
- **Schmeckt** oder riecht Ihr Wasser seltsam?
- Sammelt sich in Ihren Kochtöpfen **weißer Staub** oder **Kesselstein** an?
- Haben Ihre Eiswürfel **„wolkige“ Einschlüsse**?
- Entstehen an Ihren Wasserhähnen **verkrustete Ablagerungen**?

Wenn Sie auch nur eine dieser Fragen mit *„Ja“* beantworten, haben Sie den Beweis, daß Ihr Wasser nicht nur Wasser, sondern auch andere Stoffe enthält.

Aber – viele Schadstoffe lassen sich nicht schmecken, sind farblos, haben keinen Geruch ... **und sind daher auch nicht so leicht festzustellen!**

Welche Meßmethoden haben wir gerade für diese Stoffe und ab welchen Werten ist das Wasser nicht mehr genießbar?

Dazu folgende Überlegung:

Wir hatten oben erwähnt, daß Wasser durch Verdunsten gereinigt wird. Ein Liter reines Wasser enthält also – idealisiert gesehen – keine Fremdstoffe. Damit haben wir unseren Nullpunkt.

Als leicht verständliche Maßeinheit für Verunreinigungen nehmen wir *Milligramm pro Liter*. Reines Wasser enthält Null Milligramm Fremdstoffe pro Liter (0 mg/l).

Mit dieser Maßeinheit können wir eine Skala zusammenstellen, die uns schon einen guten Überblick bietet:

Weniger als 0,5 mg/l	- ist Wasser mit Laborqualität
70–150 mg/l	- haben wir im Flaschenwasser bessere Qualität
130–500 mg/l	- erhalten wir normalerweise als Leitungswasser
über 500 mg/l	- ist kaum mehr als Trinkwasser geeignet
35.000–45.000 mg/l	- Meerwasser

Vereinfacht gesehen bräuchten wir jetzt nur noch festzustellen, mit wieviel Milligramm pro Liter unser Leitungswasser belastet ist, um zu wissen, ob es genießbar ist oder nicht.

Doch leider genügt es nicht, diese Frage nur einmal zu beantworten, denn Leitungswasser variiert von Wasserwerk zu Wasserwerk und kann auch innerhalb eines Tages größeren Schwankungen unterworfen sein.

So gibt es in Großstädten oft mehrere Dutzend Wasserwerke, die die unterschiedlichsten Wasserqualitäten liefern.

Im allgemeinen treffen folgende Faustregeln zu:

- In Gebieten mit viel Landwirtschaft enthält Wasser oft Nitrat, Düngemittelreste, Pestizide und Herbizide.
- In Gebieten mit viel Industrie besteht immer die Gefahr, daß Chemikalien und Ölrückstände in das Grundwasser gelangen können.
- In Großstädten haben sie vielfach ein breites Spektrum an Qualitätsstufen mit großen Veränderungen innerhalb kurzer Zeiträume. Da die Städte ihr Wasser oft aus entfernten Gebieten mit unterschiedlich starken Belastungen erhalten, wird *„gutes“* Wasser mit hochbelastetem Wasser *„verschnitten“*, um die Grenzwerte der Trinkwasserverordnung einhalten zu können.

Natürlich überwachen die Wasserwerke die Wasserqualität. Große Wasserwerke testen das Wasser manchmal auf bis über 100 Inhaltsstoffe. Doch im Vergleich zu den ca. 130.000 vom Menschen produzierten Chemikalien, für die es vielfach noch nicht einmal Nachweismethoden gibt, ist dies eher ein *„Tropfen auf dem heißen Stein“*.

Wie hoch ist UNSER Wasser belastet?

Es gibt offizielle Wasserlabore, die Wasser auf 6 bis 20 Inhaltsstoffe testen. Diese Tests sind jedoch nicht ganz billig und werden mit jedem zusätzlichen Test teurer.

Wenn Sie dann nach ein bis zwei Wochen die Ergebnisse erhalten, kann sich die Wasserzusammensetzung in der Zwischenzeit schon wesentlich verändert haben. Sie erhalten also nie einen Einblick in die derzeit aktuelle Belastung.

Testen Sie selber!

Glücklicherweise gibt es inzwischen auch für den Haushalt preisgünstige Meßinstrumente und Teststreifen, mit denen Sie die Belastung Ihres Leitungswassers unabhängig von Laboren selbst feststellen und überwachen können.

TESTSTREIFEN

Teststreifen, die Auskunft über eine ganze Reihe von Wasserinhaltsstoffen geben, sind in den letzten Jahren durch Presse und Fernsehen schon recht bekannt geworden. Sie sind preisgünstig und in fast jeder Apotheke zu erhalten.

Leider gibt es bei diesen Streifen sehr große Qualitätsunterschiede und es eigenen sich auch nicht alle Wasserinhaltsstoffe für diese doch recht einfachen Test. Mit Teststreifen läßt sich meistens nur **die Anwesenheit eines bestimmten Stoffes** feststellen, die Mengenbestimmung ist oft ungenau.

Präzisere Ergebnisse erhalten Sie mit

REAGENZIEN

Viele Wasserinhaltsstoffe lassen sich durch Reagenzien nachweisen, die das Wasser verfärben. Durch Vergleich der verfärbten Wasserprobe mit einer geeichten Farbskala erhalten Sie dabei nicht nur den Nachweis eines bestimmten Stoffes, sondern auch eine präzise Mengenbestimmung.

Der Preis für Reagenzien hängt von dem gesuchten Stoff ab. Die Anschaffung eines Testsets lohnt sich allerdings nur, wenn Sie mehrfach nach *einem* bestimmten Inhaltsstoff suchen wollen und exakte Mengenangaben brauchen.

Wasser auf *alle* seine Inhaltsstoffe zu testen, ist so gut wie unmöglich, da es für viele Chemikalien noch nicht einmal Nachweismethoden gibt. Zudem reagieren viele Stoffe im Wasser miteinander und müssen vor einer genauen Bestimmung oft erst umständlich voneinander getrennt werden. Derartige Untersuchungen sind aufwendig und teuer und lassen sich nur in speziell dafür ausgerüsteten Laboren durchführen.

TDS-TESTER

Auskunft über die *Gesamtbelastung* Ihres Leitungs- oder Flaschenwassers mit gelösten Stoffen (z. B. Schwermetalle, Nitrate, Pestizide, Pflanzenschutzmittel, Chemikalien etc.) liefert Ihnen ein sogenannter „*TDS-Tester*“.

Das Meßinstrument zeigt an, welche Mengen an Stoffen im Wasser gelöst sind, die *nicht Wasser sind.* Mit einem guten TDS-Tester erhalten Sie Einblick in die Menge der Substanzen, die im Wasser nicht mit bloßem Auge zu erkennen sind.

Die Abkürzung *„TDS"* bedeutet *„**T**otal **D**issolved **S**olids"*, was etwa mit *„Gesamtmenge gelöster Stoffe"* übersetzt werden kann.

Das Messen mit einem TDS-Tester ist einfacher und schneller, als mit Reagenzien. Die meisten dieser Geräte sind batteriebetrieben. Sie messen, wieviel Elektrizität in der Wasserprobe von einer Elektrode zur anderen fließt. Je mehr Stoffe im Wasser gelöst sind, desto mehr Elektrizität fließt.

Die Maßeinheit der meisten TDS-Tester ist **ppm** (**p**arts **p**er **m**illion). Sie zeigt an, wieviel Fremdmoleküle in jeweils einer Million Wassermoleküle vorhanden sind. **ppm** entspricht in etwa *Milligramm pro Liter.*

Ein Beispiel: Wenn Sie ein Kilo Salz in einer Million Liter Wasser (= 1 Million Kilo) auflösen, erhalten Sie 1 Milligramm Salz pro Liter (= 1 ppm).

Achten Sie beim Kauf eines TDS-Testers darauf, daß das Gerät einen automatischen Temperaturabgleich vornimmt, da die Temperatur des gemessenen Wassers großen Einfluß auf das Meßergebnis hat.

Im Anhang finden Sie Bezugsquellen für die oben aufgeführten Testsysteme.

Jetzt haben Sie die Belastung Ihres Trinkwassers festgestellt, stehen aber immer noch vor Ihrem Wasserhahn und wissen nicht, *was* Sie nun tun sollen.

Wie erhalten wir sauberes Wasser?

Viele Menschen sind intuitiv von der Qualität dessen, was aus ihrem Wasserhahn kommt, nicht mehr überzeugt. Bei einer Umfrage anläßlich einer Messe in einer deutschen Großstadt waren von 2.700 Befragten nur 10 bereit, ihr Leitungswasser ohne Einschränkung zu trinken. Alle anderen – also über 99 Prozent – gaben an, daß sie für ihr *Trink*wasser zu allen möglichen Alternativen griffen.

Gerade im Trinkwasserbereich entstand in den letzten Jahren eine gewaltigen Industrie, die inzwischen eine fast unüberschaubare Vielfalt an Filtern, Reinigungsmethoden und Ersatz-Trinkwässern anbietet. Darin gibt es jedoch große Qualitäts- und Preisunterschiede, die ohne aufwendiges Hintergrundstudium kaum beurteilt werden können.

Um Ihnen einen Überblick zu verschaffen, haben wir die wichtigsten Alternativen in fünf großen Gruppen zusammengefaßt und bewertet:

- Mineral- und Flaschenwasser
- Filter
- Ionenaustauscher
- Destilliergeräte
- Umkehr-Osmose-Systeme

Mineral- und Flaschenwasser

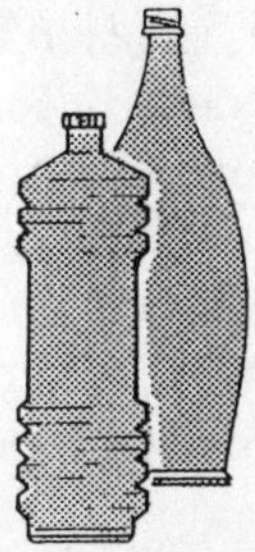

Sie kaufen sich Quell- oder Mineralwasser in Flaschen.
Da haben Sie
- viel und schwer zu schleppen,
- müssen Lagerraum bereitstellen,
- die leeren Flaschen beseitigen und
- bezahlen dafür zwischen 0,50 und 2,20 DM pro Flasche.

Doch haben Sie das Problem damit gelöst?

Die Zeitschrift *NATUR* untersuchte im Jahre 1987 240 der meistverkauften Flaschenwasser in Deutschland und stellte dabei fest, daß *mehr als die Hälfte nicht der deutschen Trinkwasserverordnung entsprechen würde. In einigen Flaschen wurde sogar Arsen gefunden.*

Was ist überhaupt Flaschenwasser?

Die wenigsten wissen, daß Quell- oder Tafelwasser kaum etwas anderes ist als Leitungswasser.

- *Quellwasser* muß laut deutscher Mineral- und Tafelwasserverordnung *„seinen Ursprung in einem unterirdischen Wasservorkommen haben"* und am Quellort abgefüllt werden. Es darf nachbehandelt werden.
- *Tafelwasser ist oft nichts anderes als in Flaschen gefülltes Trinkwasser. D. h. es wird einfach der Hahn aufgedreht, Leitungswasser in Flaschen gefüllt und dann verkauft. Tafelwasser darf durch Zusätze „veredelt"* werden (deutsche Mineral- und Tafelwasserverordnung).
- *Mineralwasser* – in der deutschen Mineral- und Tafelwasserverordnung *„Natürliches Mineralwasser"* genannt, muß aus einem unterirdischen Wasservorkommen stammen, das vor Verunreinigungen geschützt ist. Das Etikett der Flasche muß einen Auszug aus der Wasseranalyse enthalten. Dieser Auszug braucht jedoch nur die *„charakterisierenden Bestandteile"* anzugeben, nicht jedoch, ob das Wasser Schadstoffe wie beispielsweise Nitrat enthält.

  Das heißt im Klartext, es wird anfangs eine Wasseranalyse bei einem Institut mit gutem Namen in Auftrag gegeben und danach das Wasser kaum wieder getestet. Die Regierung überwacht Mineralwässer nicht von sich aus. Nur wenn Beschwerden geäußert werden, wird das Wasser untersucht.

  Da sich die Qualität der Grundwasserströme aber ständig verändert, wissen Sie nie, was Sie da nun eigentlich trinken. Außerdem beziehen sich die auf dem Etikett aufgedruckten Inhaltsstoffe immer nur auf den Tag der Analyse und diese Tag kann schon lange Jahre zurückliegen. – Achten Sie einmal darauf.

Einige Quell- und Tafelwasser sind in Plastikflaschen verpackt. Im Wasser dieser Flaschen wurden große Mengen unbekannter organischer Stoffe gefunden, die sich aus dem Plastik gelöst haben. Je länger Plastikflaschen gelagert werden, desto mehr Stoffe lösen sich. Als Haltbarkeitszeitraum werden oft mehrere Jahre angegeben. Doch selbst wenn dieses Datum noch nicht überschritten ist, wissen Sie nie, *wie lange die Flasche, die Sie gerade kaufen wollen, schon im Regal gestanden hat.*

Abgesehen von den Qualitätsproblemen wird folgende wichtige Frage fast immer völlig vernachlässigt:

Wie teuer ist Flaschenwasser?

Es ist heute zu einer Selbstverständlichkeit geworden, Mineral- und Flaschenwasser als Ersatz-Trinkwasser zu verwenden. Die Flaschen werden kistenweise aus dem Getränkemart geholt und scheinen im Vergleich zu anderen Getränken billig zu sein.

Kaum jemand denkt jedoch daran, daß sich diese *„kleinen Beträge"* addieren und dabei schon über kurze Zeiträume stattliche Summen zusammenkommen:

Eine vierköpfige Familie braucht pro Person ca. 2 Liter Wasser pro Tag zum Trinken und Kochen – das sind 8 Liter pro Tag, 240 Liter pro Monat. Bei einem Preis von durchschnittlich 1,- DM pro Liter kostet das *jeden Monat 240,- DM.* (Denken Sie daran, daß viele Flaschen nur 0,7 Liter enthalten.)

Stellen Sie einmal fest, wieviel Geld Sie für Ihr Flaschenwasser pro Monat und über die Jahres ausgeben – die Summen werden Sie beeindrucken. Die Tabelle im Anhang gibt Ihnen Auskunft.

Das ökologische Problem Wasserflasche

Jedes Jahr werden mehrere Milliarden Wasserflaschen produziert, mit schweren Lastwagen oft hunderte von Kilometern zu den Getränkemärkten transportiert, von dort in unzähligen PKW-Fahrten kistenweise abgeholt und nach dem Verbrauch wieder zurücktransportiert oder als Müll weggeworfen.

Die immense Umweltbelastung, die diese gewaltige Maschinerie verursacht, wurde in den Medien noch nie beachtet. Wir stehen bereits jetzt vor einem Riesenberg an Plastik- und Glasflaschen, der in gleichem Maße wächst, wie die zweistelligen Wachstumsraten der Mineralwasserindustrie.

Welche Möglichkeiten haben Sie noch?

Filter

Sie können Ihr Wasser filtern.

Hier wird eine ganze Reihe von Erzeugnissen angeboten, die in der Hauptsache mit *Kohlefiltern* arbeiten.

- Einige Geräte werden an den Wasserhahn angeschlossen,
- andere in Form einer Filterpatrone geliefert, durch die das benötigte Wasser in ein Gefäß gegossen wird.

Die Fähigkeit von Kohlefiltern, Schadstoffe aufzunehmen, ist recht begrenzt. Besonders die Leistung der kleinen Durchlaufkartuschen für den Haushalt ist nur selten konstant. Zurückgehalten werden dabei hauptsächlich schlechter Geruch und Geschmack, einige organische Stoffe, Chlor und Chlornebenprodukte.

Kohlefilter entfernen fast keine

- Bakterien,
- Nitrate,
- Waschmittelrückstände,
- Asbest und
- nur wenig der im Wasser gelösten Stoffe wie Schwermetalle (z. B. Arsen, Kupfer, Blei) und chemische Abfallstoffe.

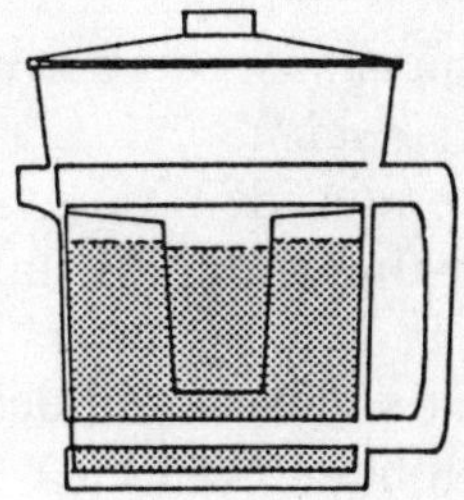

Kontaktzeit

Extrem wichtig bei Kohlefiltern ist die *Kontaktzeit* des Wassers mit dem Filtermedium. Je länger das Wasser mit der Kohle in Kontakt ist, desto mehr Zeit hat der Filter, Schadstoffe aufzunehmen.

Die Kontaktzeit der kleinen – sehr weit verbreiteten – Filterkartuschen ist extrem kurz: meistens nur 3 bis 5 Sekunden.

Die meisten Kartuschen enthalten ein loses Granulat, das sich in dem Gehäuse frei bewegen kann. Sie können es hören, wenn Sie die Kartusche an Ihr Ohr halten und kurz schütteln. Das Wasser, das Sie hineingießen, bildet schon nach kurzem Gebrauch Kanäle im Granulat, durch die es hindurchströmt, *ohne überhaupt mit dem Filtermedium in Kontakt zu kommen.*

Kohlefilter – egal ob in Form einer separaten Filterpatrone oder an den Wasserhahn angeschraubt – haben noch zwei weitere schwerwiegende Nachteile:

- **Erstens** bilden sich darin leicht Bakterienkolonien. Einige Hersteller imprägnieren die Kohle mit Silber, die das Bakterienwachstum verhindern soll, doch funktioniert dieser Mechanismus nur teilweise. Außerdem ist Silber in dieser Form nicht nur für Bakterien giftig, sondern auch für den menschlichen Organismus.
- **Zweitens** haben Kohlefilter die unangenehme Eigenschaft *„auszubluten"*. Das bedeutet: Der Filter nimmt solange Schadstoffe auf, bis seine Kapazitätsgrenze erreicht ist. Wird er nicht rechtzeitig ausgetauscht, dann gibt er zu einem unberechenbaren Zeitpunkt große Mengen der gespeicherten Schadstofe *auf einmal* ab. Das *„gefilterte"* Wasser ist dann *weit höher belastet, als das Wasser, das Sie oben hineingießen.*

Die meisten der kleinen Filterkartuschen sind viel zu lange im Einsatz, da sie die verbrauchte Kapazität nicht anzeigen. Die Filterpatronen sollten daher oft erneuert werden und sind im Preis-Leistungsverhältnis eigentlich zu teuer.

Größere industrielle Kohlefilter enthalten zumeist dicht gepackte granulierte Aktivkohle oder Aktivkohle in Blockform. Sie haben Kontaktzeiten von fünf Minuten bis zu einer Stunde, arbeiten wesentlich konstanter und weisen in ihrem Leistungsbereich eine höhere Effektivität auf.

Ionenaustauscher

Ionenaustauscher machen Ihr Leitungswasser *„weich"*.

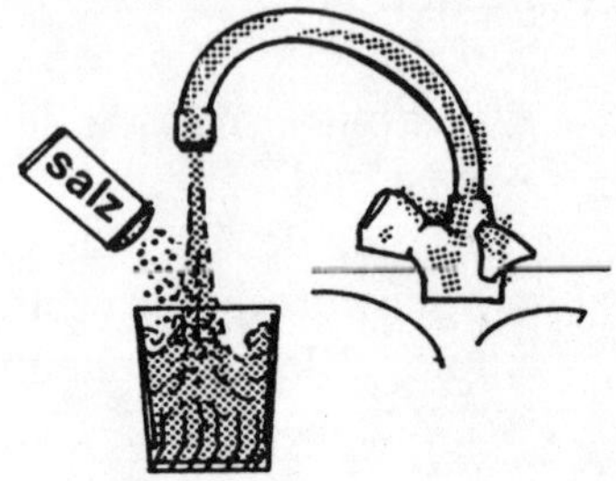

Sie kennen den Vorgang von Ihrer Waschmaschine, wenn Sie mit dem Waschmittel einen *„Weichmacher"* ins Wasser geben, um keine steifen Handtücher zu erhalten.

Die Ionenaustauscher der Trinkwasseraufbereitung arbeiten auf ähnliche Weise. In der Aufbereitungskartusche befindet sich ein Spezialharz, das die Härteionen des Wassers (hauptsächlich Kalzium und Magnesium) anzieht und sie gegen Salz (Natrium) austauscht. Die Härteionen werden dabei in der Kartusche zurückgehalten, während das Salz in das Wasser abgegeben wird und es mit Natrium anreichert. Der Vorgang entzieht dem Wasser nur wenige Schadstoffe.

Mit einigen der kleineren Tischgeräte läßt sich Nitrat bis zu einer bestimmten Konzentration aus dem Roh-Wasser entfernen. Ihre Kapazität ist im allgemeinen jedoch schnell erschöpft. Für die Entfernung hoher Nitratmengen (über 50 mg/l im Roh-Wasser) eignen sich diese Geräte nicht.

Auch einige kleine Kohlefilterkartuschen enthalten Ionenaustauscher in Granulatform. Die Wirksamkeit ist jedoch umstritten.

Destilliergeräte

Destilliertes Wasser ist eine der saubersten Formen von Wasser, die wir kennen.

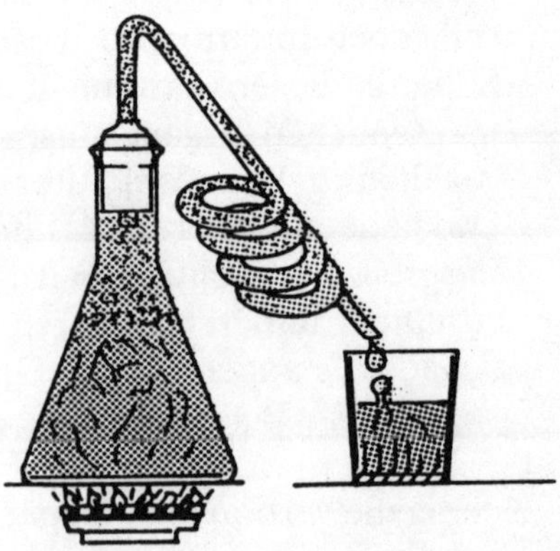

Bei der Destillierung wird Leitungswasser zum Kochen gebracht. Der dabei entstehende Wasserdampf wird in ein zweites Gefäß oder eine Kühlschlange geleitet, dort abgekühlt und verwandelt sich dabei wieder in flüssiges Wasser, das weitgehend frei von Verunreinigungen ist. Die Abfallstoffe bleiben im Kochgefäß zurück.

Im Gegensatz zur landläufigen Meinung ist detilliertes Wasser sehr wohl für den menschlichen Genuß geeignet. Es wird sogar von Ärzten für therapeutische Zwecke eingesetzt.

Destilliergeräte erzielen eine hohe Reinigungswirkung, haben aber mehrere Nachteile:

- Die Destillierung entfernt nicht alle Verunreinigungen. Einige Schadstoffe (THM, TCE und andere organische Chemikalien) haben einen niedrigeren Siedepunkt als Wasser. Sie verdampfen ebenfalls und werden ins gereinigte Trinkwasser übernommen. (Es gibt inzwischen Destilliergeräte, die diese Stoffe über einen nachgeschalteten Aktivkohlefilter auffangen.)
- Bei der Erhitzung schlagen sich harte Verunreinigungen und Mineralsalze am Boden der Kochkammer und auf den Heizstäben nieder. Diese Verkrustungen können den Erhitzungsvorgang behindern und müssen regelmäßig mit speziellen Reinigungsflüssigkeiten oder einer Drahtbürste entfernt werden.
- Der Vorgang kostet viel elektrische Energie (ca. 1 Kilowattstunde für einen Liter Wasser).
- Der Geschmack des Wassers leidet stark, – das Wasser schmeckt „fade", da die Destillierung dem Wasser Sauerstoff entzieht.

Umkehr-Osmose

Seit mehr als zwei Jahrzehnten gibt es für den Haushalt ein alternatives Verfahren zur Wasserreinigung, das durch seine Leistungsfähigkeit, einfache Handhabung und Umweltfreundlichkeit überzeugt: die **Umkehr-Osmose**.

Umkehr-Osmose Geräte können bis zu 99 Prozent aller Verunreinigungen aus dem Leitungswasser entfernen. Sie sind preisgünstig und haben keine der Nachteile, die andere Verfahren aufweisen.

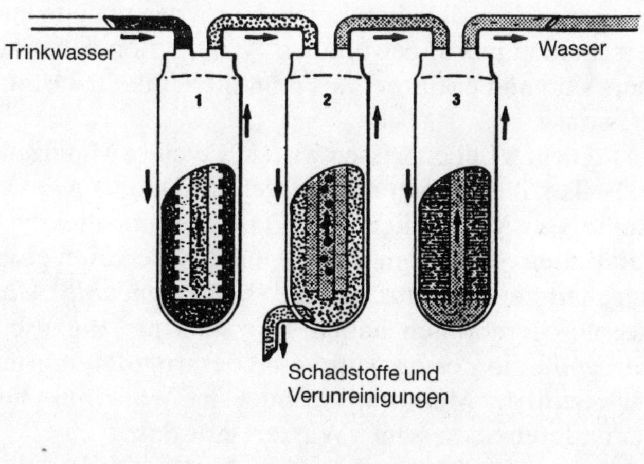

In den USA und weiten Teilen Asiens gehören Umkehr-Osmose Systeme bereits vielfach zur Standardausrüstung eines Haushalts; in Europa sind sie dagegen noch fast unbekannt.

Wegen der Bedeutung dieser modernen Technik für die Wasseraufbereitung stellen wir Ihnen die Umkehr-Osmose ausführlich vor.

Wie entstand Umkehr-Osmose?

Anfang der Fünfziger Jahre entdeckte der Forscher Sourirajan an der University of California ein neues Verfahren zur Seewasserentsalzung – die Umkehr-Osmose. Die neue Technik war so vielversprechend, daß die amerikanische Regierung gemeinsam mit einer Reihe bedeutender Firmen ein umfangreiches Programm aufstellte, um dieses Verfahren näher zu erforschen. In acht Jahren Entwicklungszeit entstand so die modernste und leistungsfähigste Wasseraufbereitungstechnik der heutigen Zeit.

Die Umkehr-Osmose wurde lange Zeit nur im industriellen Bereich eingesetzt, z.B. in der

- Lebensmittelindustrie,
- Glas- und Metallherstellung,
- Produktion von Computerplatinen,
- Pharmazeutik, etc,

steht aber seit über 20 Jahren auch für Haushalt und Büro zur Verfügung.

Von Anfang an dabei war die Medizin, die Umkehr-Osmose unter anderem zur Blutwäsche in Dialysegeräten und bei der Herstellung chemisch reinen Wassers eingesetzt.

Eine der spektakulärsten Anwendungen der Umkehr-Osmose ist die Trinkwasseraufbereitung im Wasserkreislauf der Raumfähren.

Was ist Umkehr-Osmose?

Umkehr-Osmose ist nicht ganz einfach zu erklären. Der dabei aktive Mechanismus begegnet uns im täglichen Leben so gut wie nie und auch die Funktionsmodelle erscheinen uns ungewöhnlich. Wir werden daher zunächst kurz den biologischen Vorgang erklären, aus dem die Umkehr-Osmose entstand: die **natürliche Osmose**.

Aus unserem täglichen Leben wissen wir, daß Wasser Materialien entweder durchdringt (z.B. Textilien), oder nicht durchdringt (z.B. Glas). Nun gibt es jedoch eine Reihe von Materialien, die Flüssigkeiten selektiv durchlassen. Eins dieser Materialien – mit dem wir normalerweise kaum etwas zu tun haben – ist die sogenannte *„halbdurchlässige (semipermeable) Membran“*.

Halbdurchlässige Membranen haben sehr seltsame Eigenschaften. Nehmen wir ein Glasgefäß, in dessen Mitte eine derartige Membran angebracht ist. Auf der einen Seite der Membran befindet sich Wasser mit **hohem** Salzgehalt und auf der anderen Seite reines Wasser **ohne** Salz.

Normalerweise wäre zu erwarten, daß der Wasserstand auf beiden Seiten der Membran gleich bleibt. Wenn wir jedoch einige Zeit verstreichen lassen, können wir beobachten, daß der Wasserpegel auf der Membranseite mit **hohem Salzgehalt** gegen jede Erwartung von selbst ansteigt.

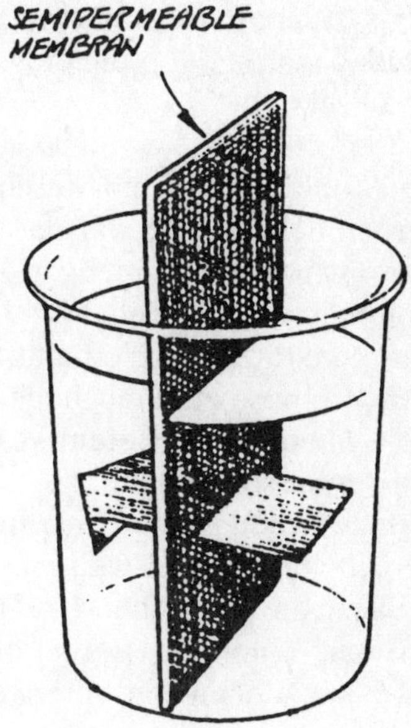

Die Ursache für diesen unerwarteten Anstieg ist die Osmose-Membran. Sie versucht, den Salzgehalt der beiden Flüssigkeiten einander anzugleichen, indem sie reines Wasser auf die Seite mit hohem Salzgehalt schickt.

Dieser Mechanismus hat die eigenartige Erscheinung zur Folge, daß sich auf der einen Membranseite ein höherer Wasserstand bildet, als auf der anderen.

Auf diese ungewöhnliche Eigenschaft der halbdurchlässigen Membranen wurde man zum ersten Mal vor etwa 200 Jahren aufmerksam, als beobachtet wurde, daß Schweinsblasen (eine organische Membran) Wasser nur von *einer* Seite aus passieren ließen.

Osmose

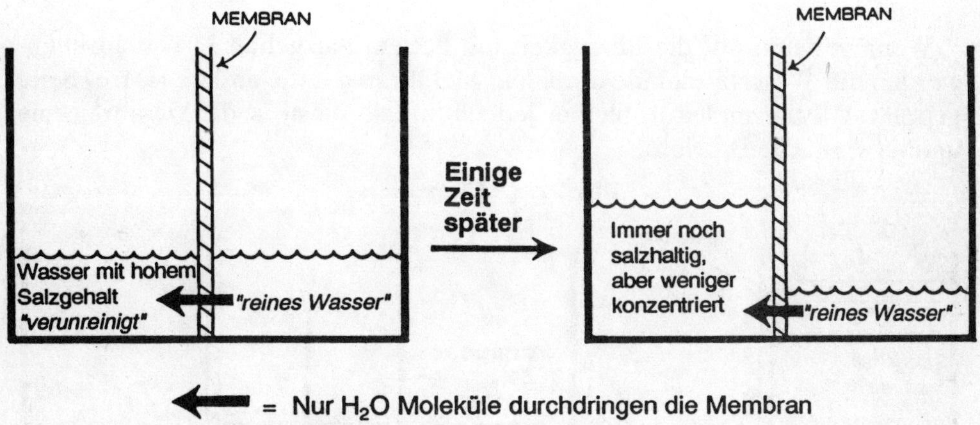

Da Membranen aus Tierhäuten jedoch sehr unzuverlässig sind, konnte dieses Phänomen damals nicht genauer erforscht werden. Erst als es 1860 gelang, eine synthetische Membran herzustellen, ließ sich der Mechanismus der Osmose wissenschaftlich beschreiben.

Doch auch diese ersten synthetischen Membranen waren so unergiebig, daß fast weitere 100 Jahre vergehen mußten, bis auf dem Gebiet der Osmose wieder systematisch geforscht wurde.

1944 wurde dann die erste künstliche Niere mit einer Membran aus Cellophan gebaut.

1952 entdeckte Sourirajan, daß der Osmosevorgang auch umgekehrt werden konnte und sich dadurch fast alle Verunreinigungen aus dem Wasser entfernen ließen. Nun war das Interesse von Regierung und Industrie geweckt, denn schon zum damaligen Zeitpunkt war bekannt, daß die natürlichen Vorkommen an sauberem Wasser nicht ewig reichen würden.

Unterstützt durch ein umfangreiches Förderungsprogramm wurde die Umkehr-Osmose zu einer hocheffektiven und kostengünstigen Technik entwikkelt, die hochbelastetem Wasser die Schadstofe entziehen und daraus Trinkwasser herstellen kann.

Inzwischen ist die Umkehr-Osmose aus der Welt nicht mehr wegzudenken. So arbeitet beispielsweise mehr als ein Drittel aller Meerwasseraufbereitungsanlagen am persischen Golf mit Umkehr-Osmose. Der hohe Bedarf der Industrie an reinem Wasser ist ohne dieses Verfahren nicht mehr zu decken und auch die Lebensmittelherstellung kann heute ohne Umkehr-Osmose nicht mehr auskommen.

Wie funktioniert nun Umkehr-Osmose?

Ganz einfach – nehmen wir wieder unser Glasgefäß, in dessen Mitte eine Osmose-Membarn angebracht ist. Wie beim Osmose-Modell befindet sich auf der einen Seite der Membran Wasser mit **hohem** Salzgehalt, die andere Seite ist jedoch leer.

Wenn wir nun auf die Flüssigkeit mit hohem Salzgehalt Druck ausüben, werden die *Wasser*moleküle durch die Membran auf die andere (leere) Seite gepreßt. Die *Salz*moleküle bleiben jedoch zurück, für sie ist die Membran eine unüberwindliche Barriere.

Umkehr-Osmose

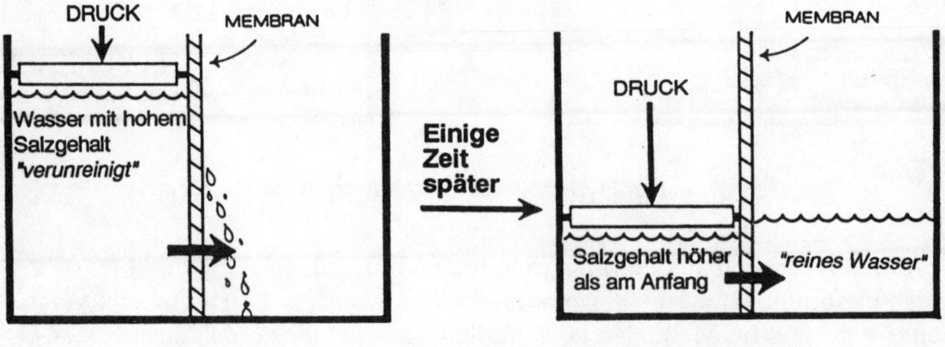

= Nur H_2O Moleküle durchdringen die Membran

Es gibt mehrere Gründe, warum Wasser die Membran durchdringen kann, Verunreinigungen jedoch nicht:

Zunächst einmal haben die Poren der Membran einen extrem kleinen Durchmesser (ca. 0,0001 Mikron = ca. 100 Angström). Da die meisten Fremdstoffe im Wasser jedoch weit größer sind, passen sie schon von ihrem Durchmesser her nicht durch die Membran.

Das folgende Bild zeigt Ihnen die Größe von Bakterien und Viren im Vergleich zu einer Membranpore:

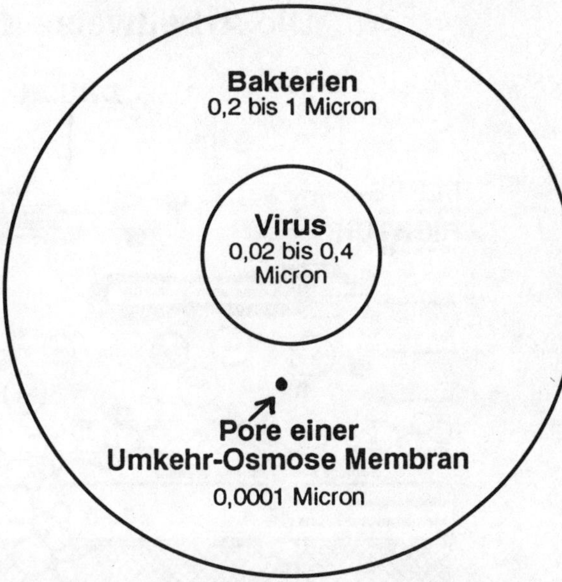

Auf *einer* Funktionsebene arbeitet die Membran also wie ein extrem feines Sieb. Diese Funktionsebene wird **„Ultra-Filtration“** genannt. Sie entfernt aus dem Wasser alle Schwebestoffe wie z. B. Asbest, Rost und Algen und weiterhin so gut wie alle Bakterien, Viren, Schwermetallkomplexe, Pestizide, Herbizide und alle organischen Moleküle mit einem Molekulargewicht über 300.

Es gibt aber noch eine weitere Funktionsebene, die die Wirksamkeit einer Membran um ein Vielfaches erhöht und die den eigentlichen Mechanismus der **Umkehr-Osmose** ausmacht:

Bei der Herstellung der Membran wird die Membranoberfläche durch einen komplizierten technischen Vorgang dauerhaft magnetisiert. Dadurch zieht die Membran alle Wassermoleküle wie magisch an und leitet sie durch sich hindurch. Alle anderen Moleküle, die nicht die magnetischen Eigenschaften von Wasser haben, werden durch die Magnetisierung abgestoßen.

Auf dieser *eigentlichen* Umkehr-Osmose-Ebene entfernt die Membran so gut wie alle Schwermetalle wie z. B. Arsen, Cadmium, Blei, Quecksilber, Silber, etc., so gut wie alle im Wasser gelösten Salze wie Barium, Chlorid, Chrom, Kupfer, Fluorid, Mangan, Nitrat, Selen, Sulfate usw., weiterhin schwere Gifte wie Dioxin und Abfallprodukte der chemischen Industrie und sogar fast alle radioaktiven Elemente und deren Isotope wie z. B. Radium und Strontium.

Diese feine und zuverlässige Trennung auf Molekülebene ist es, was die Umkehr-Osmose so sehr von allen anderen Wasserreinigungstechniken unterscheidet.

Die Arbeitweise der Membran

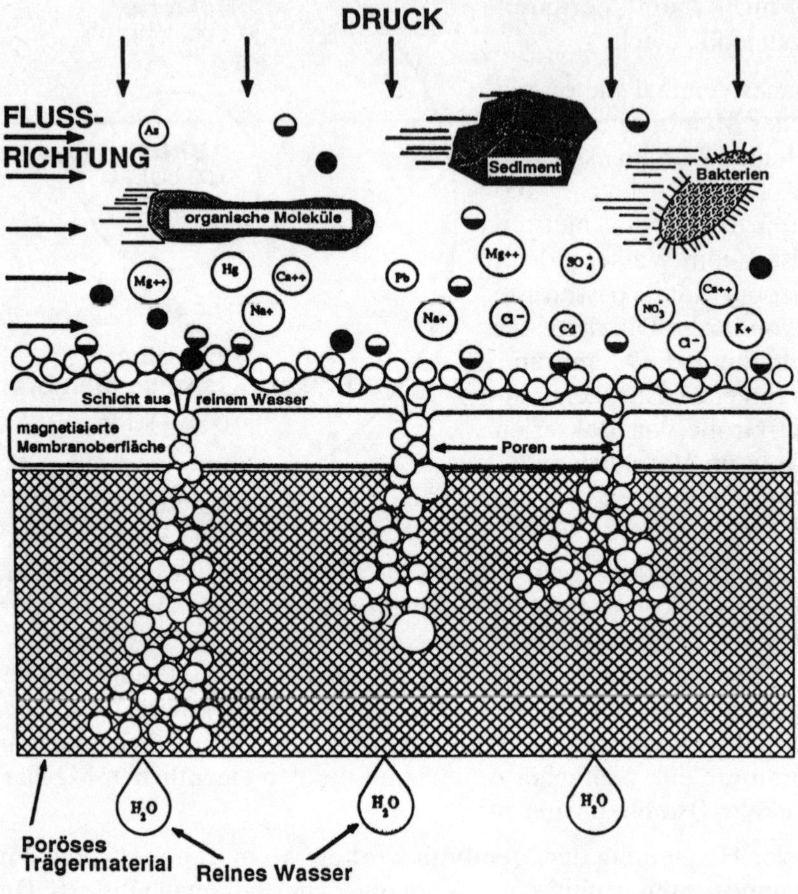

Die Magnetisierung der Membran prüft praktisch jedes Molekül im Rohwasser einzeln, läßt es dann durch die Membran hindurch oder weist es zurück.

Die große Gefahr der heutigen Wasserverschmutzung sind hauptsächlich Gifte, die im Wasser (vielleicht auch nur in kleinen Mengen) *gelöst* sind. Das molekulare Trennverfahren der Umkehr-Osmose bietet eine echte Sicherheit, daß alle Stoffe aus dem Wasser entfernt werden, die dem Menschen schaden könnten – wie z. B. Dioxin, das schon in einer extrem geringen Menge schwere Krankheiten verursachen kann.

Der Abtransport der Verunreinigungen

Damit die Schadstoffe sich nicht vor der Membran anreichern und den Osmose-Vorgang behindern können, wird ständig Rohwasser über die Membranoberfläche geleitet, das die Verunreinigungen wegspült und zum Abfluß transportiert.

Erleichtert wird dieser Vorgang durch eine Schicht aus reinem Wasser, die sich durch die Magnetisierung unmittelbar auf der Membranoberfläche bildet. Auf dieser *„Gleitschicht“* schweben die zurückgewiesenen Moleküle und Teilchen, ohne überhaupt mit der eigentlichen Membranoberfläche in Berührung zu kommen.

Der ständige Waschvorgang verhindert, daß die Poren der Membran verstopfen oder sich die unerwünschten zurückgewiesenen Stoffe darauf niederlassen.

Geschützt durch Gleitschicht und Selbstreinigung verlieren die Membranen daher auch über lange Zeiträume hinweg kaum etwas von ihren Eigenschaften. Durch diese Langlebigkeit und ihre verläßliche konstante Leistung eroberten sich die Umkehr-Osmose Systeme schnell einen ständig wachsenden Anteil in Haushalt und Industrie.

Moderne Haushalts- und Bürosysteme

Die meisten modernen Umkehr-Osmose Systeme für Haushalt und Büro bieten außer der Membran noch zusätzliche Reinigungsstufen, die die Vorteile der Umkehr-Osmose mit den Vorteilen der herkömmlichen Filtermethoden kombinieren.

So haben die meisten Haushaltssysteme zumindest einen Nachfilter aus Aktivkohle, der den Geschmack und Geruch des reinen Wassers noch zusätzlich *„poliert“*. Nicht wenige Geräte sind inzwischen mit einem Vorfilter ausgerüstet, der grobe Schwebstoffe aus dem Rohwasser nimmt und damit die Membran schützt.

Darüberhinaus gibt es Zusatzfilter mit hohen Kontaktzeiten, die speziell für das Abfangen bestimmter Verunreinigungen ausgelegt sind.

Für den Haushaltsbereich gibt es zwei Arten von Geräten:

TISCHGERÄTE

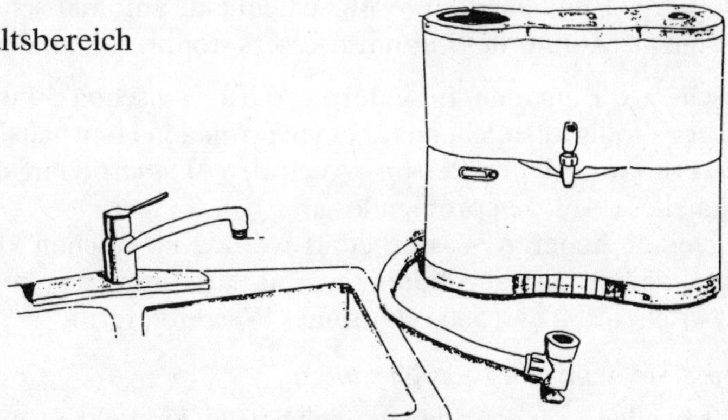

Tischgeräte stehen auf der Arbeitsplatte in der Nähe der Spüle und werden direkt an den Wasserhahn angeschlossen. Die meisten Geräte dieses Typs arbeiten ausschließlich mit dem Druck des Leitungswassersystems und brauchen keinen Elektroanschluß. Das saubere Wasser wird in einem Tank gesammelt, der im Chassis des Gerätes integriert ist. Tischgeräte lassen sich ohne großen Aufwand an- und abbauen und liefern im allgemeinen die gleiche Wasserqualität wie die Einbaugeräte.

Einbaugeräte werden fest unter der Spüle installiert. Sie verfügen über einen separaten Tank und geben das gereinigte Wasser über einen eigenen Hahn ab, der neben dem normalen Wasserhahn installiert wird. Auch diese Geräte arbeiten hauptsächlich ohne Elektroanschluß, nur mit dem Druck des Leitungswassersystems.

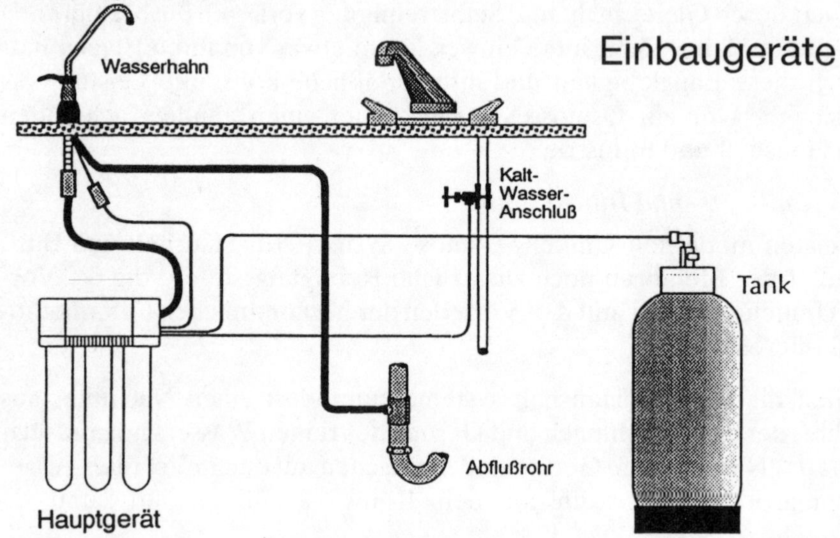

Vorteil dieser – meist etwas teureren – Geräte ist ihr automatischer Betrieb und die Tatsache, daß sie auf der Arbeitsplatte keinen Platz belegen. Die moderneren Einbausystem verfügen über eine automatische Abschaltvorrichtung, die die Zufuhr des Leitungswassers stoppt, sobald der Tank gefüllt ist.

Tisch- wie Einbaugeräte liefern pro Tag zwischen 30 und 90 Liter reines Wasser – völlig ausreichend für einen normalen Haushaltsbedarf von ca. 2–3 Liter Trinkwasser pro Person. Auch den Wasserbedarf der meisten Büros decken diese Anlagen problemlos ab.

Für einen höheren Wasserbedarf werden inzwischen kleine, automatisch arbeitende Systeme angeboten, die mit einer Pumpe gekoppelt sind und pro Tag zwischen 350 und 500 Liter reines Wasser liefern.

Worauf Sie beim Kauf achten sollten

Wie in allen Branchen gibt es auch bei den Umkehr-Osmose Geräten große Qualitätsunterschiede. Achten Sie beim Kauf auf folgende Merkmale:

1. **Wasserverbrauch des Systems**
   Jedes Umkehr-Osmose System braucht zur Reinigung der Membran eine gewisse Menge Wasser, um die Schadstoffe zum Abfluß zu transportieren.

Nach dem neuesten Stand der Membrantechnologie reichen 2 bis 3 Liter Abflußwasser aus, um alle Schadstoffe abzutransportieren, die bei der Produktion von einem Liter reinen Wassers anfallen. Diese 2 bis 3 Liter verhindern auch, daß sich Verunreinigungen auf die Membran setzen. Das Verhältnis Reinwasser zu Rohwasser sollte daher generell zwischen 1:2 und 1:4 liegen.
Bei Geräten, die weniger Abflußwasser benötigen, besteht die Gefahr, daß nicht alle Verunreinigungen entfernt werden und dadurch die Lebensdauer der Membran stark herabgesetzt wird.
Auch Geräte, die zur Herstellung eines Liter reinen Wassers weit mehr Abflußwasser (bis 1:25) benötigen, erzeugen dadurch noch kein saubereres Wasser. Der hohe Bedarf an Abflußwasser kann oft darauf zurückgeführt werden, daß Membranen minderer Qualität oder älterer Bauart eingebaut sind.

2. **Lebensmittelechte Materialien**
Tank und Filtermodule sollten aus geprüften, lebensmittelechten Materialien bestehen. Damit stellen Sie sicher, daß das gereinigte Wasser *nach* dem Reinigungsvorgang nicht unnötigerweise wieder verunreinigt werden kann.

3. **Einfache Bedienung und Wartung**
Sehen Sie sich bei Tischgeräten genau die Mechanik an, mit der das Gerät an den Wasserhahn angeschlossen wird. Die Kopplung sollte möglichst mit einem Handgriff – ohne zusätzliches Werkzeug – an- und abgenommen werden können und sich selbsttätig abdichten. Vermeiden Sie umständliche Schraubverbindungen. Achten Sie bie Tisch- und Einbaugeräten weiterhin darauf, daß sich die Filtermodule problemlos austauschen lassen.

4. **Gleichbleibende Wasserqualität**
Einige Membrantypen erreichen bei bestimmten Schadstoffen keine konstanten Leistungen. So eignet sich beispielsweise eine *CTA*-Membran (Material: Cellulose-Triazetat) bei ansonsten hervorragenden Eigenschaften nicht für die dauerhafte Entfernung von Nitrat. Bei einem Nitratproblem im Leitungswasser sollten Sie daher eine *TFC*-Membran (Material: Polyamid) einsetzten.

Kleine Umkehr-Osmose Kartuschen

Kaum empfehlenswert sind kleine Umkehr-Osmose Kartuschen, die vielfach ohne Zusatzfilter direkt an den Wasserhahn angeschraubt werden. Die Leistung dieser Geräte ist wegen der geringen Dimensionierung oftmals nicht konstant. Außerdem haben die Kartuschen im Vergleich zu den Tisch- und Einbaugeräten nur eine geringe Lebensdauer.

Wieviel reines Wasser braucht ein Haushalt pro Tag?

Denken Sie bei der Dimensionierung Ihrer Anlage daran, daß Sie *nicht alles Wasser* im Haushalt zu reinigen brauchen, sondern nur das Wasser, das Sie zum *Trinken und Kochen* einsetzen wollen.

Statistisch gesehen verbrauchen wir pro Person und Tag zwar mindestens 150 Liter Wasser, doch verwenden wir davon nur ca. 2 bis 3 Liter zum Kochen und Trinken – 100 Liter nehmen wir zum Baden, Duschen, Wäschewaschen, für die Geschirrspülmaschine, zum Rasensprengern etc., und mit 50 Litern spülen wir die Toilette.

Eine vierköpfige Familie braucht erfahrungsgemäß pro Tag zwischen 10 und 12 Liter reines Wassers. Die Kapazität einer normalen Tisch- oder Einbauanlage reicht dafür völlig aus.

Wie hoch sollte der Druck des Leitungswassers sein?

Entscheidend ist bei der Umkehr-Osmose, daß der Druck auf die Membran hoch genug ist, die Wassermoleküle zum Passieren der Membran zu bewegen. Bei Meerwasser ist wegen des hohen Salzgehaltes ein extrem hoher Druck (zwischen 60 und 80 bar) notwendig. Zur Reinigung von Leitungswasser genügt jedoch schon der vergleichsweise geringe Leitungsdruck von 3 bis 7 bar (bei Spezialmembranen auch schon 1,6 bis 7 bar).

Während die frühen kommerziellen Umkehr-Osmose Systeme nur dann optimal arbeiteten, wenn der Druck auf die Membran konstant war, gibt es dieses Problem bei modernen Membranen nicht mehr.

Die modernen Membranen funktionieren problemlos in einem breiten Druckspektrum und passen sich schwankendem Leitungsdruck automatisch an.

Wofür läßt sich reines Wasser einsetzen?

Interessanterweise eignet sich durch Umkehr-Osmose gereinigtes, schadstoff-freies Wasser nicht nur zum Trinken und Kochen, sondern auch noch für eine Vielzahl weiterer Aufgaben.

- **Kaffee und Tee** entfalten ein weit intensiveres Aroma – Sie brauchen weniger Kaffe oder Tee zur Zubereitung.
- **Babynahrung**, die Sie mit gereinigtem Wasser zubereiten, enthält keine schädlichen Nitratmengen.
- **Eiswürfel** enthalten klareres, härteres Eis, das den Geschmack der Getränke beim Schmelzen nicht beeinflußt.
- **Luftbefeuchter** bilden auch bei intensivem Betrieb keine Krusten an den Verdunstungsteilen.
- **Seiden- und Wollkleidung** behält beim Waschen mit reinem Wasser seine Geschmeidigkeit.

- **Reinigungsflüssigkeiten**, die mit reinem Wasser gemischt werden, sind ergiebiger.
- In **Dampfbügeleisen, Kaffeemaschinen, Kochtöpfen und Wasserkesseln** bilden sich keine weißen Ablagerungen. Durch reines Wasser verlängern Sie außerdem die Lebensdauer dieser Haushaltsgeräte.
- **Wertvolle Kristallgläser** zerbrechen leicht beim Abtrocknen. Wenn Sie die Gläser nach dem Spülen in reines Wasser tauchen, können Sie die Gläser schlierenfrei an der Luft trocknen lassen.

Außerdem eignet sich reines Wasser ausgezeichnet zur Gesichts- und Haarpflege, für den Trinknapf von Haustieren, zum Fensterputzen, zum Einsatz im Fotolabor und zur Bewässerung von Pflanzen.

Mineralien und Trinkwasser

Mineralien sind für den menschlichen Körper mindestens ebenso lebenswichtig, wie die weitaus bekannteren Vitamine. Die wenigsten Menschen haben jedoch eine Vorstellung darüber,

- was Mineralien und Spurenelemente überhaupt sind,
- wieviele Mineralien wir täglich brauchen und welche Mengen im Körper vorhanden sein müssen,
- welche Mineralien für uns positiv, neutral oder sogar schädlich sind,
- wieviele und welche Mineralien im Trinkwasser vorkommen,
- woher wir Mineralien hauptsächlich erhalten und
- in welcher Form wir Mineralien am besten aufnehmen können.

Wußten Sie außerdem,

- daß Leitungswasser allein den Körper nicht ausreichend mit Mineralien versorgen kann, da es keine ausreichenden Mengen an Mineralien enthalten *darf*, die den täglichen Bedarf decken könnten?

Wir haben Ihnen das Wichtigste über *Mineralien, Spurenelemente* und deren Wirkung auf den menschlichen Körper einmal zusammengestellt.

Was sind Mineralien?

Viele Menschen verstehen unter Mineralien hauptsächlich Eisen, Kupfer, Zinn und andere Metalle, die die Industrie als Rohmaterialien benötigt. Der Begriff *Mineralien* geht jedoch über diese Vorstellung weit hinaus.

Laut Nachschlagewerk ist ein Mineral eine

> *„feste, chemische Verbindung der Erdkruste, die aus anorganischen, natürlichen Vorgängen der Natur entstand"*.

Es sind mehr als 2000 Mineralien bekannt, die grob in zwei große Gruppen unterteilt werden:

– **metallische Mineralien** wie z. B. Kalzium, Magnesium, Eisen, Kupfer, etc.
– **nicht-metallische Mineralien** wie z. B. Phosphor, Schwefel, Jod, Selen, etc.

Erst in den letzten zwanzig Jahren wird den Menschen mehr und mehr bewußt, daß metallische wie nicht-metallische Mineralien für das Funktionieren des menschlichen Körpers absolut lebensnotwendig sind.

Warum ist die Funktion der Mineralien kaum bekannt?

Obwohl die Bedeutung der Mineralien für unseren Körper schon seit Anfang des 19. Jahrhunderts erforscht wird, nahm man lange Zeit an, daß die meisten Mineralien keine Auswirkungen auf den Menschen haben, da sie nur in geringen Mengen im Körper vorkommen. Erst vor kurzem wurde erkannt, daß Mineralien mindestens ebenso wichtig für den menschlichen Organismus sind, wie die weitaus bekannteren Vitamine.

Welche Mineralien braucht der Körper?

Nach dem letzten Stand der Forschung gibt es über 20 Mineralien, die für das Funktionieren des menschlichen Körpers notwendig sind. Mit fortschreitenden medizinischen Erkenntnissen könnten jedoch noch weitere Mineralstoffe in diesen Rahmen aufgenommen werden.

Diese 20 lebenswichtigen Mineralien werden in zwei Gruppen unterteilt. Die Unterteilung richtet sich nach den Mengen, in denen die Mineralien im Körper vorkommen:

– **Makromineralien** sind Kalzium, Phosphor, Magnesium, Chlor, Natrium, Kalium und Schwefel. Im Körper sind sie in Mengen von fünf Gramm und darüber enthalten.
– **Spurenelemente** sind Eisen, Jod, Zink, Fluor, Kupfer, Chrom, Mangan, Selen, Molybdän und Kobalt. Hiervon braucht der Körper nur wenige Gramm oder sehr viel weniger. Es wird vermutet, daß auch die Spurenelemente Nickel, Zinn, Silizium und Vanadium wichtige Aufgaben im Körper wahrnehmen.

Arsen, Kadmium, Bor, Aluminium und Blei sind ebenfalls im Körper enthalten, doch sieht die heutige Forschung ihr Vorhandensein als Verunreinigung an. Blei, Arsen, Quecksilber, Fluor und Kadmium geben dabei Anlaß zur Besorgnis, da sie im Körper angereichert werden und in größeren Mengen hochgiftig sind.

Darüberhinaus sind aber auch größere Mengen **aller** Makromineralien und Spurenelemente Gift für den Körper.

Welche Funktionen haben Mineralien im Körper?

– Mineralien dienen als Baumaterialien für Zellen und sind in jedem Gewebe in mehr oder weniger hohen Mengen vorhanden.

- Mineralien geben Knochen und Zähnen ihre strukturelle Stärke.
- Mineralien sind Bestandteile von Körperflüssigkeiten (so ist z. B. Eisen ein Bestandteil des Blutes).
- Mineralien regulieren den Wasserhaushalt und Säuregehalt des Körpers, steuern die Übermittlung von Nervenimpulsen und die Funktion der Zellmembranen und kontrollieren den Startmechanismus für Enzymsysteme.

Wieviele Mineralien braucht der Körper?

Die Tabelle auf der nächsten Seite zeigt die Menge der Mineralstoffe für einen Menschen mit einem Körpergewicht von 70 kg. Die aufgeführten Mengen sind nur *Orientierungs*werte, keine *„Normalwerte"*, da der Mineralgehalt eines gesunden Menschen variieren kann.

Die Mineralstoffmengen im Körper werden von vielen Komponenten beeinflußt: Alter, Geschlecht, Diät, Krankheitsgeschichte, Akkumulierung giftiger Spurenelemente im Körper, Umgebung und deren Einfluß auf die Mineralien in Luft, Wasser und Nahrung etc.

Können wir unseren Mineralbedarf durch Leitungswasser decken?

Wasser enthält Mineralien in Form von sogenannten *mineralischen Salzen* – auch *anorganische* Mineralien genannt. Nach neuesten Erkenntnissen nimmt der menschliche Körper diese anorganischen Salze nur dann auf, wenn er seinen Bedarf nicht in *organischer* Form aus den festen Nahrungsmitteln decken kann.

Metallische Mineralien	Gramm
Kalzium	1.200
Kalium	250
Natrium	70
Magnesium	42
Eisen	4,5
Zink	2,3
Kupfer	0,08
Vanadium	0,025
Molybdän	0,020
Zinn	0,017
Mangan	0,012
Kobalt	0,010
Chrom	0,004
Nickel	0,002

Nicht-metallische Mineralien	Gramm
Phosphor	680
Chlor	115
Schwefel	100
Silizium	18
Fluor	2,6
Jod	0,013

Feste Nahrungsmittel enthalten hauptsächlich *organische Mineralien* in Form von Proteinverbindungen (Chelaten) und natürlichem Zucker. Die Aufnahme dieser organischen Stoffe fällt dem Körper weit leichter, als die der anorganischen Salze.

Doch selbst wenn wir die im Wasser vorhandenen Mineralien problemlos aufnehmen könnten, so ist die darin enthaltene Menge im Vergleich zu anderen Nahrungsmitteln nur sehr gering – so gering, daß *normales Leitungswasser als Mineralstoffquelle nicht ausreicht, den täglichen Bedarf zu decken.* Zum Vergleich: Ein Glas Milch enthält mehr Kalzium und Magnesium als 20 Liter Trinkwasser.

Die Aufstellung im Anhang B zeigt Ihnen, aus welchen Quellen wir unsere Mineralstoffe erhalten. Dabei wurden zum Vergleich auch die Mineralmengen aufgeführt, die wir täglich aus normalem Leitungswasser aufnehmen.

Auch Wasser mit hohem Mineralgehalt (z. B. einer Heilquelle) löst das Problem der Mineralstoffzufuhr nicht. Zum einen führen Sie Ihrem Körper dadurch Mineralsalze zu, die für ihn problematischer sind als die Chelate der organischen Nahrungsmittel. Zum anderen laufen Sie Gefahr, einige Mineralien (z.B. Natrium) in zu hohen Mengen zu sich zu nehmen.

Große Mengen an anorganischen Mineralien geben dem Wasser außerdem einen unangenehm metallischen, manchmal auch salzigen Geschmack, der Speisen und Getränke negativ beeinflußt. Besonders deutlich wird dies bei Mineral- und Tafelwasser, das über längere Zeit offen gestanden hat: Wenn die Kohlensäure verflogen ist, dann schmeckt das Wasser oft schal und unangenehm und besitzt auch nicht mehr die Fähigkeit, Durst zu löschen.

Geben Mineralien dem Trinkwasser nicht überhaupt erst den Geschmack? Schmeckt Wasser ohne Mineralstoffe nicht fade?

Viele Menschen glauben, daß gerade der Mineralgehalt den guten Geschmack des Wasser hervorbringt. *Doch genau das Gegenteil ist der Fall.*

Wasser erhält seinen guten Geschmack und seine durststillenden Eigenschaften durch die Menge des darin gelösten Sauerstoffs und durch die *Abwesenheit* größerer Mengen von Mineralsalzen. Deswegen sehen wir auch eine Bergquelle, deren Wasser aus frisch geschmolzenem Schnee (niedriger Mineralgehalt) entstanden ist und die durch ihren lebhaften Weg über Steine und Kiesel mit Sauerstoff durchmischt wurde, als Inbegriff der Frische an.

Die Aufnahme von Mineralien

Bei der Beurteilung, welche Mineralien sich für den menschlichen Organismus am besten eignen, wurde bisher nur selten zwischen

- der *Verwendung* von Mineralien im Körper – als deren *Funktion* – und
- der *Aufnahme* der Mineralien in den Körper – also der „*Transportverpakkung*“ unterschieden.

Erst seit kurzem weiß man, daß die *Aufnahme* von Mineralstoffen nur wenig damit zu tun hat, wie diese Stoffe im Körper *eingesetzt* werden und in welcher Form sie dort auftreten.

Ein kleines Beispiel: Wenn Sie unter Eisenmangel leiden, so hat es wenig Zweck, Eisenspäne zu essen. Was Sie brauchen, ist Eisen in einer organischen Verpackung, zu der der Körper Zugang hat.

Dem Körper werden Mineralien in zwei Formen angeboten:

– in *anorganischer* Form (z. B. im Trinkwasser als Mineralsalze) und
– in *organischer* Form (in der festen Nahrung als sogenannte *Chelate*).

Im letzten Jahrzehnt wurde festgestellt, daß der Körper organische Chelate weit besser aufnimmt, als die anorganischen Mineralien. Er greift sogar nur dann auf Mineralsalze zurück, wenn er seinen Bedarf nicht aus den Chelaten der organischen Nahrung decken kann.

Die Unterschiede dieser beiden Mineralstoffarten sind enorm: Kalziumsalz (Kalziumsulfat, Kalziumkarbonat etc.) wird beispielsweise nur zu 5–10 Prozent aufgenommen, Kalzium in Chelatform aber zu 95 Prozent.

In der folgenden Tabelle wird deutlich, daß der Körper Mineralien in Chelatform weit besser nutzen kann, als in der anorganischen Salzform.

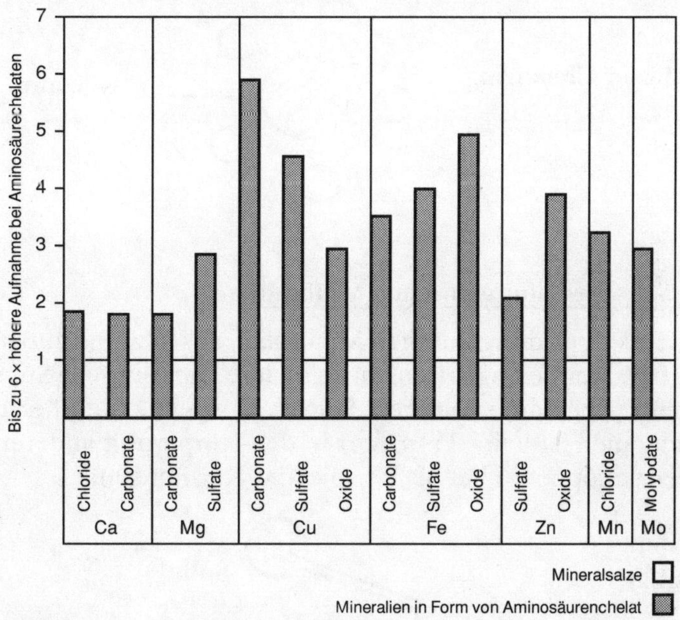

Tabelle: Aufnahme Chelat / anorganische Substanzen

Was sind Chelate?

Chelate finden wir in vielen Nahrungsmitteln, z. B. als Kalziumlaktat in der Milch, Chrom- und Selenchelat in der Hefe, Magnesiumchelat im Chlorophyll, Eisenchelat im Blut, etc.

Chelate sind an organische Stoffe (z. B. Aminosäuren, Laktat, Citrat etc.) gebundene Mineralien. Das Wort *„Chelat“* kommt aus dem Griechischen und bedeutet *„Klaue“*. In Chelaten ist der Mineralstoff von einem Ring von Aminosäuren umgeben, der ihn wie die Klaue eines großen Tieres in seiner Mitte festhält.

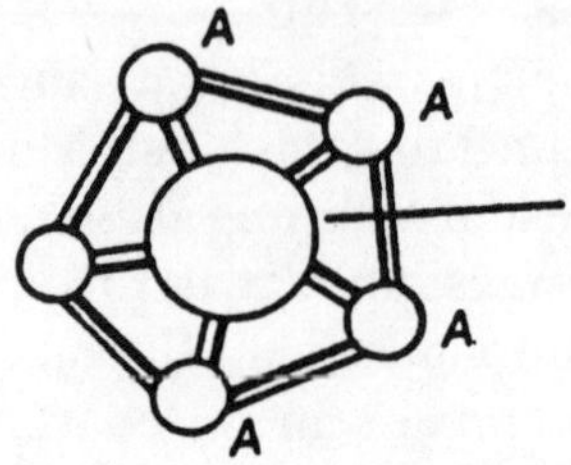

Bei der Aufnahme von Chelat im Körper wird dieser Aminosäurering aufgelöst und der Mineralstoff seiner Verwendung zugeführt. Die dabei freiwerdenden Aminosäuren sind organische Grundbausteine und lassen sich ebenfalls im Körper einsetzen.

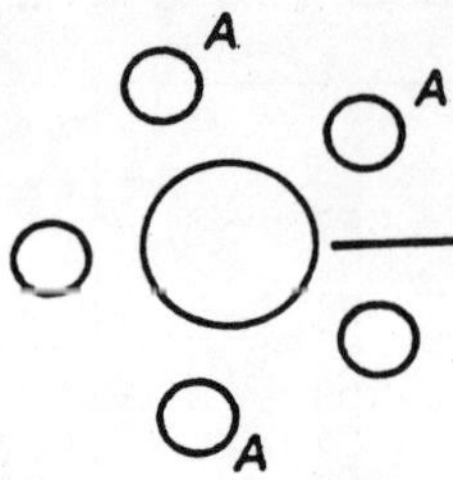

Die problematischen anorganischen Mineralien

Anders sieht es bei anorganischen Mineralien aus. Nur ein äußerst geringer Anteil wird in reiner Form (d. h. *nicht* an andere anorganische Substanzen gebunden) vom Körper aufgenommen. Die überwiegende Mehrheit der anorganischen Mineralien ist beim Transport in den Körper mit anderen anorganischen Stoffen gekoppelt. Hier als Beispiel das Kalziumsulfat.

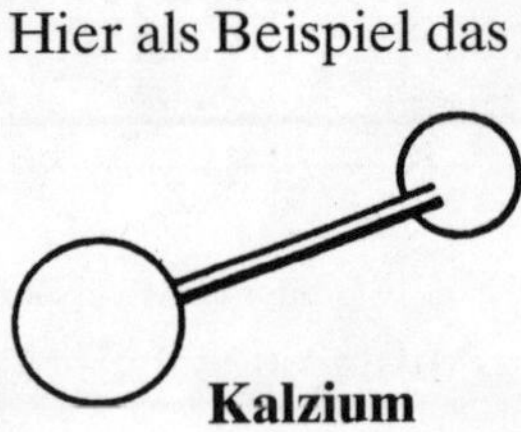

Bei der Auflösung dieser Bindung wird das Kalzium von dem Sulfat getrennt und wie bei den Chelaten seiner Bestimmung übergeben. Dabei wird jedoch auch das Sulfat frei, für das der Körper *keine* Verwertung hat.

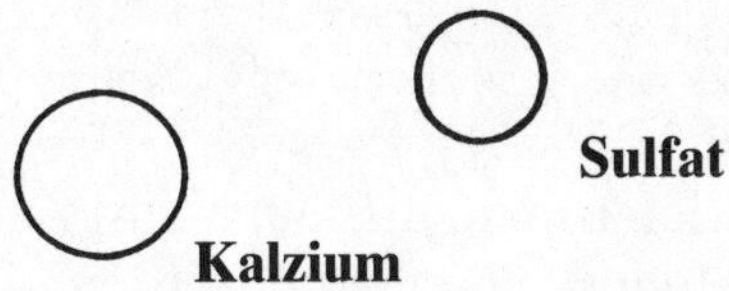

Viele dieser Abfallprodukte werden ausgeschieden. Ein nicht unwesentlicher Teil lagert sich jedoch im Körper ein und reichert sich dort an. Besonders bei giftigen Substanzen können im Körper dadurch langfristig kritische Werte überschritten werden und Krankheiten entstehen.

Es gibt aber noch eine andere Möglichkeit: Durch seine Lösung vom Mineralstoff wird bei dem unerwünschten Abfallstoff Bindungsenergie freigesetzt. Durch diese Bindungsenergie kann die Substanz mit anderen Stoffen im Körper reagieren und dadurch u. U. viel Schaden anrichten. Man bezeichnet diese unerwünschten Abfallprodukte auch als *„freie Radikale"*. Freie Radikale werden von der Medizin als sehr problematisch angesehen, da sie unter anderem bei Arzneimittel für einen Großteil der Nebenwirkungen verantwortlich sind.

Um diese recht komplizierten Vorgänge etwas anschaulicher zu machen: Wenn Sie Eisen zu sich nehmen möchten, würden Sie nie auf die Idee kommen, Eisennägel oder Schrauben zu essen, sondern auf Gemüse und andere organische Nahrung zugreifen. Selbst wenn man Ihnen die Nägel und Schrauben extrem fein auf Molekulargröße gemahlen präsentieren würde, würden Sie vermutlich ebenfalls ablehnen. In einer vergleichbaren Form befinden sich jedoch die anorganischen Mineralien im Wasser.

Isotonische Getränke

Seit einiger Zeit werden mit großem Werbeaufwand sogenannte elektrolytische Getränkeaufbereitungen angeboten, die dem Körper entzogene wertvolle Mineralien angeblich wieder zuführen sollen.

Dazu ein paar grundlegende Informationen:

Wenn sich der Körper – beispielsweise beim Sport – überhitzt, dann versucht er sich durch Schwitzen wieder abzukühlen.

Viele Menschen glauben, daß im Schweiß große Mengen an Elektrolyten verlorengehen, die durch Zusatzstoffe wieder ersetzt werden müssen. Tatsächlich verlieren wir durch Schwitzen jedoch fast ausschließlich Natrium. Die wertvolleren Elektrolyte wie Kalium, Chlorid und Phosphat sind im Schweiß nur in minimalen Spuren enthalten.

Auch nach mehreren Stunden schweißtreibenden Sports ist die Menge des ausgeschwitzten Natriums nicht so hoch, daß der Körper Mangelerscheinungen zeigen würde. Lediglich bei Dauerleistungen (z. B. Marathonlauf) sollte der Elektrolythaushalt überwacht werden.

Durst

Der Körper signalisiert uns seinen Flüssigkeitsbedarf durch eine wohlbekannte Empfindung – Durst.

Es gibt zwei Grundmechanismen, die Durst auslösen:

1) Je trockener unsere Mundschleimhäute werden, desto stärker werden sie von den Salzresten gereizt, die sich im Mund befinden. Dieser Reiz sendet eine Information an das Gehirn, das daraufhin das Trinkbedürfnis aufkommen läßt. Auch wenn sich mehr Salz im Mund befindet, als das normalerweise der Fall ist, löst das Gehirn Durstgefühle aus. Aus diesem Grund fühlen wir uns beim Essen von salziger Nahrung durstig, obwohl das Innere des Mundes noch feucht ist.
   Alle salzhaltigen Getränke – darunter die Iso-Drinks – haben ebenfalls diese auslösende Wirkung: sie lagern zusätzliche Salze auf den Schleimhäuten ab, sodaß wir Durst empfinden, obwohl der Körper kein weiteres Wasser benötigt.
2) Der zweite durstauslösende Mechanismus wird von dem Hypothalamus, einem Teil unseres Gehirns, gesteuert. Je weniger Flüssigkeit sich im Körper befindet, desto höher ist die Salzkonzentration im Blut. Sobald der Hypothalamus diese höhere Konzentration entdeckt, löst er eine Durstbotschaft aus. Zwar kann auch eine höhere Salzeinnahme zu dieser Auslösung führen, doch müßten dazu schon außerordentliche Salzmengen gegessen werden, um auf diese Weise Durst auslösen zu können.

Wenn wir also Durst empfinden, dann signalisiert uns der Körper den Bedarf nach mehr *Wasser*, und nicht nach mehr *Salz*. Je weniger Salze und Geschmackstoffe wir mit dem Wasser zu uns nehmen, desto besser kann der Körper sein Flüssigkeitsdefizit ausgleichen. Das durch Schweiß verlorengegangene Natrium nehmen wir mit unserer festen Nahrung mehr als genug auf.

Die besten Mineralstoffquellen

Optimal ist eine ausgewogene, breitgefächerte Ernährungsweise mit einem großen Anteil an Salaten, Gemüse und frischem Obst. Nehmen Sie zum Kochen und Trinken sauberes Wasser mit möglichst wenig Schadstoffen und anorganischen Salzen.

Sie brauchen nicht darauf zu achten, daß Sie in Ihrer Nahrung jeden Tag die im Anhang B angegebenen Tagesmengen erreichen. Der Körper legt sich normalerweise einen langfristigen Vorrat aller lebenswichtigen Substanzen an, aus dem er seinen Bedarf deckt. Dieser körpereigene Speicher wird automatisch wieder aufgefüllt, sobald die entsprechenden Mineralien in der Nahrung angeboten werden.

Vertrauen Sie darauf, daß Ihr Körper sich aus einem reichhaltigen Nahrungsangebot auf optimale Weise all die Substanzen holt, die für seine Erhaltung und seine Gesundheit nötig sind.

Stichworte

Adsorption Der Prozeß, durch den Partikel und molekulare Verunreinigungen von *Aktivkohle* aufgenommen werden. Ein elektrochemischer Vorgang an der inneren Porenoberfläche der Aktivkohle.

Aktivierung Aufbereitung von *Aktivkohle*. Bei der Aktivierung wird Kohle in Abwesenheit von Sauerstoff auf sehr hohe Temperaturen erhitzt. Dabei vergrößert sich die Oberfläche der Kohle auf bis über 2000 qm pro Gramm. Außerdem entstehen Poren molekularer Größe.

Aktivkohle Aktivkohle ist mikroporöser Kohlenstoff, der aus Torf, Braunkohle oder Steinkohle hergestellt wird. Die *Aktivierung* vergrößert die Oberfläche der Kohle, sodaß sie große Mengen an Verunreinigungen aufnehmen kann. Klassisches Filtermedium.

Asbest Vor kurzem wurde bekannt, daß in unserem Trinkwasser große Mengen von Asbestfasern vorkommen (bis zu 11 Millionen Fasern pro Liter in der Nähe von Düsseldorf). Asbestfasern sind härter als Stahl und werden im Körper nicht abgebaut. Entgegen den Entwarnungen des Bundesgesundheitsamtes gibt es wissenschaftliche Hinweise, daß oral aufgenommene Asbestfasern Darm- und Blasenkrebs verursachen. Durch Umkehr-Osmose wird Asbest aus dem Trinkwasser entfernt.

Bakteriostatische Filter Eine Sorte von Kohlefiltern, die mit *Silber* imprägniert sind. Das Silber soll das Bakterienwachstum im Inneren des Kohlefilters verhindern. Die Wirksamkeit ist fraglich. Außerdem ist Silber Gift für den menschlichen Organismus.

Cellulose Triazetat (CTA) Eine Familie synthetischer Materialien, aus denen *Umkehr-Osmose* Membranen hergestellt werden.

Chelat An organische Substanzen (z. B. Aminosäuren, Laktate etc.) gebundene Mineralien. Chelate sind in der Nahrung (z. B. Milch, Hefe, etc.) reichhaltig vorhanden. Der menschliche Körper nimmt Mineralien in Form von Chelaten weit besser auf, als in Salzform (wie sie z. B. im Trinkwasser vorkommen).

Chlor Eine gasförmige oder flüssige Chemikalie, die dem Trinkwasser als Desinfektionsmittel beigefügt wird. Reagiert mit organischer Materie im Wasser und erzeugt dabei das krebsverursachende *THM* (trihalogeniertes Methan).

Chloramine Eine Chemikalie aus Chlor und Ammoniak, die als Alternative zu *Chlor* als *Desinfektionsmittel* für Trinkwasser eingesetzt wird. Bildet weit weniger *THM* (trihalogeniertes Methan) als Chlor, steht aber im Verdacht, Krebs auszulösen. Hochgiftig für Dialysepatienten.

CTA *Cellulose Triazetat*

Desinfizierung Ein Vorgang, durch den Wasser biologisch sicher für den menschlichen Genuß gemacht wird. Dabei werden schädliche Mikroorganismen durch Chemikalien, ultraviolettes Licht, Ozon etc. zerstört.

Destilliertes Wasser Wasser, das durch Dampfdestillierung gereinigt wurde. Es enthält normalerweise weniger als 5 ppm *TDS.*

Entionisiertes Wasser Wasser, bei dem die ionischen Salze *(TDS)* durch einen *Ionenaustauscher* entfernt wurden.

Fluorid Wird in einigen Ländern zur Vorbeugung von Karies dem Trinkwaser zugesetzt. Ist in Deutschland als Trinkwasserzusatz verboten. Steht im Verdacht, Krebs zu verursachen.

Grundwasserstrom Eine wassertragende Schicht im Boden. Grundwasserströme können Hunderte von Kilometern weit fließen und ihre Zusammensetzung mehrmals am Tag ändern.

Hartes Wasser Wasser mit einer *Härte* über 12. Hartes Wasser enthält so viel Kalzium und Magnesium, daß sich beim Waschen mit Seife die zur Reinigung notwendige Seifenlauge nicht oder nur schwer bilden kann.

Härte Der Härtegrad gibt die im Wasser vorhandenen Beimischungen an (hauptsächlich Kalzium und Magnesium). Die Wasserhärte wird gemessen im mg Kalziumoxyd pro 100 ccm Wasser. Wasser mit einem Härtegrad unter 12 wird „weich", über 12 „hart" genannt.

Härtemineralien Kalzium und Magnesium

Ion Ein nach außen elektrisch geladenes Atom *(TDS).*

Ionenaustauscher Eine Methode, dem Wasser seine *Härte* zu nehmen. Das Rohwasser wird durch ein Austauschmedium (organische Kunstharze) geleitet, das die *Härtemineralien* des Wassers (Kalzium und Magnesium) aufnimmt und dafür Natrium abgibt.

Kontaktzeit Die Zeit, die Wasser in direktem Kontakt mit *Aktivkohle* ist. Je länger die Kontaktzeit, desto mehr Verunreinigungen werden aus dem Wasser entfernt.

Mechanische Filter Ein Siebevorgang, der *Schwebstoffe* aus dem Wasser entfernt. Die feinsten mechanischen Filter entfernen Bakterien bis zu einer Größe von 0,2 *Mikron*.

Mikron Längeneinheit. Ein Millionstel Meter. Das kleinste noch sichtbare Teilchen hat einen Durchmesser von 40 Mikron.

Mineralien Feste chemische Verbindungen der Erdkruste. Es gibt mehr als 2000 Mineralien (z. B. Arsen, Kupfer, Kadmium, Blei, Eisen, Schwefel, etc.). Zuviel Mineralsalze im Trinkwasser geben dem Wasser einen unangenehmen Geschmack. Einige Mineralien sind Gift für den menschlichen Organismus.

Molekulargewicht Jedes Molekül setzt sich aus einer bestimmten Anzahl Atome zusammen. Die Summe der Atomgewichte dieser einzelnen Atome ergibt das Molekulargewicht.

Beispiel H_2O (Wasser):
2 x H (Wasserstoff) Atomgewicht 1 = 2
1 x O (Sauerstoff) Atomgewicht 16 = 16
Wasser hat daher das Molekulargewicht = 18

Osmose Die natürliche Tendenz von Wassermolekülen, durch eine halbdurchlässige *(semipermeable)* Membran zu passieren. Einer der wichtigsten Vorgänge für organisches Leben. Mit Osmose regelt beispielsweise unser Körper seinen Flüssigkeitshaushalt.

PCB Polychlorierte Biphenyle. Hochgiftige organische Verunreinigung, die im Trinkwasser vorkommen kann. PCB steht im Verdacht, Krebs zu verursachen.

pH-Wert Zeigt an, wie sauer oder basisch Wasser ist. Die Skala reicht von 1 bis 14. 7 ist neutral, 1 ist der höchste saure Wert, 14 der höchste basische Wert.

ppm Englische Abkürzung von „Parts Per Million" = „Teile pro Million Wassermoleküle". ppm entspricht in etwa „Milligramm pro Liter" (mg/l). Wenn Sie ein Kilo Salz in einer Million Kilo (Liter) Wasser auflösen, dann erhalten Sie die Messung von 1 ppm (oder 1 mg/l). ppm ist die Maßeinheit von *TDS*.

Rohwasser (Leitungs-)Wasser, das zur Reinigung in ein Wasseraufbereitungsgerät geleitet wird.

Rückweisung Die Menge an *TDS*, die die *Umkehr-Osmose* Membran aus dem *Rohwasser* entfernt. Wird in Prozent vom Rohwasser angegeben.

Schwebstoffe Im *Rohwasser* schwebende Teilchen (Staub, Sand, Rost, Algen), die durch *mechanische Filter* entfernt werden können.

Semipermeabel Eigenschaft einer Gruppe von natürlichen und synthetischen Materialien, die es bestimmten Substanzen (z. B. Wasser) erlaubt durch eine *Umkehr-Osmose* Membran zu passieren, während gleichzeitig die Passage anderer Stoffe (z. B. Salze) blockiert wird.

Silber Metallisches Mineral. Wird zum Imprägnieren von Kohlefiltern eingesetzt. Giftig für den menschlichen Körper. *Bakteriostatische Filter.*

täglicher Wasserverbrauch Statistisch gesehen verbraucht der Deutsche pro Tag 150 Liter Wasser. Davon werden allerdings nur 2 Liter zum Trinken und Kochen verwendet.

TCE Trichloräthylen. Im Trinkwasser relativ häufig vorkommende giftige organische Verunreinigung. Bestandteil vieler Lösungsmittel in Haushalt, Industrie und chemischen Reinigungen. TCE steht im Verdacht, Krebs zu verursachen.

TDS Englische Abkürzung von „Total Dissolved Solids" = die Gesamtmenge im Wasser gelöster ionischer Mineralsalze und Metalle. Wird in Einheiten von *ppm* gemessen.

TDS-Tester Der TDS-Tester zeigt die Menge der gelösten Salze an, die in einer Wasserprobe vorhanden ist. Maßeinheit ist *ppm.*

TFC Englische Abkürzung von „Thin Film Composite Membran". Ein Material (Polyamid), aus dem Umkehr-Osmose Membranen hergestellt werden.

THM Trihalogeniertes Methan. Entsteht, wenn *Chlor* als *Desinfektionsmittel* mit organischer Materie im Wasser reagiert. Steht im Verdacht, Krebs zu verursachen.

Umkehr-Osmose Die technische Umkehrung der natürlichen *Osmose.* Dabei wird *Rohwasser* gegen eine synthetische Membran gepreßt, die die Wassermoleküle durchläßt, die Unreinheiten des Rohwassers jedoch nicht. Auf der anderen Seite der Membran sammelt sich nur sauberes Wasser. Die Verunreinigungen werden weggespült.

Weiches Wasser Wasser mit einer *Härte* unter 12.

ANHANG B

DECKUNG DES MINERALBEDARFS

(Die Angabe der täglichen Bedarfsmengen sind Orientierungswerte, die nicht zur Zusammenstellung einer individuellen Diät gedacht sind. Die Angaben der im Trinkwasser enthaltenen Mengen sind Richtwerte, die je nach Quelle variieren können.)

Mineralstoff	Täglicher Bedarf	Tägliche Aufnahme im Trinkwasser	Maximaler Gehalt laut Trinkwasser-Verordnung in 1l Wasser	Nahrungsquellen (Aufnahme pro 100 g Nahrung)	
Kalzium	500 - 1.000 mg	100 mg	keine Angabe	Hartkäse	1.200 mg
				Weichkäse	725 mg
				Nüsse	250 mg
				Gemüse	150 mg
				Weissmehl	140 mg
				Milch	120 mg
				Eier	80 mg
				Getreide	60 mg
				Früchte	60 mg
Kalium	Es gibt keine empfohlene Tagesmenge, doch wird die Einnahme von 1.960 bis 5.870 mg pro Tag als normal angesehen.	--	12 mg	Viele Nahrungsmittel enthalten Kalium, doch gibt es regional große Unterschiede in deren Gehalt. Die folgenden Angaben sind nur Richtwerte.	
				Soyamehl	1.660 - 2.030 mg
				Trockenfrüchte	710 - 1.880 mg
				Weizenkleie	1.160 mg
				frischer Salat	140 - 1.080 mg
				Kartoffeln	1.020 mg
				Nüsse	350 - 950 mg
				Müsli	100 - 600 mg
				Fruchtsäfte	110 - 260 mg
				Eier	140 mg
				Käse	100 - 190 mg
				Indischer Tee	2.160 mg
				gerösteter Kaffee	2.020 mg
				Kakaopulver	1.500 mg
Natrium	Es gibt keine empfohlene Tagesmenge, doch wird die einnahme von 1.000 - 3.000 mg pro Tag als ausreichend angesehen.	2 - 300 mg	150 mg	Die bekannteste Form von Natrium ist Kochsalz (Natriumchlorid). Die Natriumaufnahme in der Nahrung reicht von 2.000 bis 12.000 mg pro Tag. Viele Ärzte empfehlen maximal 3 g pro Tag.	
				Schmelz-/Weichkäse	1.360 mg
				Cornflakes	1.200 mg
				gesalzene Butter	870 mg
				Brot	560 mg
				Eier	140 mg

Mineralstoff	Täglicher Bedarf	Tägliche Aufnahme im Trinkwasser	Maximaler Gehalt laut Trinkwasser-Verordnung in 1l Wasser	Nahrungsquellen (Aufnahme pro 100 g Nahrung)	
Magnesium	220 - 400 mg	50 mg	50 mg	Soyabohnen	310 mg
				Nüsse	250 mg
				Vollkornweizenmehl	140 mg
				Brauner Reis	119 mg
				Trockenfrüchte	80 mg
				Gemüse	60 mg
				Bananen	42 mg
Eisen	8 - 28 mg	bis 3 mg	0,2 mg	Weizenkleie	12,9 mg
				Kakaopulver	10,5 mg
				Soyamehl	8,0 mg
				Petersilie	8,0 mg
				Trockenfrüchte	5,8 mg
				Getreide	4,1 mg
				Rote Bohnen	2,5 mg
Zink	8 - 16 mg	2 mg	keine Angabe	Bierhefe	7,8 mg
				Hartkäse	4,0 mg
				Vollkornbrot	2,0 mg
				Eier	1,5 mg
				Hülsenfrüchte	1,0 mg
				Vollkorngetreide	1,0 mg
Kupfer	1 - 2,5 mg	1 mg	keine Angabe	Bierhefe	3,3 mg
				Oliven	1,6 mg
				Nüsse	1,4 mg
				Hülsenfrüchte	0,8 mg
				Vollkornbrot	0,3 mg
				Trockenfrüchte	0,3 mg
Vanadium	vermutlich 0,1 - 0,3 mg	--	keine Angabe	Petersilie	2,95 mg
				Radieschen	0,79 mg
				Dill	0,46 mg
				Kopfsalat	0,28 mg
				Erdbeeren	0,07 mg
				Gurken	0,04 mg
				Äpfel	0,03 mg
Zinn	noch nicht ausreichend erforscht	--	keine Angabe	noch nicht ausreichend erforscht	
Mangan	empfohlen wird 2 - 5 mg	--	0,05 mg	Getreide	4,92 mg
				Vollkornbrot	4,21 mg
				Nüsse	3,54 mg
				Hülsenfrüchte	2,01 mg
				Früchte	1,05 mg
				grünes Gemüse	0,78 mg
Chlor	keine empfohlene Tagesmenge	--	keine Angabe	Die Nahrungsquellen für Chlor entsprechen denen des Natrium. Wer ausreichend Natrium zu sich nimmt (Kochsalz), erhält automatisch ausreichend Chlor	

Mineralstoff	Täglicher Bedarf	Tägliche Aufnahme im Trinkwasser	Maximaler Gehalt laut Trinkwasser-Verordnung in 1l Wasser	Nahrungsquellen (Aufnahme pro 100 g Nahrung)	
Molybdän	ca. 0,5 mg	--		Buchweizen	0,49 mg
				Bohnenkonserven	0,35 mg
				Weizenkeime	0,20 mg
				Soyabohnen	0,20 mg
				Getreide	0,09 mg
				Eier	0,05 mg
				Kakao	0,05 mg
				Gemüse	0,03 mg
				Früchte	0,02 mg
Chrom	es gibt keine empfohlene Tagesmenge. doch wird die Einnahme von 0,05 - 0,2 mg pro Tag als ausreichend angesehen.	0,01 mg	0,05 mg	Eigelb	0,18 mg
				Bierhefe	0,12 mg
				Hartkäse	0,06 mg
				Fruchtsäfte	0,05 mg
				Vollkornbrot	0,04 mg
				Honig	0,03 mg
				Gemüse	0,02 mg
				Früchte	0,01 mg
Nickel	noch nicht ausreichend erforscht	--	0,05 mg	noch nicht ausreichend erforscht	
Kobalt	ca. 0,001 mg	--	keine Angabe	Kammuscheln	0,225 mg
				Leber	0,015 mg
				Gemüse	0,020 - 0,060 mg
Phosphor	es gibt keine empfohlene Tagesmenge. doch wird die Einnahme von 240 - 1.200 mg (abhängig vom Alter) pro Tag als normal angesehen.	--	keine Angabe	Bierhefe	1.900 gm
				Magermilchpulver	950 mg
				Weizenkeime	930 mg
				Hartkäse	520 mg
				Nüsse	370 mg
				Getreide	290 mg
				Eier	128 mg
				Yoghurt	140 mg
Schwefel	800 mg	0,05 mg	240 mg	Nüsse	150 - 380 mg
				Knoblauch	370 mg
				Käse	200 - 330 mg
				Eier	180 mg
				Vollkornmehl	150 mg
				Hülsenfrüchte	120 mg
Silizium	keine empfohlene Tagesmenge	--	keine Angabe	--	
Fluor	keine empfohlene Tagesmenge	Bei Trinkwasserfluorisierung bis 4 mg	keine Angabe	--	
Jod	ca. 0,2 mg	0,04 mg	keine Angabe	Schellfisch	0,659 mg
				Hering	0,021 - 0,027 mg
				Getreide, Gemüse	
				Früchte	0,002 - 0,005 mg

WAS KOSTET MINERAL- UND FLASCHENWASSER?

Die folgende Tabelle zeigt Ihnen, wie teuer Wasser in Flaschen ist.

Wie finde ich den Preis für mein Flaschenwasser?

1. Nehmen Sie die Tabelle *„Der Preis von Flaschenwasser“* und suchen Sie am linken Tabellenrand in der Spalte

   DM pro
   Liter

   den Preis, den Sie für 1 Liter Flaschenwasser zahlen. (Denken Sie daran, daß viele Flaschen nur 0,7 Liter enthalten.)

2. Folgen Sie dem Pfeil nach rechts, bis Sie die Spalte mit Ihrer Haushaltsgröße

   ...Personen
   im Haushalt

   gefunden haben. Sie haben nun den Preis, den Sie für Ihr Flaschenwasser pro

   Tag / Monat / Jahr

   etc. bezahlen. Die oberste Zeile der Tabelle zeigt Ihnen weiterhin, wieviel

   Liter

   Trinkwasser Ihre Familie pro Tag / Monat / Jahr braucht.

Den Tabellen liegt der vom Gesundheitsministerium empfohlene Tagesverbrauch von 2 Litern Trinkwasser pro Person (Trinken und Kochen) zugrunde. Wenn Ihre Tagesmenge davon wesentlich abweicht, können Sie diese Menge leicht zu den angegebenen Werten ab- bzw. hinzurechnen.

Ein Beispiel:

Sie möchten wissen, wieviel eine vierköpfige Familie pro Jahr für Flaschenwasser ausgibt.

1. Nehmen wir an, Sie bezahlen 1,00 DM für einen Liter Flaschenwasser. In der Spalte
   DM pro
   Liter
   finden Sie die Zahl
   1,00 -->

2. Folgen Sie dem Pfeil in dieser Zeile nach rechts, bis Sie in dem Block
   4 Personen
   im Haushalt
   die Spalte
   Jahr
   gefunden haben. Sie haben nun den Preis, den Ihre Familie jedes Jahr für Flaschenwasser bezahlt:
   2.880,– DM.

Die Tabellen wurden bis zu einem Preis von 3,00 DM pro Liter errechnet, da in Italien Flaschenwasser bereits zu diesem Preis verkauft wird.

Der Preis von Flaschenwasser

		1 Person im Haushalt			*2 Personen im Haushalt*		*4 Personen im Haushalt*	
pro **-->**	**Tag**	**Monat**	**1 Jahr**	**5 Jahre**	**Monat**	**Jahr**	**Monat**	**Jahr**
Liter **-->**	2	60	720	3.600	120	1.440	240	2.880
DM pro Liter								
0,50 -->	1,00	30,-	360,-	1.800,-	60,-	720,-	120,-	1.440,-
0,60 -->	1,20	36,-	432,-	2.160,-	72,-	864,-	144,-	1.728,-
0,70 -->	1,40	42,-	504,-	2.520,-	84,-	1.008,-	168,-	2.016,-
0,80 -->	1,60	48,-	576,-	2.880,-	96,-	1.152,-	192,-	2.304,-
0,90 -->	1,80	54,-	648,-	3.240,-	108,-	1.296,-	216,-	2.592,-
1,00 -->	2,00	60,-	720,-	3.600,-	120,-	1.440,-	240,-	2.880,-
1,10 -->	2,20	66,-	792,-	3.960,-	132,-	1.584,-	264,-	3.168,-
1,20 -->	2,40	72,-	864,-	4.320,-	144,-	1.728,-	288,-	3.456,-
1,30 -->	2,60	78,-	936,-	4.680,-	156,-	1.872,-	312,-	3.744,-
1,40 -->	2,80	84,-	1.008,-	5.040,-	168,-	2.016,-	336,-	4.032,-
1,50 -->	3,00	90,-	1.080,-	5.400,-	180,-	2.160,-	360,-	4.320,-
1,60 -->	3,20	96,-	1.152,-	5.760,-	192,-	2.304,-	384,-	4.608,-
1,70 -->	3,40	102,-	1.224,-	6.120,-	204,-	2.448,-	408,-	4.896,-
1,80 -->	3,60	108,-	1.296,-	6.480,-	216,-	2.592,-	432,-	5.184,-
1,90 -->	3,80	114,-	1.368,-	6.840,-	228,-	2.736,-	456,-	5.472,-
2,00 -->	4,00	120,-	1.440,-	7.200,-	240,-	2.880,-	480,-	5.760,-
2,10 -->	4,20	126,-	1.512,-	7.560,-	252,-	3.024,-	504,-	6.048,-
2,20 -->	4,40	132,-	1.584,-	7.920,-	264,-	3.168,-	528,-	6.336,-
2.30 -->	4,60	138,-	1.656,-	8.280,-	276,-	3.312,-	552,-	6.624,-
2,40 -->	4,80	144,-	1.728,-	8.640,-	288,-	3.456,-	576,-	6.912,-
2,50 -->	5,00	150,-	1.800,-	9.000,-	300,-	3.600,-	600,-	7.200,-
2,60 -->	5,20	156,-	1.872,-	9.360,-	312,-	3.744,-	624,-	7.488,-
2,70 -->	5,40	162,-	1.944,-	9.720,-	324,-	3.888,-	648,-	7.776,-
2,80 -->	5,60	168,-	2.016,-	10.080,-	336,-	4.032,-	672,-	8.064,-
2,90 -->	5,80	174,-	2.088,-	10.440,-	348,-	4.176,-	696,-	8.352,-
3,00 -->	6,00	180,-	2.160,-	10.800,-	360,-	4.320,-	720,-	8.640,-

Bibliographie

Aero, Rita und Rick, Stephanie: **Vitamin Power**, New York 1987

Coffel, Steve: **But Not A Drop To Drink!**, New York 1989

Der Spiegel: **Lebenselement Wasser – Vergiftet und Vergeudet**, Titelgeschichte, Nr. 32 Jg. 42, Ausgabe 8.8.88

Der Spiegel: **Asbest – Gefahr für Trinkwasser**, Jg. 43 Nr. 9, Ausgabe 27.2.89

Eisenberg, D., Kauzmann W.: **The structure and properties of water**, Oxford 1969

Engler, Ivan (Hrsg.): **Wasser**, Teningen 1989

Hütter, Leonhard A.: **Wasser und Wasseruntersuchung**, Salzburg 1988

Kasper, Dr. med. Heinrich: **Ernährungsmedizin und Diätetik**, München 1987

Kokoschinegg, Dr. Peter: **Wasserstruktur und biologische Systeme**, Bericht vom Institut für Biophysik und Strahlenforschung, Wien 1987

Luck, W.A.P.: **Structure of water and aqueous systems**, ED.: Belford, G.: Synthetic membrane processes, fundamentals and water application, New York 1984

Mervyn, Leonhard, Ph.D.: **Thorsons complete guide to Vitamins and Minerals**, Rochester 1987

Natow, Annette, Ph.D, R.D., Heslin, Jo-Ann, M.A., R.D.: **Complete Book of Vitamins and Minerals**, Lincolnwood 1988

Nemethy, G., Scheraga H.A.: J. Chem. Phys. 35/12, 1962 – **Structure of water and hydrophobic bonding in proteins**, New York 1983

Polunin, Miriam: **Minerals What They Are and Why We Need Them**, New York 1983

Trincher, K.: **Die Gesetze der biologischen Thermodynamik**, Wien 1981

Yetiv, Jack, M.D., Ph.D.: **Popular Nutritional Practices**, New York 1988

BEZUGSQUELLEN

TDS-Tester

HACH Analysesysteme
zu beziehen über:
Struers GmbH
Albert-Einstein-Str. 5
D-4006 Erkrath 3
Tel.: 0211 202051

ELFSTONES GmbH
Brandweg 5
D-2091 Garstedt
Tel.: 04173 8711
Fax: 04173 6408

Reagenzien

HACH Analysesysteme
Struers GmbH
Albert-Einstein-Str. 5
D-4006 Erkrath 3
Tel.: 0211 202051

MACHEREY NAGEL
Werkstraße 6–8
D-5160 Düren
Tel.: 02421 698-0

Umkehr-Osmose Systeme

Deutschland:

ELFSTONES PURWATER
Brandweg 5
D-2091 Garstedt
Tel.: 04173 8711
Fax: 04173 6408

Fragen und Antworten

Läßt sich Wasser durch Abkochen reinigen?

Das Abkochen von Wasser stammt aus einer Zeit, da Leitungswasser noch Krankheitserreger enthalten konnte. Wurde das Wasser einige Minuten lang gekocht, konnte man sicher sein, daß schädliche Bakterien abgetötet waren. Abkochen ist nur in Notsituationen zu empfehlen und tötet außerdem nicht alle Viren, Sporen und Zysten.

Heutzutage ist Trinkwasser vielfach mit Nitraten, Salzen, Schwermetallen und einer Vielzahl giftiger Chemikalien belastet, die aus dem Abfall von Industrie und Landwirtschaft in die Wasserversorgung gelangt sind. Die meisten dieser Stoffe werden durch Abkochen überhaupt nicht oder nur teilweise entfernt.

Brauchen wir die „Mineralien" im Trinkwasser?

Wasser enthält Mineralstoffe in Form von sogenannten *mineralischen Salzen* (auch *anorganische Mineralien* genannt). Der Körper nimmt Mineralien in dieser Form nur dann auf, wenn er seinen Bedarf nicht in organischer Form aus festen Nahrungsmitteln decken kann.

In festen Nahrungsmitteln sind Mineralien hauptsächlich in Verbindung mit Proteinen und natürlichem Zucker (als *organische Mineralien*) vorhanden. Für die Aufnahme von organischen Mineralien braucht der Körper weit weniger Energie als für anorganische Salze.

Wenig bekannt ist, daß Leitungswasser laut Trinkwasserverordnung überhaupt keine ausreichenden Mengen an Mineralien enthalten DARF, die den täglichen Bedarf decken könnten.

Wasser enthält daher im Vergleich zu anderen Nahrungsmitteln nur geringe Mineralstoffmengen. In einem Glas Milch befindet sich mehr Kalzium und Magnesium als in 20 Liter Trinkwasser.

Zu viel anorganische Mineralien geben dem Wasser einen unangenehm metallischen und manchmal auch salzigen Geschmack. Sie nehmen dem Wasser die Fähigkeit, Durst zu löschen. Darüberhinaus sind einige anorganische Mineralien gesundheitsschädigend (z. B. Nitrate, giftige Metalle, alle Spurenelemente in toxischen Mengen).

Geben Mineralien dem Trinkwasser nicht den Geschmack?

Viele Menschen glauben, daß der Mineralgehalt den guten Geschmack des Wasser hervorbringt. *Doch genau das Gegenteil ist der Fall.*

Wasser erhält seinen guten Geschmack und seine durststillenden Eigenschaften durch die Menge des darin gelösten Sauerstoffs und durch die *Abwesenheit* größerer Mengen von Mineralsalzen. Deswegen sehen wir auch eine Bergquelle, deren Wasser aus frisch geschmolzenem Schnee (niedriger Mineralgehalt) entstanden ist und die durch ihren lebhaften Weg über Steine mit Sauerstoff durchmischt wurde, als Inbegriff der Frische an.

Läßt sich Wasser, das mit Umkehr-Osmose aufbereitet wurde, mit Flaschenwasser vergleichen?

Viele Flaschenwasser sind kaum besser als normales Leitungswasser. Bei einer von der Zeitschrift „Natur" im Jahre 1987 durchgeführten Untersuchung stellte sich heraus, daß die Hälfte der untersuchten Marken den Trinkwasserrichtwerten der EG nicht entsprachen. Die Einhaltung dieses Standards wird oft nur auf Anfrage kontrolliert. In einigen Tafelwassern wurden außerdem hohe Verunreinigungen, darunter Arsen und Nitrat gefunden.

Gute Umkehr-Osmose Systeme entfernen so gut wie alle Schadstoffe aus dem Trinkwasser, kosten pro Liter nur den Bruchteil eines Pfennigs, belasten die Umwelt nicht und liefern außerdem einen frischen Geschmack.

Warum setzen die Wasserwerke Umkehr-Osmose nicht im großen Stil ein?

Die Kosten wären zu hoch – unsere Wasserrechnung würde in astronomische Höhen klettern.

Zudem werden weniger als 2 % des Leitungswassers getrunken. Das meiste Wasser wird zum Baden, Waschen, zur Gartenbewässerung etc. eingesetzt. Es wäre eine gigantische Verschwendung, dieses Wassers der gleichen teuren Aufbereitung zu unterziehen, wie unser Trinkwasser. Doch selbst wenn wir alles Wasser mit Umkehr-Osmose aufbereiten, würde es beim Transport durch Kupfer- und Bleirohre wieder neue Verunreinigungen aufnehmen.

Es liegt auf der Hand, Trinkwasser dort von Verunreinigungen zu befreien, wo es letztendlich gebraucht wird: in Ihrer Küche.

Brauchen wir Fluorid im Trinkwasser, um das Entstehen von Karies zu verhindern?

Vor einigen Jahren wurde erwogen, Fluorid dem Trinkwasser zuzufügen, da es als erwiesen galt, daß es die Entstehung von Karies verhindert oder verzögert.

Dieser Eingriff in die Trinkwasserversorgung war und ist sehr umstritten, da die Langzeitwirkungen von Fluoriden im Trinkwasser kaum erforscht sind. So wurde z.B. erst vor kurzem erkannt, daß Chlor Krebs erzeugen kann, wenn es sich mit Substanzen verbindet, die üblicherweise im Wasser vorkommen. Chlor wird jedoch schon seit 1913 dem Trinkwasser zugefügt.

Zwar wurde festgestellt, daß geringe Mengen Fluorid im Trinkwasser keine schädliche Wirkung haben, doch ist ungeklärt, wieviel Fluorid ein Mensch im individuellen Fall zu sich nimmt und welche Wirkungen diese Mengen in 20 oder 30 Jahren haben werden. Außerdem hat Fluorid nach Abschluß der Kindheit kaum noch Auswirkungen auf die Zähne.

Viele Wissenschaftler und Gesundheitsbehörden sind der Ansicht, daß Fluorid und andere Zusätze im Trinkwasser nichts zu suchen haben. Mit einem Umkehr-Osmose System haben Sie Ihre Wasserqualität selbst unter Kontrolle. Die Umkehr-Osmose entfernt über 90 % aller Fluorverbindungen aus dem Wasser.

Ist der Wasserverbrauch eines Umkehr-Osmose Systems nicht Wasserverschwendung?

Im Vergleich zu unserem täglichen Wasserverbrauch ist das vom System in den Abfluß geleitete Wasser im wahrsten Sinne nur „ein Tropfen auf dem heißen Stein". Dazu einer paar Tatsachen über den normalen Wasserverbrauch:

- Statistisch verbrauchen wir pro Tag mindestens 150 Liter Wasser:
  100 Liter – Baden, Duschen, Wäsche, Geschirrspülmaschine
  50 Liter – Toilettenspülung
  2 Liter – Kochen und Trinken.
- Weitere 4000 Liter kommen pro Tag durch indirekten Verbrauch hinzu – Wasserverbrauch der Stadtreinigung, Bewässerung von Grünanlagen, Autowaschanlagen etc.
- 5000 Liter täglich werden für die Herstellung unserer Verbrauchsgüter gebraucht.
- Für Ihr Frühstücksei wurden 300 Liter Wasser benötigt.
- Für Ihr Steak zu Mittag wurden 10.000 Liter Wasser eingesetzt.
- Die Produktion von einem Scheffel Weizen braucht 45.000 Liter Wasser.

Ein modernes Umkehr-Osmose System benötigt für die Reinigung der 2 Liter, die wir pro Tag zum Kochen und Trinken brauchen, etwa 4 bis 6 Liter. Gemessen an unserem statistischen Tagesverbrauch von 150 Liter fällt diese Menge kaum ins Gewicht.

Es bietet sich aber auch die Möglichkeit, das Abflußwasser aufzufangen und als Brauchwasser zu verwenden.

Eine Umkehr-Osmose Anlage im Test

Die folgenden Testergebnisse zeigen, wie außerordentlich wirksam schon kleine Umkehr-Osmose Systeme Schadstoffe aus dem Wasser entfernen.

Die Tests wurden von der International Technology Corporation durchgeführt, einem unabhängigen Institut, das von der EPA (Environmental Protection Agency) – der nationalen Umweltbehörde der USA – anerkannt ist. Alle Analysen wurden nach den strengen, von der EPA vorgeschriebenen Methoden ausgeführt.

Die getesteten Geräte waren nach modernster Technik mit einer Kombination von Umkehr-Osmose/Ultrafiltrierung und Aktivkohleadsorption ausgestattet.

Die Leistung einer Umkehr-Osmose Anlage ist vom Druck des Leitungswassers, der Temperatur, Zusammensetzung, Verunreinigung des Wassers, den Fertigungseigenschaften der Membran und vom Einsatzrhythmus abhängig.

Umkehr-Osmose Anlagen, die mit „Thin Film Composite“ (TFC) Membranen ausgerüstet sind, zeigen bei einigen Verunreinigungen eine höhere Entfernungsrate, als in den beiden folgenden Tests angegeben. TFC Membranen können für spezielle Probleme der Wasseraufbereitung eingesetzt werden.

Über den Autor

Hermann Kuhn, geboren 1950 in Berlin, aufgewachsen in Hamburg. Managementstudium in der Schweiz, USA und Italien; mehrere Weltreisen zwischen 1972 und 1981. Von 1976 bis 1981 Wohnsitz in London, San Francisco und Bombay, Außenhandel mit Afrika und den USA. 1981 Rückkehr nach Deutschland und Aufbau einer Firma der mittleren Datentechnik.

Seit 1986 widmet er sich der Erforschung und Verbreitung moderner Wasseraufbereitungstechnologien.

Hermann Kuhn ist Pilot. Seine Hobbys sind klassische Orgelmusik, asiatische Philosophie und Trekking.

Endprodukt aus dem Auffangtank

Konzentration in mg/l (ppm)

Parameter	Nr der EPA Untersuchungs-Methode	Roh-wasser	Endprodukt aus dem Auffangtank	Entfernung der Stoffe in %
Härte (Mg $CACO_3$)	130.2	1730	10	
MBAS	425.1	214	2	> 99%
Total Dissolved Solid (TDS)	160.1	2104	90	> 99%
Metalle				
Arsen	206.2	11	ND<0.010	> 99%
Barium	200.7	12.6	0.051	> 99%
Kalzium	200.7	25.4	0.82	> 96%
Kadmium	200.7	6.2	ND<0.010	> 99%
Chrom	200.7	0.25	ND<0.010	> 99%
Kupfer	200.7	14.4	ND<0.010	> 99%
Eisen	200.7	58	0.026	> 99%
Blei	239.2	58	0.010	> 99%
Magnesium	200.7	124	2.4	> 98%
Mangan	200.7	5.7	0.012	> 99%
Quecksilber	245.1	8.0	0.003	> 99%
Selen	270.1	11	ND<0.005	> 99%
Silber	200.7	3.0	ND<0.050	> 98%
Natrium	200.7	121	2.7	> 97%
Zink	200.7	58.3	0.014	> 99%
Anionen				
Chloride	300.0	115	11	> 90%
Nitrate	300.0	220	18	> 92%
Sulfate	300.0	436	0.33	> 99%
Organochloride Pestizide				
Endrin	608	6.8	ND<0.00005	> 99%
Lindan	608	0.054	0.000006	> 99%
Methoxychlor	608	0.026	ND<0.00005	> 99%
Toxaphen	608	0.050	ND<0.00005	> 99%
PCB's (1242)	608	0.11	ND<0.00005	> 99%

ND - NOT DETECTED - Dieser Stoff war nicht mehr feststellbar.
In der Tabelle ist die Feststellbarkeitsgrenze angegeben.

Endprodukt aus dem Auffangtank

Konzentration in mg/l (ppm)

Parameter	Nr der EPA Untersuchungs-Methode	Roh-wasser	Endprodukt aus dem Auffangtank	Entfernung der Stoffe in %
Herbizide				
2,4-D	615	0.20	ND<0.001	> 99%
2,4,5-TP (Silvex)	615	0.089	ND<0.0001	> 99%
Flüchtige halogene Kohlenwasserstoffe				
Bromodichloromethan	601	6.8	ND<0.0005	> 99%
Bromoform	601	6.3	ND<0.0005	> 99%
Carbon Tetrachlorid	601	TR<2.0	ND<0.0005	> 99%
Chlorobenzin	601	2.0	ND<0.0005	> 99%
Chloroform	601	4.3	ND<0.0005	> 99%
Dichlorobenzin	601	65	ND<0.0005	> 99%
1,1-Dichloroethan	601	8.9	ND<0.0005	> 99%
1,2-Dichloroethan	601	18.2	ND<0.0005	> 99%
1,2-Dichloropropan	601	9.4	ND<0.0005	> 99%
1,1,2,2-Tetrachloroethan	601	7.2	ND<0.0005	> 99%
Tetrachlorätylen	601	7.2	ND<0.0005	> 99%
1,1,1-Trichlorethan	601	4.7	ND<0.0005	> 99%
1,1,2-Trichlorethan	601	13	ND<0.0005	> 99%
Trichloroäthylen	601	2.7	ND<0.0005	> 99%
Flüchtige aromatische Kohlenwasserstoffe				
Benzin	602	6.9	ND<0.0005	> 99%
Chlorobenzin + 1,4-Xylen	602	13	ND<0.0005	> 99%
1,3-Dichlorobenzin	602	9.5	ND<0.0005	> 99%
1,4-Dichlorobenzin	602	9.5	ND<0.0005	> 99%
Ethyl Benzin	602	4.7	ND<0.0005	> 99%
Toluen	602	1.8	ND<0.0005	> 99%
1,3-Xylen	602	0.89	ND<0.0005	> 99%
1,2-Xylen	602	0.88	ND<0.0005	> 99%
Asbest	TEM	125	ND<0.001	99%

ND-NOT DETECTED - Dieser Stoff war nicht mehr feststellbar. In der Tabelle ist die Feststellbarkeitsgrenze angegeben.

TR-TRACE - Dieser Stoff wurde in Spuren festgestellt, die Menge reichte jedoch nicht aus, um die Konzentration feststellen zu können.

Das Zeitalter der Energie

– DDDr. Franz Langmayr, Wien –

Wir leben in einer Zeit, die sich sehr schnell verändert, schneller als das je in der uns bekannten Geschichte der Fall war. Viele von uns haben Mühe mit den vielen und vielschichtigen Prozessen des Lernens und der Anpassung, wie sie ununterbrochen von uns gefordert werden.

Ungeheure Probleme machen Druck auf die ganze Menschheit und fordern weitere Veränderungen. Man muß Optimist sein, um zu glauben, daß das alles gut enden und sich die Zivilisation je wieder in einem weniger problematischen Zustand stabilisieren wird. Viele haben den Optimismus verloren und halten Schäden, die in den letzten Jahrzehnten angerichtet wurden, für irreparabel. Sie malen sich das Ende aus, das die Menschheit in dieser, wie es aussieht, Einbahn-Sackgasse ihrer Entwicklung wohl nehmen wird.

Optimisten sehen in den Problemen Evolutionsdruck, der sich immer weiter verstärkt und mit einer steigenden Geschwindigkeit, buchstäblich einem sich Überstürzen, von Lern- und Evolutionsvorgängen der Menschheit einhergeht.

Es erscheint unplausibel, daß sich die Evolution vom „Urzeitmenschen" bis zum Jahr 1700 so langsam vollzogen hat und daß sie seitdem so schnell und immer noch schneller vor sich geht. Nur sehr vereinzelt erheben sich Stimmen, die die heute gängige Grundvorstellung von der menschlichen Frühgeschichte für falsch halten. Denn in der Tat wäre ein zyklisches Zeitaltermodell besser geeignet, sowohl die heutige Realität als auch die bekannten historischen Fakten zu erklären. Die Konsequenzen eines solchen Umdenkens sind riesig. Sie erfassen alle Bereiche des Lebens – auch das Trinkwasser.

1. Die Zeitalterlehre

Der, wie ich meine, beste Ansatz in diese Richtung ist das Konzept einer Revision der heutigen hinduistischen Zeitalterlehre, das schon im Jahre 1894 vorgelegt wurde, lange vor der Sichtbarkeit der Megadimension der heutigen Probleme und Veränderungen. Autor ist der bis heute recht wenig bekannte Swami Sri Yukteswar Giri aus Srirapur bei Kalkutta in Indien, der das Konzept im Vorwort seines Buches „The Holy Science" auf nur dreizehn Seiten umreißt.

Dieses Konzept ist nicht eigentlich die Zeitalterlehre des Hinduismus und es erhebt nicht den Anspruch, Zeitalterlehren anderer Denker, Kulturen oder Religionen für falsch zu erklären. Schwingungen überlagern sich im Großen wie im Kleinen. So ist in der ungeheuer komplexen Geschichte der Menschheit zugleich Platz für verschiedene Arten von Zeitalterlehren.

Das Konzept beruft sich auf alte Quellen, die eine Art geistiger Astrophysik nahelegen: Die Sonne hat einen anderen Stern als Dual und bewegt sich um diesen in 24.000 Erdenjahren einmal herum. Das ist die Ursache für die Rückwärtsbewegung des Frühlingspunktes durch den Tierkreis, die auch der westlichen Astronomie bekannte Tatsache, daß die Sonne jedes Jahr zur Zeit der Frühjahrs-TagundNachtgleiche – gemessen an den Fixsternen im Hintergrund – nicht genau dort steht, wo sie im Jahr zuvor gestanden ist sondern ein wenig weiter zurück, derzeit ca. den 26.000sten Teil ihrer ganzen scheinbaren Himmelsbahn.

Schon Plato wußte um dieses Phänomen. Daher wird der lange Zeitraum, in dem der Frühlingspunkt um die ganze scheinbare Sonnenbahn – den sogenannten Tierkreis – wandert, von den Astronomen das Platonische Jahr genannt.

Im Zuge dieser Bahnbewegung ist unser Sonnensystem einmal näher und einmal ferner einem Mittelpunkt im Weltraum, von dem eine Stimulation der geistigen Fähigkeit des Menschen ausgeht. Dementsprechend nimmt die geistige Tugend und damit auch die Durchdringungskraft des menschlichen Verstandes zyklisch zu und wieder ab. Auf jeweils 12.000 Jahre aufsteigende Bewegung folgen 12.000 Jahre absteigende Bewegung und so immer weiter.

Sowohl die aufsteigende wie auch die absteigende Bewegung wird in vier Abschnitte geteilt, die deutlich voneinander unterschieden sind: Zuerst 1.200 Jahre Kali-Yuga, eisernes Zeitalter, in dem der menschliche Intellekt nur die Materie verstehen kann. Darauf folgen 2.400 Jahre Dwapara-Yuga, bronzenes Zeitalter, in dem der menschliche Intellekt auch noch die Energie und deren Eigenschaften verstehen kann. Danach kommen 3.600 Jahre Treta-Yuga, silbernes Zeitalter, in denen der menschliche Intellekt fähig wird, die eigentliche Substanz der Gedanken und Gefühle zu verstehen, die die Quelle der Energie und ihrer Eigenschaften ist. Und dann kommen 4.800 Jahre Satya-Yuga, das goldene Zeitalter der Wahrheit, in dem der menschliche Intellekt alles verstehen kann, auch den Geist als solchen, jenseits der sichtbaren Welt.

Wenn das aufsteigende goldene Zeitalter zu Ende ist, ist der Höhepunkt erreicht und es beginnt der Abstieg in der umgekehrten Reihenfolge: 4.800 Jahre goldenes Zeitalter, 3.600 Jahre silbernes, 2.400 Jahre bronzenes und 1.200 Jahre eisernes. Mancher wird sich daran erinnern, wie der römische Dichter Ovid diese absteigende Bewegung in seinem Gedicht „Die vier Jahreszeiten" mit etwas Wehmut beschreibt. Ovid sieht seine Zeit in der absteigenden Phase dieser Entwicklung und liegt damit auf einer Linie sowohl mit Sri Yukteswar als auch den historischen Fakten, die beide ca. das Jahr 500 n. Chr. als Tiefpunkt der Entwicklung nahelegen: Die Zeit der Völkerwanderung war in vieler Hinsicht ein geistiger Tiefpunkt, zuvor ging alles lange Zeit bergab, und danach ging es bergauf. Wohl gab es auch um das Jahr 500 n. Chr.

kulturelle Leistungen und heiligmäßige Menschen, sie waren bitter notwendig als Licht inmitten von Finsternis.

Dann, 1.200 Jahre später, im Jahre 1.700 n. Chr. beginnt das aufsteigende Bronzezeitalter, das Zeitalter der Energie, das erst jetzt zu seiner vollen Entfaltung kommt. Denn – so das Konzept weiter – am Anfang und am Ende eines jeden dieser vier Zeitalter liegt eine Übergangsperiode, die ein Zwölftel der Länge dieses Zeitalters ausmacht, das sind beim aufsteigenden Bronzezeitalter 200 Jahre, die von 1.700 n. Chr. bis 1.900 n. Chr. gedauert haben. Seit damals geht die Entwicklung rapide.

Das Zeitaltermodell beschreibt die Entwicklung der menschlichen Gesellschaft als ganzer. Der einzelne hat die Möglichkeit, sich insgeheim darüber zu erheben. Es ist nur nicht einfach. Wie wenige Menschen haben wohl in der Völkerwanderungszeit für sich innerlich klar verstanden, was Elektrizität ist und was wir sonst heute noch wissen?

So ist anzunehmen, daß zwischen Himmel und Erde auch Dinge sind, die wir heute nicht richtig verstehen, wie zum Beispiel die eigentliche Substanz des Gedankens, dessen Verständnis zum dritten Zeitalter gehört und das Wesen des Bewußtseins überhaupt, der Geist, der im vierten und höchsten Zeitalter verstanden wird.

Seit dem Ende der Übergangszeit im Jahr 1900 sollte der Übergang zum Zeitalter der Energie mehr oder weniger abgeschlossen sein. Daß dies nicht wirklich der Fall ist, würde den großen Evolutionsdruck erklären, die ungeheure Problematik und Dynamik der Zeit, in der wir leben.

2. Veränderungen in Technik und Wissenschaft

Begonnen hat es mit dem Verständnis der Energie im Außenbereich, um uns herum. Schon Newton hat durch seine Definition der Kraft als Masse mal Beschleunigung die begrifflichen Voraussetzungen für die Definition der Energie als Arbeit gleich Kraft mal Weg geschaffen. Und auch die Phänomene der Elektrizität begannen damals Beachtung zu finden: Um 1600 n. Chr. machte William Gilbert die Beobachtung, daß in allen materiellen Substanzen Elektrizität ist.

Es folgte die immer konsequentere Nutzung der äußeren Phänomene von Energie und Elektrizität. Im neunzehnten Jahrhundert begann man, die Erde mit Eisenbahnschienen und Telegrafendrähten zu überziehen. Mit Hilfe von Dampfmaschinen, elektrischen Maschinen und vielen anderen Instrumenten wurde die elektrische Energie der praktischen technischen Verwendung zugeführt, obwohl uns das volle Verständnis für das Phänomen Energie möglicherweise immer noch fehlt.

Natürlich kann die noch fehlende Entwicklung und Erfahrung in diesen Zeilen nicht vorweggenommen werden. Es ist der Lernprozeß der Geschichte, in den wir alle eingetaucht sind, der uns schrittweise beibringt, wie und inwiefern Energie das fehlende Bindeglied zwischen Geist und Materie ist. Doch wollen wir uns hier einige wichtige Aspekte dieses Lernprozesses herausgreifen:

So ist die physikalische Wissenschaft im Laufe der letzten zweihundert Jahre von einem total materiellen zu einem weitgehend energetischen Grundkonzept umgeschwenkt: Aus den Ergebnissen elektrischer Messungen abstrahierend kam man zur Formulierung der Maxwellschen Gesetze über den Zusammenhang zwischen Elektrizität und Magnetismus. Darauf folgte Einsteins Entdeckung erst der speziellen und dann der allgemeinen Relativitätstheorie durch konsequentes Weiterdenken dessen, was in den Maxwellschen Gesetzen schon grundgelegt war: Raum und Zeit sind relativ, der Ablauf der Zeit und die Gestalt der Materie bestimmen sich aus der Geschwindigkeit des Betrachters im Raum. Konstant ist allein die Lichtgeschwindigkeit: Ein klarer Hinweis darauf, daß das energetische Phänomen Licht grundlegender ist als die Materie, die es bescheint. Und dann kam die Quantenpyhsik, die auch die Vorstellung vom materiellen Atom als mikroskopische Zuflucht des Materialismus zugunsten eines energetischen Schwingungskonzeptes zerschlagen hat.

Nicht einmal das Urphänomen der materiellen Kausalität, der Ursächlichkeit des einen materiellen Vorgangs für den anderen, ist uns geblieben. Heisenbergs Unschärferelation hat es hinweggefegt: Entweder es gelingt uns jetzt, die materielle Kausalität aus einer ihr zugrundeliegenden subtileren energetischen Kausalität zu erklären oder wir müßten auf Kausalität überhaupt verzichten und (trotz der Sinnlosigkeit, die das mit sich brächte) davon ausgehen, daß wir der Willkür einer stupiden uns unbekannten und sogar unerfahrbaren Macht im Universum ausgeliefert sind. So weist auch hier der Evolutionsdruck in die richtige Richtung.

3. Reine Energie

Heute wird die Energie knapp und die gängigen großtechnischen Methoden zu ihrer Erzeugung führen zur Umweltzerstörung. Immer ernsthafter drängt sich die Frage auf, ob nicht Energie sauber und billig aus dem Energiefeld entnommen werden kann, das, wie wir schon wissen, der Materie und dem Raum zugrundeliegt.

Dies ist nicht der Ort für eingehende Spekulationen über die technische Verwertbarkeit von Äther-Energie, wie man sie auch nennen kann. Aber es sei die Bemerkung erlaubt, daß bei der Suche nach weiteren hilfreichen Änderungen des physikalischen Weltbildes das Übergehen zu einer Grundeinstelung eine Rolle spielen kann, in der das menschliche Bewußtsein ein zentraler integrierender Bestandteil der Wirklichkeit ist und nicht bloß eine Randerscheinung, deren Existenz notgedrungen zugegeben wird:

Bis heute verstehen wir physikalische Schwingung nur so, daß Materie schwingt oder daß sonst das Verhalten von Materie durch den Schwingungsvorgang beschrieben wird. Reine Energie als reine Schwingung wird erst verständlich, wenn wir anerkennen, daß Geist schwingen kann, daß Schwingung möglich ist, ohne daß Materie schwingt. Wirklichkeit ist nicht gleich Raum und Materie, sondern Wirklichkeit beruht auf dem Zusammenspiel des Geistes als wahrnehmendes und gestaltendes Bewußtsein mit dem, was jeweils der Gegenstand der Wahrnehmung und der Gestaltung ist.

Gewaltige Gedankenarbeit steht uns da noch bevor und gewaltig ist der Druck, der uns motiviert und motivieren wird, sie zu leisten.

4. Der neue Vitalismus

Interessant ist in diesem Zusammenhang die Entwicklung der Medizin, weil die Energie im menschlichen Körper beide Seiten hat: Dieselbe Energie kann sowohl geistig von innen her erlebt als auch äußerlich durch pyhsikalische Messung wahrgenommen werden. So ist Energie das fehlende Bindeglied zwischen Geist und Materie.

Fast unmerklich entsteht in einzelnen Bereichen der Naturheilkunde ein neuer Vitalismus, eine Lehre von der Lebensenergie, die die einzelnen körperlichen Funktionen betreibt. Diese Lebensenergie ermöglicht die unkomplizierte Erklärung von Phänomenen wie Heilung durch Homöopathie, Akkupunktur, Magnetisieren, Hypnose oder eigene spirituelle Bemühung des Patienten.

Sie ist die eigentlich bewußte Entität im menschlichen Körper. Sie betritt ihn bei dessen Entstehung und verläßt ihn im Tode. Sie krallt sich an den Körper mit der Kraft der Wünsche und Erwartungen, die der Mensch dem materiellen Leben gegenüber hegt und mit der Kraft seiner irrationalen Angst vor dem Tod.

So sehr sich die medizinische Wissenschaft auch sträuben mag, der einfachen und vielversprechenden Fährte der Erforschung der Körperenergie nachzugehen, gewaltige Menschheitsprobleme drängen sie in diese Richtung:

– Der Dauerstreß, dem der Mensch durch schädliche Umwelteinflüsse ausgesetzt ist, bedrängt seine Vitalität und damit sein Immunsystem und bewirkt chronische Leiden. Heilung durch chemische und andere materiell orientierte Therapie bringt oft keine befriedigenden Resultate. Energetische Heilmethoden bieten sich an.
– Der Erforschung von Krankheiten wie Krebs und Aids zwingt uns zur immer eingehenderen Auseinandersetzung mit dem Immunsystem, was langfristig immer weitergehend zur Aufdeckung von dessen energetischer Natur führt.
– Der psychische Streß, von dem viele Menschen geplagt werden und der auch zur Ursache von organischen Leiden wird, bringt ein ständiges Über-

angebot an Energie in den Muskeln und Organen des Körpers mit sich. Das ist die Energie, die der Mensch dadurch unnütz und kontraproduktiv vom Zentralnervensystem in die anderen Bereiche des Körpers dirigiert, daß er aufgrund einer falschen Philosophie alle Erfüllung, nach der er sich sehnt, im äußeren Bereich der Materie und der Sinnesempfindungen sucht. Die heute sehr notwendige Streßforschung wird nicht umhin können, diese einfachen Zusammenhänge schrittweise wissenschaftlich zu etablieren.

Es ist sogar zu hoffen, daß das Verständnis für subtile Aspekte des Funktionierens der Energie um uns herum auch mithelfen wird, Zustände wieder in Ordnung – oder in eine noch bessere Ordnung – zu bringen, die wir heute für „prinzipiell irreversibel" halten wie z. B. das Aussterben von Arten und die Verseuchung der Umwelt mit langfristiger Radioaktivität. Doch sind das Hoffnungen für die Zukunft, die keinesfalls dazu dienen dürfen, dem heute oft gewissenlosen Handeln dem Menschen und der Natur gegenüber als bewußte oder unbewußte Rechtfertigung von dienen.

Zu Recht haben viele Menschen Angst vor der heutigen Atom- und Gentechnologie. Auch in diesen Bereichen finden wissenschaftliche und gesellschaftliche Lernprozesse statt, die zu einem mehr energetischen Verständnis der Grundlagen der Materie und des Lebens hinführen. Es ist nicht anzunehmen, daß wir das heutige Energieproblem anders lösen können als durch ein tiefgreifendes Verständnis der energetischen Grundkonzeption der Materie und des Raumes. Und es ist nicht anzunehmen, daß wir das Wesen des Lebendigen anders wirklich verstehen können als durch das Aufdecken von dessen energetischer Grundkonzeption.

Die Befürworter von Gen- und Atomtechnologie würden mehr Mut brauchen, die Aufmerksamkeit ihrer Forschung mehr auf die energetischen Grundlagen der Zelle und des Atoms zu richten, um zu sanften und hilfreichen Technologien zu gelangen, deren Machbarkeit dann nicht am gesellschaftlichen Widerstand scheitert. Den Gegnern von Gen- und Atomtechnologie aber sei gesagt, daß greifbare Ergebnisse der Forschungsarbeit über sanfte und richtige Alternativen viel mehr zur Beseitigung falscher und gefährlicher Technologien leisten als noch so viel – und noch so richtiges – Reden und Fordern.

Natürlich ist es im heutigen Umfeld schwierig, zu den hier notwendigen Durchbrüchen zu gelangen. Denn sowohl die Denkgewohnheiten, die uns begrenzen, als auch die institutionelle Struktur unserer Gesellschaft stammen aus einer – relativ – finsteren Zeit. Aber der Wandel geht weiter und wir alle spielen in ihm eine Rolle.

Eine wichtige Erkenntnis, die sich in der klinischen Ökologie bereits durchgesetzt hat, ist, daß das Immunsystem des Körpers gewissermaßen das fehlende Bindeglied zwischen der Materie des Körpers und der Energie ist, die dessen Lebensvorgänge betreibt.

Unnatürliche Lebensweise, einseitige Ernährung, Belastung von Nahrung, Trinkwasser und Atemluft mit chemischen Giften sind ein Dauerstreß für das Immunsystem, der schließlich zu Beschwerden führt, wie sie für die heutige Zeit typisch sind: schleichende, chronische Leiden wie häufiger Kopfschmerz, Schlaflosigkeit, Konzentrationsstörungen bis hin zur Depression, Hautausschläge, aber auch chronische medizinisch schwer zu behandelnde Leiden der einzelnen Organgruppen gehören hierher.

Wenn der Dauerdruck auf das Immunsystem zu groß wird, entstehen die sogenannten Sensitivitäten: allergie-ähnliche Reaktionsweisen auf chemische Stressoren, die für den betreffenden höchst unangenehm sein können. In den USA gibt es Menschen, die durch Sensitivitäten gezwungen sind, in Wohnwagen in der Wüste zu leben, weil sie das Leben in der Zivilisationsumgebung nicht mehr ertragen. (Siehe die umfangreiche Literatur zur klinischen Ökologie, als Einstieg z.B. Dr. Klaus Runow: „Klinische Ökologie").

Daher ist insbesondere sauberes Trinkwasser ein wichtiger Beitrag zur Entlastung des Immunsystems und damit zur Steigerung der Lebensqualität in einer Zeit wie dieser.

5. Ausblick

Viele beschweren sich darüber, daß die Menschen ob all dem technischen Fortschritt nicht eigentlich besser werden. Dennoch: Viele Dinge erregen heute das öffentliche Gewissen, die es noch vor Jahrzehnten kalt gelassen hätten. Und vor allem ist das Niveau der ständigen Auseinandersetzung zwischen gut und böse immer weiter im Steigen.

Es wird buchstäblich von Jahr zu Jahr schwerer, andere Menschen in was immer für einer Weise zu unterdrücken. Und wo sich zeigt, daß in bestimmten Bereichen immer noch „mittelalterliche" Zustände herrschen, da besteht der Fortschritt oft darin, daß diese Zustände erstmalig heute wegen der gestiegenen Sensitivität an den Pranger gestellt werden, nachdem man sich äonenlang nicht um ihr Vorhandensein gekümmert hat.

Es ist ein typisches Phänomen, daß der Fortschritt nicht so sehr von der Zivilisation als ganzer ausgeht als von den einzelnen Menschen. Im Inneren der einzelnen erwacht das Bewußtsein der Existenz neuer Dimensionen der Wirklichkeit und der Handlungsmöglichkeit. Da hat so mancher unberechtigterweise das Gefühl, daß er der einzige ist, in dem solcher Fortschritt stattfindet und er hat den Wunsch, diesen Fortschritt zur Verbesserung seiner gesellschaftlichen Stellung auszunützen und ihn so teuer als möglich an andere zu verkaufen. Und mancher ist enttäuscht, wenn er dann sieht, daß diese Verwertung ihre Probleme hat, so wie der Preis von Wasser zur Regenzeit eben abnimmt. Der wüste Konkurrenzkampf auf dem Computermarkt ist dafür ebenso ein Beispiel wie das gleichzeitige Erstarken rievalisierender politischer Kräfte.

Wir haben jetzt eine Zeit, in der es Regierungen, Konzernleitungen und jeder Art formeller Obrigkeit schwer fällt, mit dem steigenden Niveau an Einsicht und fachlicher Kompetenz Schritt zu halten, wie es ihnen von dem Menschen rundherum vorgegeben wird. Das zusammen mit dem steigenden Widerstand aller irgendwo „untergebenen" gegen Unterdrückung erzeugt einen gewaltigen Evolutionsdruck für alle, die irgendwo das Sagen haben und für die Systeme der Machtverteilung als ganze.

Es ist zu hoffen, daß die Zukunft ein noch weiteres Ansteigen der Sensitivität des Menschen für die Bedürfnisse des jeweils anderen bringen wird und damit in Verbindung immer mehr weitreichende sinnvolle organische Koordination des wirtschaftlichen und politischen Handelns.

6. Gefahr: der Fundamentalismus

Wichtig und gefährlich ist ein Phänomen der Regression, mit dem wir es jetzt zu tun bekommen: der Fundamentalismus. Zuerst aufgefallen ist er uns im Islam. Aber er ist dort keine Einzelerscheinung. Das Phänomen ist in den christlichen Kirchen ebenso zu beoachten wie in den übrigen Weltreligionen und in politischen und anderen Ideologien.

Fundamentalismus besteht am ehesten darin, daß mit der neuen Energie der neuen Zeit Widerstand geleistet wird gegen die Überwindung von Denk- und Organisationsweisen, die dieser Zeit nicht mehr gemäß sind. Aus Angst vor dem Verlust der Orientierung krallt man sich an äußeren Formen fest, obwohl starker Anlaß zum Zweifel an ihnen besteht. Aber genau diese Zweifel schüren wieder die Angst um die Orientierung und sind das Motiv für den Widerstand.

Da werden Dinge wieder lebendig wie Auspeitschen, Abhacken von Gliedmaßen, Haß und Verachtung für Andersdenkende und die Erwartung des großen Heils aus der Einhaltung mehr oder weniger sinnloser äußerer Formen, und das alles mit bewußtem und forciertem Einsatz der Mittel der heutigen Zeit wie Maschinengewehr, Computer, Werbepsycholgie und Massenmedien.

Der Fundamentalismus führt nicht nur nicht zum Heil. Er führt notwendig zur Konfrontation – mit den Fundamentalisten der gegenteiligen Richtung. Und in einer durch Technik und weltweite Verflechtung kleiner werdenden Welt brigt er die Gefahr der weltweiten Konfrontation.

Fundamentalismus hat auch sein Gutes: In ihm sucht der Mensch seine Seele, allerdings da, wo sie nicht ist: im Äußerlichen, in der Materie, und er lernt, daß sie da nicht ist. Es ist zu hoffen, daß die Suche dann weitergeht und die Evolution der Menschheit beschleunigt.

Der Lernprozeß des Fundamentalismus ist noch im Gang. Es dürfte noch nicht der Höhepunkt überschritten sein. Und es ist nicht abzusehen, wieviel Zerstörung der Fundamentalismus noch bringen wird. Aus dem Zeitaltermodell aber kann der Optimismus geschöpft werden, daß es sich auch beim Fundamentalismus um eine vorübergehende Erscheinung handelt an der Schwelle zu einer neuen Zeit.

Wenn man die Aufwärtsentwicklung des Niveaus seit dem Jahr 1700 betrachtet, dann ist diese bisher immer nur noch schneller geworden, und es ist nicht damit zu rechnen, daß sie heute oder morgen plötzlich stehenbleibt. Katastrophen und Kriege der schlimmsten Art, die hat es wohl gegeben, aber sie haben auch bewirkt, daß alte, verhärtete Verhinderungsstrukturen beseitigt wurden. (So hat Österreich zwischen 1918 und 1938 mehr Nobelpreisträger hervorgebracht, als irgendein anderes Land in einer ähnlich langen Zeitspanne).

Wir wissen also nicht, was in den nächsten Jahren auf uns zukommt, und kein Optimismus darf uns zum Leichtsinn ermutigen. Es besteht aber Anlaß zur Hoffnung, daß es sich bei den schweren weltweiten Problemen, mit denen wir es heute zu tun haben, um Lern- und Evolutionsdruck handelt, der uns weiterschiebt in eine neue Zeit auf einem höheren Niveau der menschlichen Auseinandersetzung und Integration: in das aufsteigende Dwapara-Yuga, das Zeitalter der Energie.

DAS WASSERWESEN MENSCH

– von Dr. med. Alois Riedler –

Der Beginn des Lebens

Es dauerte etwa 3 bis 4 Milliarden Jahre, bis aus dem Wechselspiel zwischen Sonne und Wasser Leben auf der Erde entstand. Die weitaus längste Periode dieser Evolution fand in den Urmeeren statt. Doch auch wenn der Mensch die Meere schon lange verlassen hat, so beginnt sein Leben (als Samenzelle) immer noch bei einem Wassergehalt von 98 bis 99%.

Auch als Säugling hat der Mensch noch den hohen Wassergehalt von 90%. Mit zunehmendem Alter nimmt die Vitalität lebender Strukturen jedoch ab und zwar in dem gleichen Maße, wie sein Wassergehalt zurückgeht.

So hat der menschliche Organismus als Kind ca. 70% Wassergehalt, der Erwachsene 65%, und der alte Mensch nur mehr 60%. Schon daraus wird die besondere Bedeutung deutlich, die Wasser für unseren Organismus hat.

Wasser ist neben der Atemluft unser wichtigstes Lebensmittel. Von den 2 bis 3 Litern Wasser, die wir täglich zu uns nehmen sollten, erhalten wir etwa eineinhalb Liter als Flüssigkeit, der Rest kommt mit der Nahrung in den Körper hinein.

Stofflich gesehen ist Wasser eine anorganische Substanz – man könnte auch sagen, eine mineralische Substanz. Es besteht aus dem Gas Wasserstoff und dem Gas Sauerstoff.

Unter normalen atmosphärischen Bedingungen ist Wasser eine Flüssigkeit, die für uns den Inbegriff alles Flüssigen darstellt.

Wasser ist jedoch nur im Moment seines Entstehens als reines H_2O, also als absolut reines Wasser vorhanden. Es besitzt ein so außerordentliches Lösungsvermögen, daß es sofort alle anderen Stoffe zu lösen beginnt, mit denen es in Berührung kommt. Diese Lösungsmitteleigenschaft ist eine der wesentlichen Komponenten für die Aufrechterhaltung des Lebens im menschlichen Organismus.

Der Wasserhaushalt

Bei einem Menschen mit einem Gewicht von 70 kg befindet sich 60% des Wassers in den Zellen. 30% des Wassers liegen zwischen den Zellen und in den Blutgefäßen 10%.

Auch wenn unser Blutgefäßsystem mit 10% nur den kleinsten Teil der flüssigen Körpermasse enthält (etwa 5 bis 6 Liter), sollten wir dessen Bedeutung nicht unterschätzen. Ein intaktes Gefäßsystem ist absolut lebensnotwendig.

Außer den Blutgefäßen haben wir noch das Lymphgefäßsystem, das nicht ganz so bekannt ist.

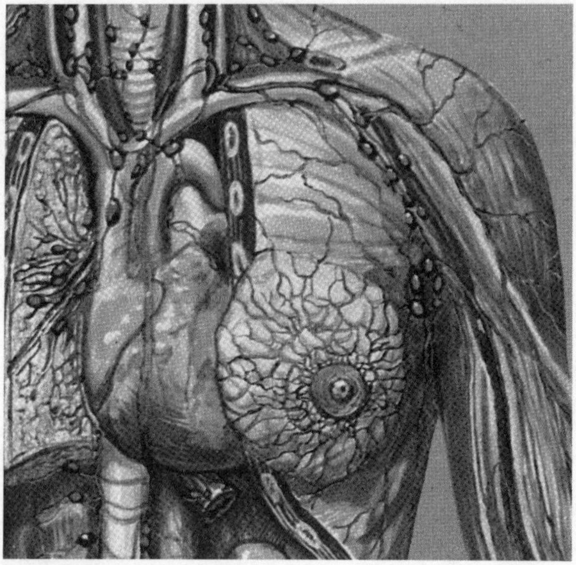
Lymphgefäßsystem (Ausschnitt)

Die Blutgefäße werden oft als eine Art Wasserleitungssystem dargestellt, das die Flüssigkeit an die Zelle heranführt, während das Lymphsystem über Kanäle verfügt, die die Flüssigkeit dann verteilen. Dieses Bild stimmt nicht ganz, da auch im Lymphgewebe wichtige Prozesse stattfinden. So arbeiten beispielsweise die Lymphknoten wie Filterstationen. In ihnen werden Schlackstoffe abgebaut und Substanzen abtransportiert, aber auch wertvolle Stoffe zugeführt.

Problematisch wird es, wenn dieses Gefäßsystem verengt und verstopft ist, d.h. wenn die Gefäße verkalkt sind und kein ausreichender Blutfluß mehr stattfinden kann. Jeder zweite Todesfall in Österreich entsteht infolge eines solchen Gefäßverschlusses am Herzen (Herzinfarkt), im Gehirn (Schlaganfall) oder in den Beinen (Gangrän).

Mülldeponie Körper

Im Grundbaustein unseres Körpers – in der Zelle – finden wir die Hauptmasse unserer Körperflüssigkeit. Die etwa 13 Milliarden Zellen in unserem Organismus leben also gleichsam im Wasser eingebettet.

In der Zelle findet der Stoffwechsel – der eigentliche Aufbau und Erhalt unseres Körpers – statt. Hier werden die Stoffe, die hineinkommen, verändert, umgebaut und neu zusammengestellt. Hier wechseln sie ihre Zusammensetzung und Funktionen, daher auch der Begriff „Stoffwechsel". Sämtliche Bereiche unseres Körpers hängen unmittelbar von der Arbeit der Zellen ab.

Zwischen den Zellen, dem Lymphgewebe und den Blutgefäßen existiert jedoch noch ein weiterer wichtiger wassertragender Bereich, der bisher in der Forschung sehr vernachlässigt wurde: der Raum *zwischen* den Zellen.

Dieser Zellzwischenraum enthält lose Strukturen, die wir das „Bindegewebe" nennen. Im Bindegewebe befinden sich Nervenfasern und Bindegewebsfasern in einem feinen Gitternetzwerk, das die eigentliche Feinstruktur des Bindegewebes ausmacht.

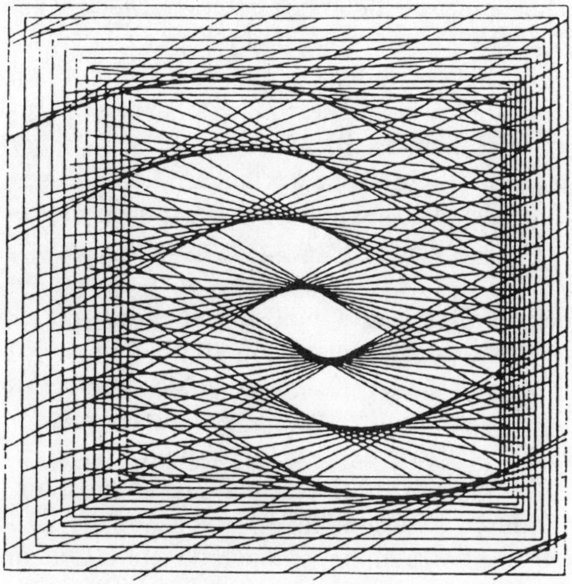

Das Gitternetzwerk ist außerordentlich komplex aus Zucker und Eiweiß aufgebaut und hat ein immenses Vermögen, Wasser zu speichern. Jede Substanz, die in die Zelle hineinwill, muß aus den Blutgefäßkanälen heraus und durch dieses feine Sieb hindurch. Die Vorstellung, daß aus den Blutgefäßen ein paar dünne Abzweigungen in die Zelle hineingehen, ist falsch. Der gesamte Stoffwechsel, der Stofftransport und auch der Sauerstoff müssen durch dieses komplexe Feld hindurch.

Dieses Siebsystem hat eine ähnliche Funktion wie unsere Niere. Es kann aber auch Substanzen speichern. Normalerweise müssen unerwünschte Stoffe wieder aus dem Körper entfernt werden, z.B. über die Niere, den Darm oder die Lunge. Alles, was *nicht* über die üblichen Organe ausgeschieden werden kann, wird im Körper deponiert, und zwar in diesem losen Bindegewebe mit seinen komplexen drei-dimensionalen Raumgitternetzen. Hier finden die Ablagerungen statt. Hier ist die Mülldeponie des Körpers.

Deponiert werden in erster Linie saure Stoffwechsel-Endprodukte, die unser Körper produziert. Normalerweise werden diese Produkte über die Niere z.B. als Harnsäure, über die Lunge als Kohlensäure und auch über die Haut ausgeschieden. Wenn der Körper dies jedoch nicht mehr kann, dann deponiert er die Stoffe im Bindegewebe. Diese Zucker-Eiweißnetze haben eine sehr hohe Speicherkapazität.

Es werden aber nicht nur Stoffwechsel-Endprodukte gespeichert, sondern auch alle von außen eingebrachten überflüssigen Substanzen und Schadstoffe – auch solche, die mit dem Wasser zugeführt werden. Besonders problematisch sind Pestizide und Schwermetalle, die darüberhinaus auch noch eine zerstörende Wirkung auf das Gewebe ausüben.

Wenn wir in unserem Organismus täglich nur *ein* Gramm abspeichern, das wir nicht ausscheiden können, dann sind das pro Jahr 365 Gramm, in 10 Jahren 3,65 Kilo und in 50 oder 60 Jahren 22 Kilo. Die Folge dieser Verschlakkung ist jedoch nicht nur eine Gewichtszunahme, es tritt zugleich auch eine Versäuerung und eine Verfettung des Bindegewebes ein.

Durch die Verschlackung und Verfettung wird natürlich die Passage vom Blutgefäß zur Zelle immer schwieriger. Wo früher relativ freier Zugang möglich war, befindet sich jetzt feste Substanz, die den Fluß mit fortschreitendem Alter mehr und mehr behindert.

Der Organismus versucht auszugleichen, indem er im Gefäßsystem den Druck erhöht. In den zivilisierten Ländern akzeptiert man daher wie selbstverständlich, daß mit steigendem Alter auch der Blutdruck steigt. Daß hoher Blutdruck aber nur Ausdruck der immer schlechter werdenden Durchlässigkeit dieses Zwischengewebes ist, ist bis in das Bewußtsein der orthodoxen Medizin noch nicht vorgedrungen. Das Zwischenzellgewebe befindet sich sozusagen im Niemandsland der Medizin.

Der Organismus erhöht also seinen Druck im Gefäßsystem. Wenn dieser Druck zu hoch wird, wird der Arzt aufgesucht. Dieser verschreibt dann meist ein Medikament, das den Druck wieder senken soll, ohne jedoch zu überlegen, warum der Druck überhaupt steigen mußte. Wenn hier nicht nach der Ursache gefragt wird und keine sinnvolle Korrektur erfolgt, dann verschlimmert sich das Ganze noch weiter. Der Körper erhält eine chemische Substanz, die zwar den Druck senkt, aber dadurch gleichzeitig die Versorgung der Zellen drosselt, die jetzt von weniger Flüssigkeit erreicht werden. Außerdem wird mit dem Medikament ein synthetischer Stoff in den Körper eingebracht, der u.U. wieder im Bindegewebe abgelagert wird, weil er nicht ausgeschieden werden kann.

Zu hoher Blutdruck ist auf Dauer nicht bekömmlich. Irgendwann brechen die Gefäße und es kommt zu einem Stop der Durchblutung.

Bevor diese Situation eintritt, gibt es jedoch schon Probleme auf Zellebene. Die Zelle erhält weniger und weniger Nahrung und steht damit unter immer größerem Streß, bis schließlich ihre Funktion erlahmt und sie abstirbt.

Es gibt aber noch eine andere – gefährlichere Möglichkeit: Jede Zelle trägt das Gedächtnis ihrer gesamten Entwicklung in sich. Sie weiß, daß sie vor langen Generationen einmal eine Ein-Zelle war.

Wenn nun die Nahrungsversorgung zusammenbricht, werden archaische Mechanismen aus der Frühzeit der Zelle wieder aktiviert. Um überleben zu können, beginnt die Zelle sich selbständig zu machen, und wächst auf eigene Faust weiter. Sie weiß, daß sie nur dann überleben wird, wenn sie schnell wächst, sich schnell teilt und auf ihre Umgebung keine Rücksicht nimmt. Dieser Rückfall in ein Urmuster tritt nie willkürlich auf, sondern entsteht immer aus einer für die Zelle lebensbedrohenden Situation.

Alle Volkskrankheiten wie Herz- und Hirnschlag, Rheuma, Krebs oder Osteoporose sind untrennbar mit diesen Verschlackungszuständen, der Übersäuerung und der verminderten Sauerstoffversorgung verbunden. Sie sind Endzustände jahrzehntelanger Fehlfunktionen und schleichend fortschreitender Vorgänge im Organismus und besonders im Bindegewebe. Leider sind viele Menschen derart unsensibel, daß sie erst dann aufmerksam werden, wenn die Katastrophe bereits eingetreten ist.

Hier schließt sich der Bogen zum Wasser hin, denn durch hochwertiges Wasser, durch Wasser, das in der Lage ist, Lösungsmittel zu sein, können wir für die Reinigung unseres Bindegewebes sorgen. Nicht umsonst ist es gerade bei dem intensivsten Reinigungsprozeß, den wir kennen – dem Fasten – besonders wichtig, hochwertiges Wasser mit besten Lösungsmitteleigenschaften zuzuführen, d.h. Wasser, das nicht durch darin enthaltene Stoffe bereits in seiner Aufnahmefähigkeit beschränkt ist.

Jahre und Jahrzehnte *vor* Eintritt einer Katastrophe muß gehandelt werden.

Wasser – ein natürliches Heilmittel

Die Allgegenwart von Wasser im Organismus stellt an alle Flüssigkeiten, die dem Körper von außen zugeführt werden, ganz besondere Anforderungen. Die Lösungsmitteleigenschaften von Wasser im Bindegewebe wurden oben schon erwähnt.

Doch nicht nur das Bindegewebe freut sich, wenn es Wasser erhält, das Abfallstoffe aufnehmen kann, auch die Niere kann mit sauberem Wasser weit mehr anfangen als mit verunreinigtem. Schließlich ist die Niere nicht nur eines der am höchsten belasteten Organe, sondern auch unser größter Schwermetallspeicher.

Die Zusammenhänge zwischen der Gesundheit der Bevölkerung und dem Mineralisationsgrad von Wasser hat der französische Wasserforscher Vincent zwischen 1950 und 1970 erforscht.

Er fand dabei heraus, daß die Sterblichkeit in Städten mit hoher Wasserqualität wesentlich geringer ist, als in Städten mit hartem und belastetem Wasser. So hat beispielsweise Grenoble recht reines Wasser und eine niedrige Sterblichkeit von 850 bezogen auf je 100.000 Menschen. Dagegen fand er in Orten an der Côte d'Azur mit sehr kalkhaltigem Wasser eine außerordentlich hohe Sterblichkeit mit 1340 je 100.000.

Außer der Sterblichkeit hatte Vincent auch die Krebshäufigkeit genauestens untersucht und klare Zusammenhänge zwischen schlechter Wasserqualität und Krebshäufigkeit festgestellt. Ähnliche Resultate erbrachten Untersuchungen im Bundesland Steiermark.

In der Natur sind Quellen mit reinem Wasser rar und daher in Flaschen abgefüllt relativ teuer.

Hochwertiges Wasser – d.h. Wasser mit guten Lösungsmitteleigenschaften – läßt sich inzwischen aber auch im Haushalt aufbereiten.

Gutes Wasser sollte leicht sauer sein, d.h. einen Überschuß an Wasserstoffatomen haben. Wasserstoffatome haben eine magnetische Qualität, die wir als Information in unserem Körper brauchen. Sterilisiertes Wasser, das durch

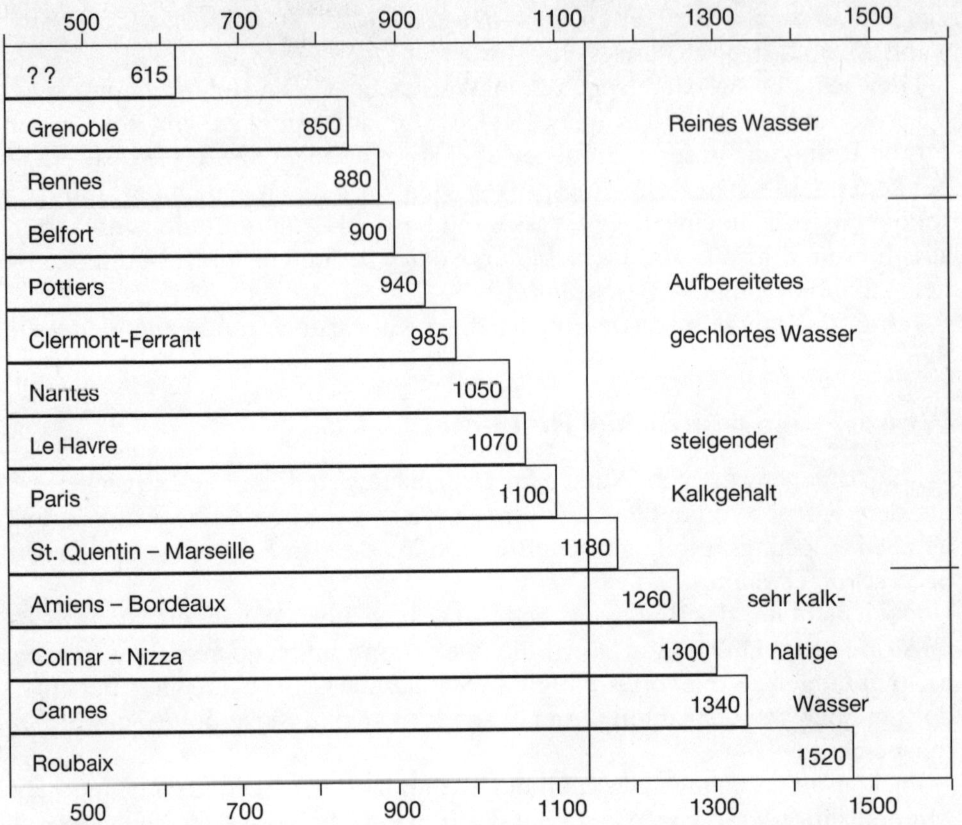

Mittlere Mortalitätsrate in Frankreich, bezogen auf 100.000 Einwohner in den Jahren 1962–1974.
Quelle: Dr. Kokoschinegg: aus der Erfahrungsheilkunde Nr. 7/1990.

Destillation erzeugt wird, mag zwar rein sein, aber von seinen vitalen Eigenschaften her sicher nicht das Gesundheits- und Lebensmittel, das wir gerne hätten.

Die Umkehr-Osmose ist aufgrund der physikalischen Eigenschaften des aufbereiteten Wassers ein geeignetes Aufbereitungsverfahren für den Haushalt. Sie ist zuverlässig, verändert die innere (kristalline) Struktur des Wassers (s.u.) nicht nachteilig und ist von allen Wasseraufbereitungsmethoden die preisgünstigste und praktischste. Es ist der beste Anfang, sein Heilwasser zu Hause selbst herzustellen.

Schadstoffe im Wasser

Wir wissen, daß wir ein großes Nitrat-Problem haben. Nitrat wird durch die Landwirtschaft in großen Mengen in den Ackerboden eingebracht und tritt früher oder später wieder über das Grundwasser zutage. Im sauren Milieu des Magensaftes wandelt sich Nitrat zu Nitrit um – und wird in Verbindung mit den Eiweißbestandteilen der Nahrung zu sogenannten Nitrosaminen.

Diese Nitrosamine zählen zu den stärksten Krebserzeugern, die wir kennen.

Nitrosamine rufen außer Magenkrebs auch Blasenkrebs hervor, da das Gift in die Blase transportiert wird und sich dort sammelt. Extrem gefährlich werden die Nitrosamine jedoch bei Säuglingen. Bei zu hohen Nitratwerten im Trinkwasser entsteht in den Säuglingen die Blausucht, eine Sauerstofftransportstörung, bei der sich der Stickstoff an den Blutfarbstoff ankoppelt. Im Gegensatz zu den Erwachsenen haben Kleinkinder und Säuglinge dafür noch keinen Gegenmechanismus entwickelt.

Ob ein Kleinkind Blausucht hat, merken Sie rasch: wenn es tot ist nämlich – das geht sehr schnell. Beim Erwachsenen merkt man die Nitrosamine nicht so plötzlich. Das dauert 20, 30 Jahre mit permanenter Einwirkung – steter Tropfen höhlt den Stein.

Quecksilber und Kadmium kommen zum Teil über die Saatbeizmittel und den Kunstdünger der Landwirtschaft in den Boden, aber auch über die vielen ungesicherten Mülldeponien.

Auch das Blei ist nicht zu vernachlässigen – die Jäger helfen da etwas nach mit den Tonnen von Blei, die sie jährlich in der Natur zurücklassen. Sehr viel Blei kommt aus alten Wasserleitungsrohren in alten Häusern. Wenn das Wasser einige Tage in diesen Rohren steht, dann haben Sie eine schöne Bleisuppe, wenn Sie den Hahn öffnen.

Pestizide und Herbizide sind bekannt dafür, daß sie den Verlust der Fortpflanzungsfähigkeit hervorrufen. Zusammen mit dem berühmt-berüchtigten Dioxin stehen sie ganz vorn in der Liste der krebserregenden Substanzen. Dioxin ist das Ultra-Gift schlechthin. Schon geringste Mengen genügen, um den Zellstoffwechsel zum Erliegen zu bringen und Krebs zu erzeugen.

Wenn die Wasserqualität der Brunnen sinkt, muß das Wasser über immer weitere Distanzen herangeschafft werden. Die Leitungsnetze werden länger und länger und damit steigt auch die Gefahr der Verkeimung dieser Netze. Unzählige Substanzen werden eingesetzt, um das Wasser mit immer höherem Aufwand zu „reinigen“ – bis hin zum Chlor, das inzwischen erwiesenermaßen selbst wieder eine Gefahr darstellt. Chlor verbindet sich nämlich mit organischen Schwebstoffen im Wasser zu neuen Stoffen, die (wie z.B. das Trichlormethan) im Verdacht stehen, Dickdarm- und Blasenkrebs zu verursachen.

Selbst wenn diese Problemstoffe nur regional eine Rolle spielen und für Unruhe sorgen, so wird die Begegnung damit auf Dauer wohl niemandem erspart bleiben. Zwar können wir uns als Einzelpersonen durch praktikable Hauswasseraufbereitungen recht gut schützen, doch dürfen wir auch die verantwortlichen Politiker nicht aus ihrer Verantwortung entlassen.

Wasser und Mineralstoffe

Wasser durchspült die Organe und reinigt Zellen und Bindegewebe. Wasser hat definitiv *nicht* die Aufgabe, den Körper mit Mineralstoffen zu versorgen, wie das die Hersteller von isotonischen Getränken behaupten. Die anorganischen Mineralstoffe in diesen Getränken gehen zwar in die Blutbahn, aber nicht in die Zelle, denn an der Zellmembran entscheidet allein die innere physikalische Qualität des Mineralstoffes über seine Aufnahme.

Entscheidend ist dabei vor allem die Bindung der Mineralien an bestimmte organische Transportmittel. Diese Einbindung der Mineralien in organische Stoffe findet in der Pflanze statt. Nur in dieser aufbereiteten Form können uns Mineralien als Nahrung dienen. Eine Demineralisierung des Körpers durch das Trinken von mineralstoffarmem Wasser ist sogut wie unmöglich.

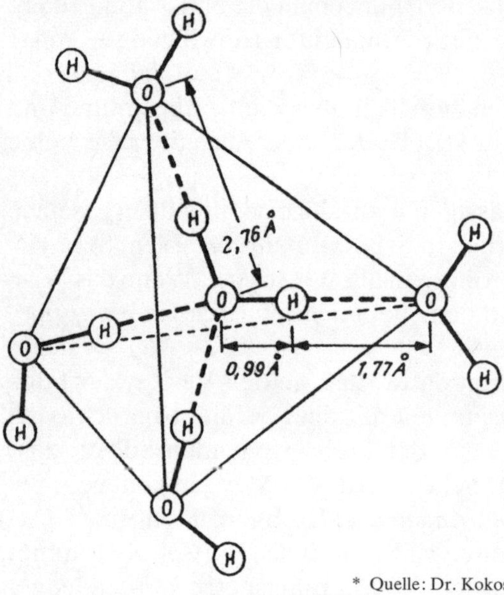

* Quelle: Dr. Kokoschinegg: aus der Erfahrungsheilkunde Nr. 7/1990

Kristallstruktur von Eis.*

Kristallstrukturen des Wassers

Außer seiner Reinigungs- und Spülwirkung hat Wasser aber noch andere sehr interessante Eigenschaften, die mit seiner Struktur zusammenhängen.

Wir alle kennen Wasser in seiner kristallinen Form, als Eis. Dabei sind die H_2O-Moleküle in eine feste Kristallstruktur eingebunden, in der sich nur wenig bewegt. Es ist jedoch nur wenig bekannt, daß sich diese absolut festen Verbindungen wie wir sie im Eiskristall kennen, erst bei Temperaturen über 60° Celsius völlig lösen und wir nur dann absolut flüssiges Wasser vor uns haben. Erst bei 60° Celsius finden wir H_2O.

Natürlicherweise spielt sich menschliches Leben aber nicht bei 60° Celsius ab, sondern bei 37,5°. Bei 37,5° liegt Wasser genau zur Hälfte als H_2O vor und zur anderen Hälfte – wenn man so will – als weiches Eis. Diese Kristallstrukturen, die wir bei 37,5° finden, nennt man »Cluster«. Die Cluster haben die Fähigkeit, Informationen zu transportieren.

Stellen Sie sich die Cluster als eine Art Tonband vor. Auf einem Tonband sind Eisenpartikel aufgebracht, die durch einen Magnet je nach eingesetztem Signal mehr oder weniger magnetisiert werden und dadurch Information speichern. Die Informationen lassen sich später wieder als Musik reproduzieren.

Auch Wasser hat diese biomagnetischen Eigenschaften, bei 37,5°C bildet genau die Hälfte unseres Körperwassers derartige Informationsstrukturen.

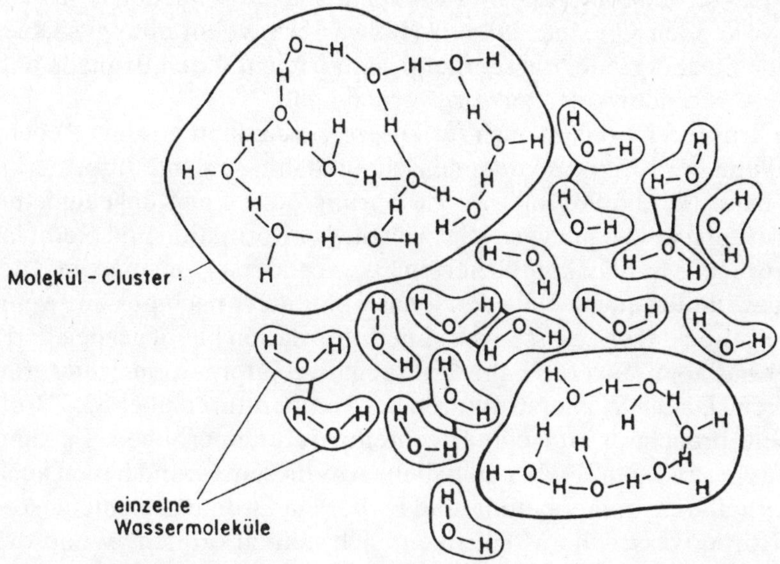

Clusterstruktur nach *Nemethy* und *Scheraga*.*

* Quelle: Dr. Kokoschinegg: aus der Erfahrungsheilkunde Nr. 7/1990

Intrazelluläre Wasserstrukturen*

Diese Erkenntnisse haben enorm weitreichende Bedeutung. Sie stammen von dem österreichischen Physiker Trincher.

Speziell in den Zellen finden wir nun ganz besondere Wasserstrukturen.

An den Grenzflächen des Zellskelettes – speziell dort, wo sich die Wassermoleküle anbinden – bildet das Wasser enorm komplizierte, vielfältige Strukturen. Wenn sich dieses Grenzflächenwasser aufzulösen beginnt, z.B. weil der Stoffwechsel nicht mehr funktioniert, dann stirbt die Zelle.

Diese Möglichkeit, Informationen zu speichern und zu übertragen, wird beispielsweise auch von der Homöopathie eingesetzt. Die hochverdünnten Heilmittel der Homöopathie sind eigentlich aus Pflanzenextrakt oder Mineralstoffen gewonnene Informationen, die vom Wassermuster weitergetragen werden.

Die innere Wasserstruktur erklärt wahrscheinlich auch den Effekt von heil- oder wunderwirkenden Quellen. Diesen Heilwässern wohnt eine ganz spezielle kristalline Struktur inne, die sehr labil ist und leicht durch Erhitzen und andere Einflüsse verändert oder zerstört werden kann.

Die Wasserstrukturen können auch für unsere Gesundheit enorme Bedeutung haben. Wenn der Körper über lange Zeit nicht ihm gerechte Informationen erhalten hat, z.B. durch schlechte Ernährung oder einen ungeeigneten Schlaf- oder Arbeitsplatz, dann verfestigt sich diese Information und bleibt im Organismus zurück. Mit hochkomplizierten Oszilloskopen kann man im Körperwasser sogar die Frequenz eines Personal Computers nachmessen, wenn man nur lange genug davor gesessen hat. Die Information bleibt gespeichert.

Der Körper hat aber auch die Fähigkeit, negative Informationsstrukturen zu neutralisieren. Da die Wasserstrukturen bei Temperaturen über 37,5° Celsius aufbrechen, braucht er nur seine Eigentemperatur zu erhöhen. Es kann daher durchaus gesund sein, Fieber zu haben. Aus diesem Grund haben auch die alten Naturheilärzte immer betont, daß Fieber ein Ordnungselement ist – es gibt dem Körperwasser die Möglichkeit, sich neu zu ordnen. Wenn das Wasser eine entsprechende Heilinformation erhält, formt es sich wieder dem Leben nach – es bildet ein Bios, kein Anti-bios.

DIE TRINKWASSERVERSORGUNG UND IHRE BEDROHUNG

— Univ. Doz. Prof. Dr. G. Vogel[1] —

Wasser – Grundlage unseres Lebens

Da die Menschen zu 60%, andere Lebewesen bis zu 98% (Quallen) aus Wasser bestehen, ist die Aufrechterhaltung eines gesunden Wasserhaushaltes von lebensnotwendiger Bedeutung. Je nach den Umgebungsverhältnissen können wir nur einige Stunden bis Tage ohne Wasserzufuhr überleben.

Die Wasservorräte der Erde scheinen sehr hoch zu sein. Das Wasservolumen der Erde wird insgesamt auf 1,4 Mrd. km^3 geschätzt. Das entspricht einem Würfel mit einer Seitenkante von rund 1.100 km.

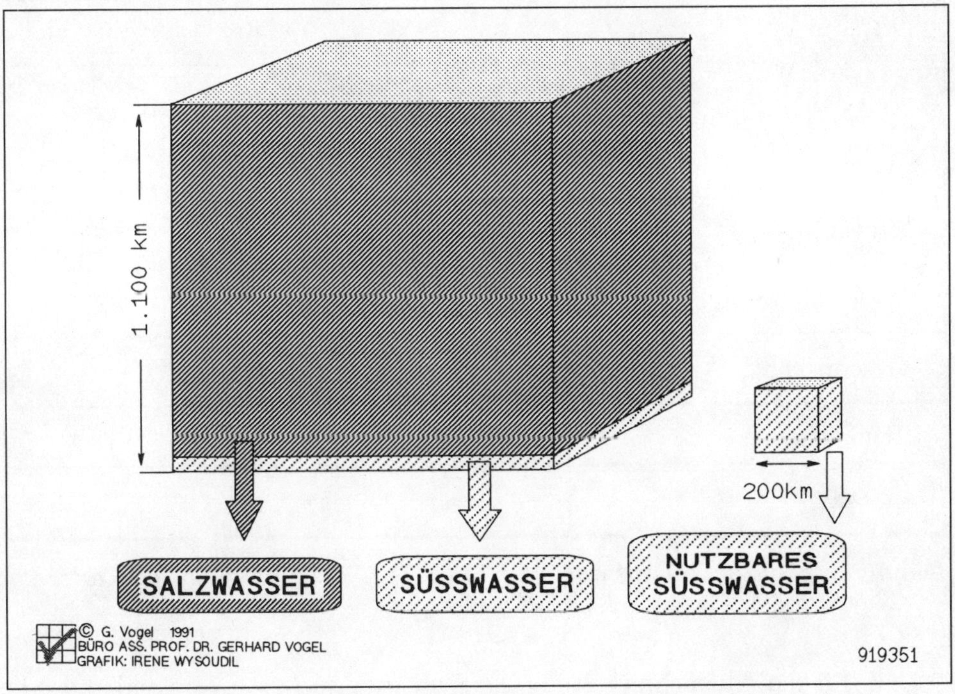

Der Gesamtvorrat an Wasser und der für Mensch, Tier und Pflanzen nutzbare Anteil an Süßwasser der Erde

---

[1] Ass. Prof. am Institut für Technologie und Warenwirtschaftslehre der Wirtschaftsuniversität, Augasse 2-6, 1090 Wien

Doch die großen Zahlen täuschen wie so oft auch hier. Der Wasservorrat besteht nämlich nur zu 2,6% aus Süßwasseranteilen. Dieser Süßwasseranteil steckt aber wieder fast zu 80% im Polareis und in den Gletschern. Uns verbleibt daher, bildlich dargestellt, nur ein Würfel mit einer Seitenlänge von 200 km, um die wasserbezogenen Bedürfnisse aller Menschen und jener Tiere und Pflanzen, die auf Süßwasser angewiesen sind, zu befriedigen.

Der tägliche Bedarf an Trinkwasser

Jene Wassermenge, die wir zur Aufrechterhaltung unserer Körperfunktionen benötigen, ist im Vergleich zum derzeitigen Wasserbedarf je Einwohner in den Industrieländern denkbar gering.

Im Durchschnitt verbraucht jeder Österreicher pro Tag folgende Wassermengen:

EINSATZBEREICH	**Liter/EW.d**
WC	20 – 40
Bad, Dusche	20 – 40
Wäsche	20 – 40
Körperpflege	10 – 15
Wohnungsreinigung	5 – 10
Geschirrspüler	4 – 7
Trinkwasser	3 – 4
SUMME	**82 – 156**

Der durchschnittliche Trinkwasserverbrauch je Einwohner/Tag in Österreich

D.h. für die Aufrechterhaltung der Lebensbedürfnisse verwenden wir in der industrialisierten Welt derzeit nur etwa 3–4% des täglichen Wasserbedarfes.

Für das Autowaschen können noch einmal 10–120 l pro EW/d angesetzt werden. Der tatsächliche spezielle Wasserbedarf in einer Region hängt von der Industrialisierung und den anderen wasserverbrauchenden Wirtschaftssparten ab (z.B. Fremdenverkehr).

Je nach Siedlungsgröße muß man mit folgendem Verbrauch an Trinkwasser pro EW/Tag rechnen:

SIEDLUNGSGRÖSSE	**Liter/EW.d**
bis 10.000 EW	200
10.000 – 50.000 EW	220
50.000 – 250.000 EW	260
über 250.000 EW	300

Der spezifische Wasserverbrauch in l/EW pro Tag in Abhängigkeit von der Siedlungsgröße

Die Diskrepanz zwischen dem Verbrauch an Wasser im Haushalt und dem Gesamtwasserbedarf läßt sich z. B. für Wien wie folgt darstellen:

Wiener Haushalte	130 l/EW pro Tag je EW
Wiener Gewerbe/Industrie	137 – 150 l pro Tag und EW
Gesamt Wien	267 – 290 l pro Tag und EW

Für diesen Gesamtbedarf wird derzeit Trinkwasser eingesetzt!

Sowohl eine EG Richtlinie als auch eine ÖNORM spricht bei Trinkwasser von:

„Trinkwasser muß bekömmlich und darf nicht gesundheitsgefährdend sein. Es muß appetitlich sein und soll daher farblos, klar und kühl, geruchlos sowie geschmacklich und seiner Herkunft nach einwandfrei sein. Neben seiner äußeren Beschaffenheit darf das Wasser weder physikalisch, chemisch, bakteriologisch noch biologisch Anzeichen einer Verunreinigung erkennen lassen."

Hier öffnet sich ein gewaltiger Widerspruch. Während der Wasserbedarf ständig steigt, ist die Nachfrage nach Trinkwasser mit den zukünftigen Anforderungen fast nirgends mehr auf der Welt zu erfüllen.

Alles Trinkwasser entstammt letztendlich den Niederschlägen. Diese Niederschläge werden aber auf dem Weg von der Atmosphäre über die Böden, den Untergrund bis zum Quellaustritt oder als Oberflächenwasser von all den negativen Begleiterscheinungen unserer Zivilisation beeinträchtigt. Im vernetzten Ökosystem gibt es permanente Wechselbeziehungen und Beeinflussungen als Umweltmedien (Luft/Wasser/Boden).

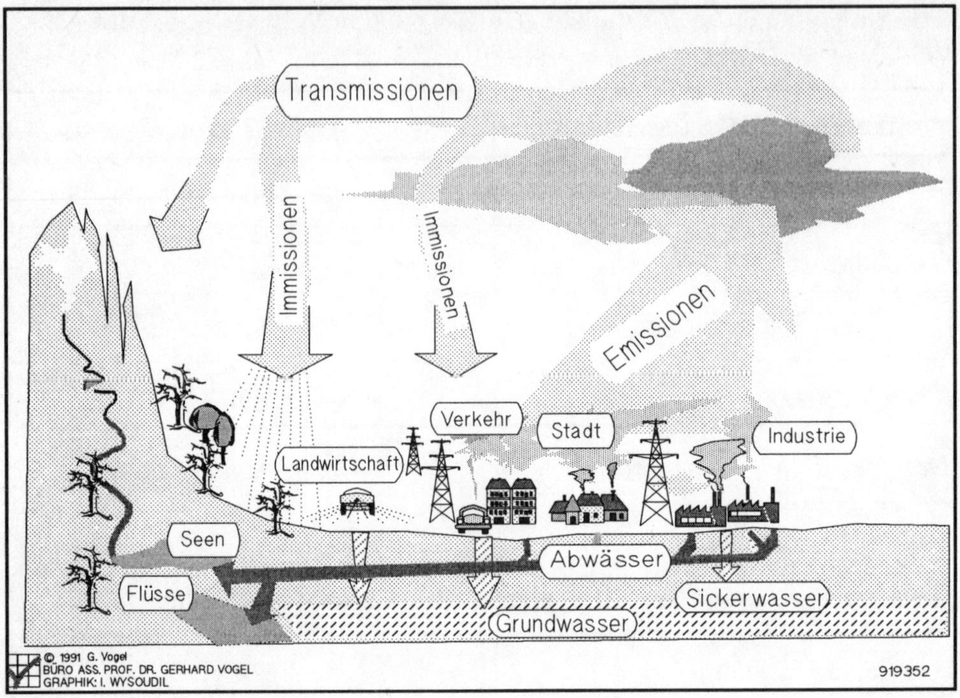

Der Wasserkreislauf im vernetzten Ökosystem

Quelle: nach: KATZMANN, H. in: STRUWE, W.: Umweltsituation, Teil 1, Luft, Hrsg. ÖBIG, Wien 1981, S. 2

In vielen Industriestaaten muß daher der Begriff *Trinkwasser* dem Begriff *trinkbares Wasser* weichen.

In der BRD z. B. wird für die Wasserversorgung derzeit

10 % Quellwasser,
50 % Grundwasser und
40 % Oberflächenwasser

herangezogen.

In Österreich sind die Verhältnisse Gott sei Dank noch besser. Immerhin stammen bis zu 98 % des geförderten Wassers aus Quell- oder Grundwasser.

Die Gefährdung des potentiellen Trinkwassers durch Industrialisierung und nichtökologische Landwirtschaft

Doch auch das Grundwasser ist durch die menschliche Tätigkeit bereits stark gefährdet, in manchen Gebieten bereits ungenießbar. Während der Nitratgehalt im Wiener Trinkwasser noch unter 10 mg/l bei einem Grenzwert von 50 mg/l liegt, gibt es in österreichischen Ackerbaugebieten Nitratwerte im

Grundwasser von mehr als 100 mg/l. Diese Entwicklung ist kaum verwunderlich. Sind sich doch die meisten Menschen der Vernetzung all unserer Tätigkeiten mit der Umwelt kaum bewußt.

Der Schadstoffeintrag aus der Landwirtschaft resultiert aus der Abkehr vom biologischen hin zum industriellen Landbau, was zwischen 1946–1986 zu folgenden Steigerungsraten an Düngemittelverbrauch führte:

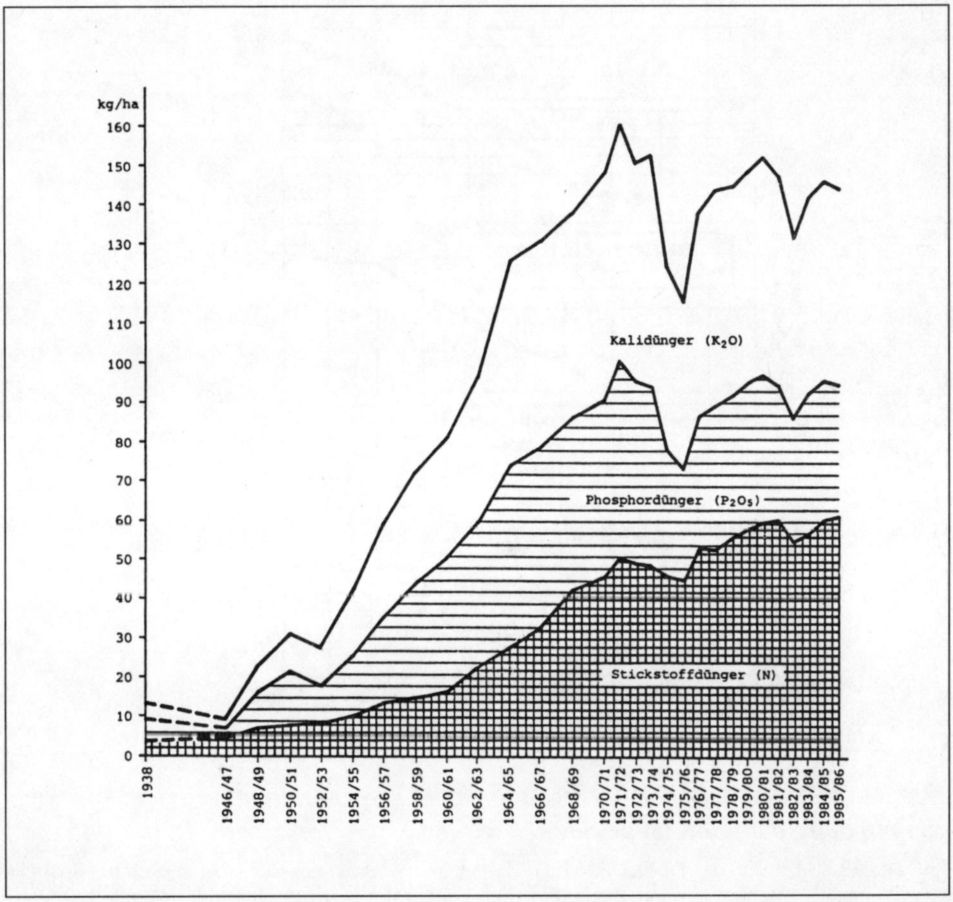

Der spezifische Düngemitteleinsatz in kg/ha in Österreich 1946–1986

Quelle: KUMPFMÜLLER, M.: Umweltbericht Boden, hrsg. v. ÖBIG, Wien 1989, S. 61

Das gleiche gilt für den Schadstoffeintrag durch Industrie und Gewerbe: Es gibt z. B. eine direkte Korrelation zwischen Zink, Quecksilber und Cadmiumanteilen in den Sedimenten von Flüssen und Seen und dem globalen Verbrauch dieser Metalle.

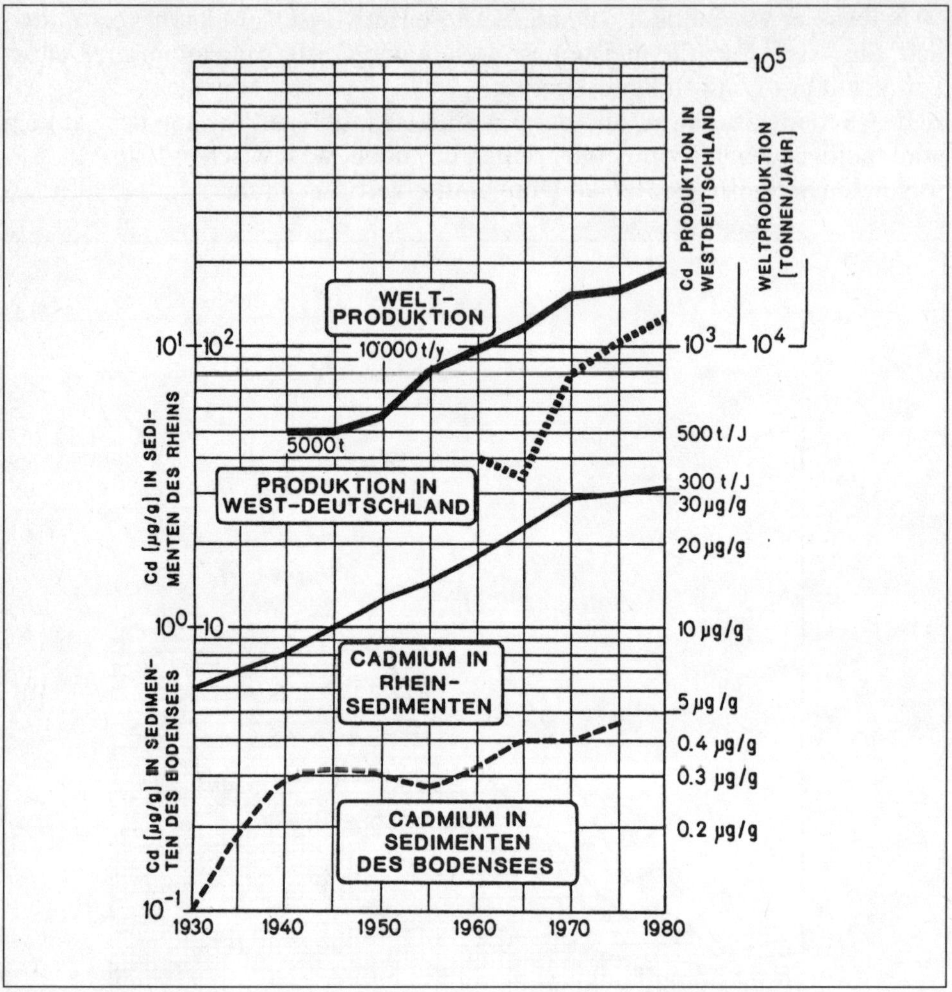

Die Korrelation zwischen Verbrauch von Schwermetallen und der Anreicherung in den Sedimenten von Seen

Quelle: STUMM, W. u. MATLER-MÜLLER, Chr.: Wasser, ein Rohstoff in Gefahr, in: Wasser, Mensch, Wirtschaft, hrsg. Gottlieb Duttweiler Institut, Rüschlikon 1984, S. 22

In einigen Gebieten der Welt gibt es bereits unreparable Verunreinigungen des Grundwasser, wie z.B. im Gebiet des Love Canals in den USA. Die Grund- und Quellwasser werden aber auch von anderer Seite her bedroht:

- durch künstliche Bewässerung,
- dem Versiegeln von Flächen mit der direkten Ableitung von Regenwasser in die Flüsse,
- der Zerstörung der Selbstreinigung der Gewässer durch wasserbauliche Maßnahmen, wie die Errichtung von Staudämmen etc.

Schutz des Trinkwassers – die europäische Wasser-Charta

In unseren geographischen Zonen steht der Schutz des ober- und unterirdischen Wassers vor Emissionen, die die Wasserqualität negativ beeinflussen, im Vordergrund. Diese Absicht liegt u. a. auch der Europäischen Wasser-Charta des Europarates in Straßburg von 1968 zugrunde.

Sie geht von der Überzeugung aus,

- daß der Fortschritt der modernen Zivilisation in vielen Fällen eine wachsende Gefährdung der natürlichen Hilfsquellen bedeutet,
- daß der Wasserbedarf namentlich aufgrund der beschleunigten Entwicklung der Industrieballungsräume in Europa wächst und
- daß Maßnahmen zur Erhaltung von Menge und Güte des Wasserangebots ergriffen werden müssen,

wozu ein gemeinsames Vorgehen auf europäischer Ebene notwendig ist. Eine Wasser-Charta mit folgenden Grundsätzen soll ein besseres Verständnis für diese Probleme wecken:

I. **Ohne Wasser gibt es kein Leben, Wasser ist ein kostbares, für den Menschen unentbehrliches Gut.**
Das Wasser fällt hauptsächlich als Regen oder Schnee auf die Erde. Über Gletscher, Bäche, Seen und Ströme fließt es den Meeren zu. Bei seinem Kreislauf verweilt ein Teil im Boden und in der Pflanzendecke. Durch Verdunstung kehrt es in die Atmosphäre zurück.

II. **Die Vorräte an gutem Wasser sind nicht unerschöpflich. Deshalb wird es immer dringender, sie zu erhalten, sparsam damit umzugehen, und wo immer möglich, zu vermehren.**
Durch die Steigerung des Wasserbedarfs der Bevölkerung, der Landwirtschaft und der Industrie sind die Wasservorkommen Gegenstand einer wachsenden Nachfrage. Es wird immer schwieriger werden, diesen Wasserbedarf zu decken, solange nicht jeder das Wasser als ein kostbares Gut schätzt, das man schützen und haushälterisch verwenden muß.

III. **Wasserverschmutzen heißt, den Menschen und allen anderen Lebewesen Schaden zufügen.**
Die Gewässer sind Lebensraum zahlreicher Organismen, die dazu beitragen, das Wasser sauber zu halten. Wenn die Gewässer übermäßig verschmutzt werden, wird diese Lebensgemeinschaft so gestört, daß das Selbstreinigungsvermögen geschädigt wird.

Oberflächen- und Grundwasser muß gegen Verschmutzung geschützt werden.

Jede wesentliche Minderung der Menge und Qualität eines fließenden oder stehenden Gewässers birgt die Gefahr schädlicher Folgen für Menschen und andere Lebewesen in sich.

IV. Die Öualität des Wassers muß den Anforderungen der Volksgesundheit entsprechen und die vorgesehene Nutzung gewährleisten.

V. Verwendetes Wasser ist den Gewässern in einem Zustand wieder zurückzuführen, der ihre weitere Nutzung für den öffentlichen wie für den privaten Gebrauch nicht beeinträchtigt.
Verunreinigungen sind im allgemeinen durch den Menschen hervorgerufene Veränderungen in der Qualität des Wassers, die es für den weiteren menschlichen Gebrauch, für die Nutzung durch Industrie und Landwirtschaft, für die Fischerei, für Zwecke der Erholung, für Haustiere und alle Lebewesen in der freien Natur ungeeignet oder schädlich werden lassen. Die Beseitigung der Abfälle oder der Abwässer, die physikalische, chemische oder biologische Verunreinigung der Gewässer hervorruft, darf die öffentliche Gesundheit nicht gefährden und muß die Grenzen der Selbstreinigungskraft des Gewässers berücksichtigen. Die sozialen und wirtschaftlichen Gesichtspunkte der Wasserbehandlungsmethoden sind in diesem Zusammenhang von großer Bedeutung.

VI. Für die Erhaltung der Wasservorkommen spielt die Pflanzendecke, insbesondere der Wald, eine wesentliche Rolle.

VII. Die Wasservorräte müssen in ihrem Bestand erfaßt werden.
Der nutzbare Bestand an Süßwasser beträgt weniger als 1% der Gesamtwassermenge unseres Planeten. Außerdem ist er sehr ungleich verteilt.

VIII. Die notwendige Ordnung in der Wasserwirtschaft bedarf der Lenkung durch die zuständigen Stellen.
Das Wasser ist kostbar. Für seine richtige Bewirtschaftung ist eine vernünftige Planung erforderlich. Sie muß auch den Bedarf der ferneren Zukunft berücksichtigen.
Es bedarf von Menge und Güte des Wassers, die Entwicklung und Vervollkommnung der Methoden seiner Nutzung, seiner Wiederverwendung und der Abwasserreinigung trifft.

IX. Der Schutz des Wassers erfordert verstärkte wissenschaftl. Forschung, Ausbildung von Fachleuten und Aufklärung der Öffentlichkeit.
Die Forschung über das Wasser und insbesondere über das gebrauchte Wasser muß auf jedmögliche Art gefördert werden. Die Informationsmittel sollten vermehrt und der internationale Gedankenaustausch erleichtert werden. Außerdem ist es nötig, qualifizierte Kräfte der verschiedenen einschlägigen Richtungen auf technischen und biologischen Fachgebieten weiter zu schulen.

X. Jeder Mensch hat die Pflicht, zum Wohl der Allgemeinheit Wasser sparsam und mit Sorgfalt zu verwenden.

Jeder Mensch gebraucht und verbraucht Wasser und hat deshalb auch Rücksicht auf die anderen Wassernutzer zu nehmen. Wer Wasser gedankenlos verschwendet, mißbraucht ein Gemeingut der Natur.

XI. Wasserwirtschaftliche Planungen sollten sich weniger nach den verwaltungstechnischen und politischen Grenzen, als nach den natürlichen Wassereinzugsgebieten ausrichten.

XII. Das Wasser kennt keine Staatsgrenzen; es verlangt eine internationale Zusammenarbeit.

Der richtige Umgang mit Trinkwasser

Wenn sich der Verbrauch in Menge und Qualität an Trinkwasser in den industrialisierten Gebieten der Erde nicht verändert, dürfte in absehbarer Zeit eine Lücke zwischen dem Bedarf an Wasser und den nutzbaren Ressourcen auftreten.

Worin bestehen mögliche Handlungsalternativen?

1. Im sofortigen Stop und der Rückbildung von Schadstoffeinträgen in die Ökosysteme (egal, ob die Schadstoffe in die Luft oder in den Boden abgegeben werden, landen sie über kurz oder lang im Wasser).
2. Einhalt der Verschwendung von Wasserresourcen durch „Sparmaßnahmen".
3. Langfristige Umgestaltung unseres Gesellschafts- und Wirtschaftssystems in ein anthropoges System der Nachhaltigkeit, in dem es zu keiner Übernutzung der natürlichen Ressourcen mehr kommt.

Welchen Beitrag kann man als Einzelner leisten?

Reduktion und umweltgerechter Umgang mit Schadstoffen, Haushaltschemikalien, Problemstoffen etc.

- Vermeidung oder Verringung von „gefährlicher Chemie" im Haushalt z. B. von chlorierten Kohlenwasserstoffen oder synthetischen organischen Lösungsmitteln in Reinigern, Farben, Lacken, Holzschutz-, Konservierungs-, Schädlingsbekämpfungs-, Pflanzenschutzmitteln etc.).

Bedenken Sie:

- 100 ml, der Inhalt eines Fläschchens Fleckputzmittel mit Perchlorethylen reichen aus, um mehr als 8 Millionen Liter Trinkwasser ungenießbar zu machen!
- Vermeiden bzw. Reduktion des Gebrauchs von Problemstoffen (wie schwermetallhaltige Batterien, Farben, Lacke etc.).
- Sparsame Dosierung und Verwendung von umweltkonformen Wasch- und Reinigungsmitteln.

– Gehen Sie mit Motorölen, Kaltreinigern, etc. sorgfältig um. Die Autowäsche sollte möglichst nur auf den dafür vorgesehenen befestigten und mit entsprechenden Abwasserreinigungsanlagen verbundenen Flächen stattfinden.

Stop der Vergeudung

Es stellt sich nun die Frage: Wie kann das Ziel „gleiche Nutzenstiftung" mit weniger Wasserverbrauch erreicht werden?

– *Permanentes Service von Wasserhähnen, Armaturen etc.*

Ein leicht tropfender Wasserhahn verliert binnen 24 Stunden rund 36 l Trinkwasser. Das kostet pro Jahr rund öS 300,-. Dazu ein kleines Rechenbeispiel:

Ein Loch von nur 2 mm bewirkt bei einem Wasserdruck von 5 bar einen unnötigen Wasserverlust von 1.660 m³ p.a. Das kostet z. B. in Wien umgerechnet öS 35.200 p.a.

– *Dichten der Leitungen*

Ein undichter WC-Spülkasten kann zu einem Wasserverbrauch bis zu 200–500 l pro Tag führen.

AUSLAUFMENGEN bei 5 bar					**KOSTEN**
Öffnung	**l/pro**	**Kubikmeter**			**in öS**
mm	**Min.**	**Tag**	**Monat**	**Jahr**	
0,5	0,33	0,48	14	175	**3.710**
1,5	1,82	2,64	79	964	**20.437**
3,0	8,15	11,75	351	4,289	**99.927**
6,0	30,00	43,20	1.300	15.768	**334.282**
7,0	39,30	56,80	1.700	20.732	**439.518**

Wasserverlust und Kosten von undichten Leistungen (Wasserpreis Wien)

Quelle: nach: Unser Wiener Wasser kommt aus den Bergen, in: Unser Wien extra (1987) XVb, S. 15.

– *Beschaffung von wassersparenden Geräten, Armaturen etc.*

WC-Anlagen

Alte Spülkästen benötigen	9–12 l pro Spülung
neue Spülkästen	6 l pro Spülung

Hier wieder ein kleines Rechenbeispiel für ein Büro mit 250 Angestellten:
250 x 2 x 6 l = 3 m^3 pro Tag x 220 Arbeitstage = 660 m^3p.a
Das ergibt eine Wasserkosteneinsparung von rund öS 14.000,- p.a
Diese Kosteneinsparung ermöglicht daher die jährliche Amortisation von rund 10 neuen Spülkästen.

– *Einbau von Durchflußmengenbegrenzern*

Diese Einrichtungen, die auch nachträglich einbaubar sind, sorgen trotz unterschiedlichen Wasserdrucks immer für die gleiche konstante Durchflußmenge. Damit können bis zu 50 % an Wasser eingespart werden.

– *Thermostatmischer*

Thermostatmischer helfen, rasch die gewünschte Wassertemperatur zu erreichen. So spart man Wasser und Energie.

– *Anschaffung von wassersparenden Geschirrspülern und Waschmaschinen*

Die neuen Techniken bei den Haushalts- und Großgeräten helfen Wasser, Waschmittel und Energie zu sparen.

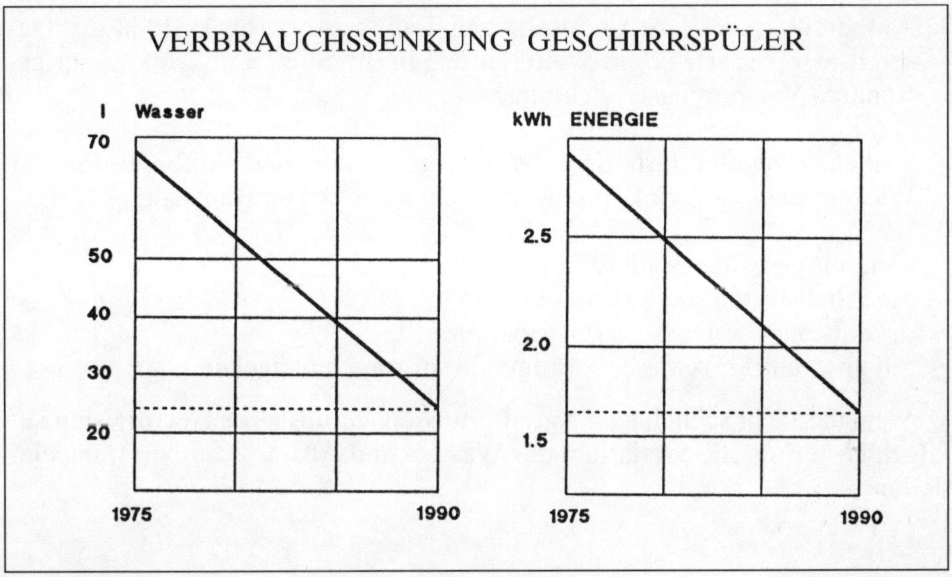

Beispiel zur Senkung des Wasser- und Energieverbrauches bei Geschirrspülern der neuen Generation

– *Regenwassernutzung*

Einerseits wird nicht für alle Verrichtungen hochqualifiziertes Trinkwasser benötigt. Andererseits lassen wir derzeit durch die Versiegelung der Oberfächen große Wassermengen ungenützt direkt in das Kanalsystem fließen. Das bedingt einen höheren Kanalquerschnitt (Mischkanalsystem) oder einen 2.

Kanal (Trennkanalsystem) und führt zusätzlich zu Schwierigkeiten bei der Auslegung und dem Betrieb der Kläranlagen.

Falls, wie das früher üblich war, ein Teil des Regenwassers aufgefangen und z. B. für das Besprengen der Gartenanlagen etc. eingesetzt würde, würde dies den Trinkwasserverbrauch reduzieren. Die direkte Versickerung des aufgefangenen Wassers (unter Einsatz von Sand-/Ölfängern etc.) würde helfen, den Grundwasserspiegel zu stabilisieren.

Strategien zur zukünftigen Trinkwasserversorgung

Wenn diese Maßnahmen nicht schnell genug greifen, müssen wir uns im klaren sein, in absehbarer Zukunft als Trinkwasser nur mehr aufbereitetes Wasser konsumieren zu können.

Dazu gibt es drei Philosophien:

1. Aufbereitung des gesamten Trinkwassers in Großanlagen und Weiterleitung in der bisherigen Versorgungseinrichtung.

2. Aufbereitung des lebensnotwendigen Trinkwassers (bis zu 10% des Gesamtwasserbedarfes) und Weiterleitung in für Nutz- und Trinkwasser getrennten Versorgungseinrichtungen.

3. Beibehaltung der bisherigen Wasserversorgung und Aufbereitung der Wassermenge für Trink- und Kochzwecke vor Ort im Haushalt.

Vernünftiger wäre es allerdings,

- die Schadstoffeinträge zu minimieren,
- die entstandenen Schäden zu reparieren,
- mit unserem Trinkwasservorkommen sorgsam umzugehen.

Wenn das nicht schnell genug greift, müssen wir uns – als Horrorvision auf folgendes technische Szenarium der Wasser- und Abwasseraufbereitung einstellen:

Siehe nächste Seite:
Techniken zur Wasseraufbereitung und Abwasserbehandlung

Quelle: nach: Wasser, eine Dokumentation über Wasser und Gewässerschutz, hrsg. EAWAG, Dübendorf ch, 1983, S. 101.

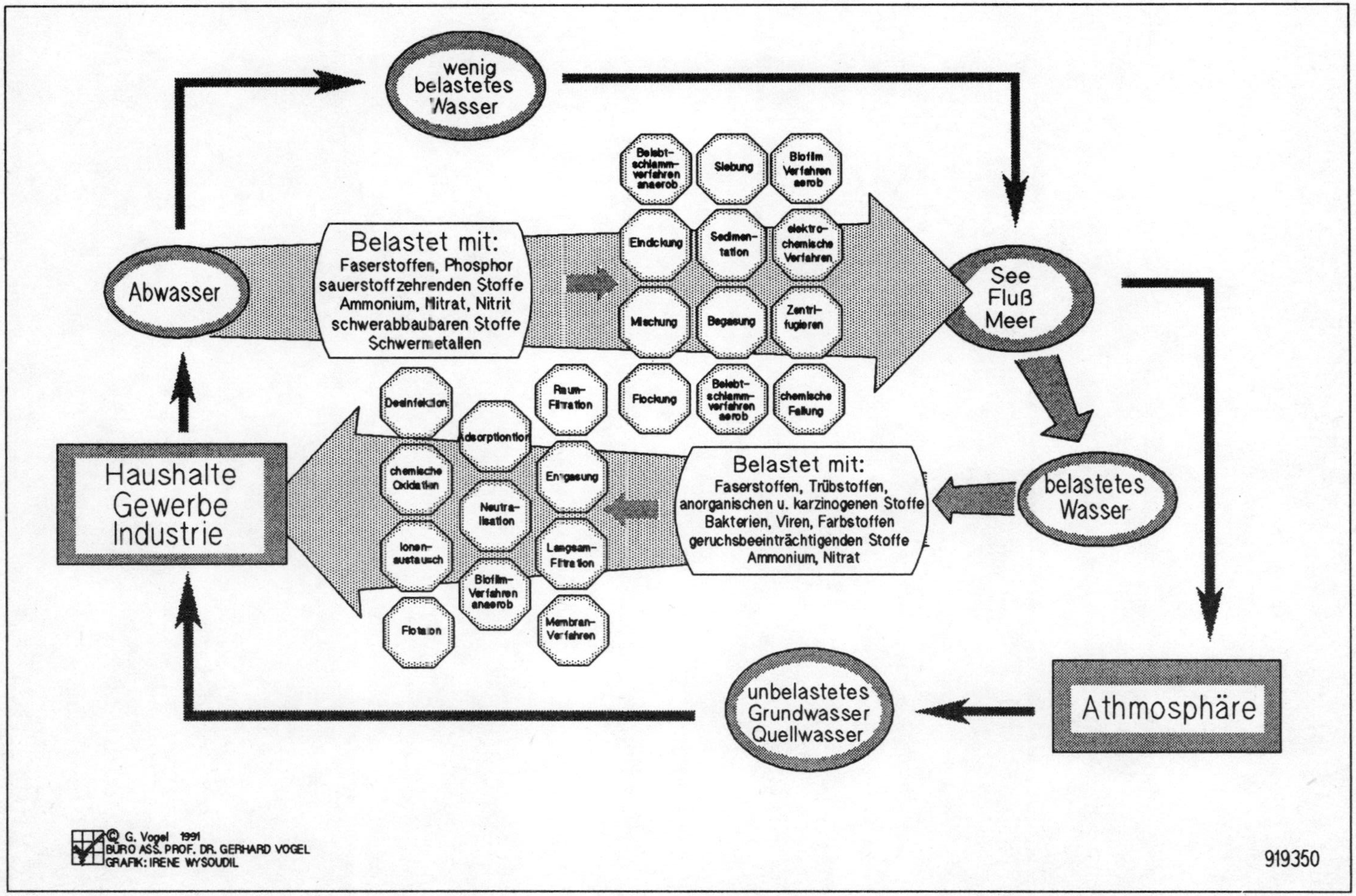
wenig belastetes Wasser
Abwasser
Belastet mit:
Faserstoffen, Phosphor
sauerstoffzehrenden Stoffe
Ammonium, Nitrat, Nitrit
schwerabbaubaren Stoffe
Schwermetallen
Belebt-schlamm-verfahren anaerob
Siebung
Biofilm Verfahren aerob
Eindickung
Sedimen-tation
elektro-chemische Verfahren
Mischung
Begasung
Zentri-fugieren
Flockung
Belebt-schlamm-verfahren aerob
chemische Fällung
See
Fluß
Meer
belastetes Wasser
Belastet mit:
Faserstoffen, Trübstoffen,
anorganischen u. karzinogenen Stoffe
Bakterien, Viren, Farbstoffen
geruchsbeeinträchtigenden Stoffe
Ammonium, Nitrat
Raum-Filtration
Entgasung
Langsam-Filtration
Membran-Verfahren
Adsorptiontion
Neutra-lisation
Biofilm-Verfahren anaerob
Desinfektion
chemische Oxidation
Ionen-austausch
Flotation
Haushalte
Gewerbe
Industrie
Athmosphäre
unbelastetes Grundwasser Quellwasser
© G. Vogel 1991
BÜRO ASS. PROF. DR. GERHARD VOGEL
GRAFIK: IRENE WYSOUDIL
919350

Grundlagen gesunden Trinkens, Essens und Lebens

– Prof. a.D. Dr. Devanando Otfried Weise –

Das vorliegende Buch bringt Ihnen eine Fülle von alten und neuen Erkenntnissen über gesundes Trinken, Essen und Leben. Es sind grundlegende Fakten, wir haben versucht, das Wesentliche zusammenzustellen und Ihnen das zu präsentieren, das Sie wissen sollten, wenn Sie heute auf diesem Gebiet mitreden und entscheiden, aber auch für sich selbst den individuell richtigen Weg finden wollen. Vieles wird Ihnen neu und ungewohnt vorkommen – stellen Sie sich auf einige handfeste Überraschungen ein, denen Sie zunächst mit ungläubiger, ja kopfschüttelnder Haltung gegenüberstehen werden. Es handelt sich indes nicht um Ergebnisse von Forschungen in weltfern entrückten Labors oder um kopfige Überlegungen am grünen Tisch. Gerade diejenigen Fakten, die Sie vermutlich am meisten verblüffen werden, sind jahrtausendealte, millionenfach erprobte Erkenntnisse, die nur hierzulande in Vergessenheit gerieten bzw. sich hier bis jetzt nicht einbürgern konnten. Die meisten dieser Ergebnisse sind inzwischen auch wissenschaftlich belegt, einige davon entziehen sich noch den derzeitigen Methoden der Naturwissenschaftler, weil diese das Geheimnis des lebenden Organismus mangels geeigneter Arbeitsmethoden noch nicht zu entschlüsseln vermochten.

Die Ansprüche ändern sich

Es sind zum Teil Verhaltens- und Vorgehensweisen, die für gewisse Zeit für unsere Breiten nicht anwendbar waren, weil die klimatischen Verhältnisse gekoppelt mit einer unterentwickelten Technologie dies nicht zuließen, oder weil die Lebensumstände, Armut, Arbeitsvorgänge und vieles mehr ein solches Verhalten nicht als zweckmäßig erscheinen ließen. Die moderne Technik und die Entwicklung des Bewußtseins der Menschen, die inzwischen in jedem von uns angehäufte Erfahrung vieler Jahrtausende ermöglichen es uns jetzt aber, beim Essen und Trinken wie ganz allgemein im Leben andere Methoden anzuwenden und Wege zu beschreiten, die unserer Menschennatur jetzt besser gerecht werden und die für mehr Gesundheit, Fitneß und Spaß am Leben und nicht zuletzt zu mehr Wachheit führen als mit der herkömmlichen Lebensweise.

Die Eigenverantwortung zählt

Wenn sie nun also diese zum Teil für Sie revolutionär oder abwegig erscheinenden Dinge lesen, dann bedeutet das nicht, daß Sie all dies über Nacht nachmachen müßten, um gesund zu werden. Die Zeit, in der man von anderen fertig vorfabrizierte Wunderrezepte übernahm und glaubte, damit nun endlich den Stein der Weisen gefunden zu haben, sind vorbei. Bitte fassen Sie die Vorschläge über Trinken und Essen in diesem Buch stets als Experimentieranleitung auf. Es sind Vorschläge, die nach unserer Erfahrung große Vorteile bringen, wenn, ja wenn sie zu Ihnen und Ihrer Lebenssituation passen. Bitte übernehmen Sie selbst die Verantwortung und finden Sie selbst am eigenen Körper heraus, ob und wenn ja inwieweit die Vorschläge auch auf Sie, Ihre Familie und Ihre Gesamtsituation zutreffen. Wir haben zwar nur das in dieses Buch aufgenommen, von dem wir aus der Literatur und aus eigenen Erfahrungen mit uns selbst und mit vielen anderen Menschen wissen, daß es in der Regel bei Beachtung der geschilderten Vorsichtsmaßnahmen und Einschränkungen auch segensreich wirkt. Sie selbst aber müssen am eigenen Körper herausfinden, wie rasch Sie sich umstellen können, ohne Schaden zu leiden und welche Einzelheiten Sie zuerst in Ihr Leben einbauen. Jeder Mensch ist körperlich, gefühlsmäßig, geistig und seelisch einmalig, d. h. völlig verschieden. Deshalb braucht auch jeder Mensch eine individuell unterschiedliche Ernährung.

Finden Sie die zu Ihnen passende Ernährung

In den Kapiteln „Umstellungsprobleme“ und „Wie's gemacht wird“ gehen wir ausführlich darauf ein, wie Sie Ihre ganz individuelle Ernährung mit Hilfe der in diesem Buch gemachten Vorschläge selbst herausfinden. Dabei ist es besonders wichtig, daß Sie auf sich selbst und Ihren Körper mehr achten als auf das was Sie gelesen haben. Niemand kennt Sie besser als Sie selbst. Deshalb sollten die Zeiten, in denen Sie von Sünden sprachen und sich über ein schlechtes Gewissen grämten ein für alle mal vorbei sein. Fehler werden Sie ganz sicher machen, das ist klar. Aber: aus Fehlern kann man lernen, dazu sind sie da. Fehler vermeiden heißt meist auch, das Lernen einstellen. Haben Sie den Mut für eigene Experimente, finden Sie selbst heraus, was zu Ihnen paßt. Sie alle haben das Zeug dazu!

Wie wir heute Essen

Die Menge machts

Die unbewußte Angst vor Hungersnöten

Seit Jahrtausenden leiden die Menschen außerhalb der immerfeuchten Tropen, wo eine trockene oder kalte Jahreszeit das Pflanzenwachstum unterbrechen, unter Hungersnöten. Erstes und entscheidendes Ziel der Ernährung ist deshalb, die vielen hungrigen Mäuler satt zu bekommen. Bei der Wahl zwischen Verhungern oder Überleben wird nicht lange gefackelt, alles ist recht, es wird gegessen, was zu bekommen ist. Und es wird so viel gegessen wie möglich, denn wer weiß, was morgen ist? Noch heute, wo sich das Blatt gewandt hat und bei uns so gut wie niemand mehr verhungert, essen die meisten Menschen mengenmäßig zu viel. Dies betrifft dicke wie schlanke gleichermaßen. So tief sitzt die alte, unbewußte Angst.

Essen zur Lustbefriedigung

Daß wir zu viel essen hat aber noch andere Gründe: Essen ist heutzutage für uns in erster Linie Lustbefriedigung. Wir essen, weil's schmeckt. Und weil dieser Eßgenuß so leicht zu erlangen ist, nicht mit Tabus belegt ist wie der Sexgenuß und weil man ihn sich bequem alleine befriedigen kann, genießen wir alle das Essen ganz besonders häufig, wir schlemmen und die Gastronomie boomt. Gutes Essen befriedigt, man fühlt sich angenommen, geliebt – Liebe geht durch den Magen. Mit einem vollen Bauch fühlt man sich sicher, rundum zufrieden, mit der Erde verbunden, geerdet – nichts kann einen so schnell umwerfen. Wenn wir uns etwas ganz besonderes Gutes antun wollen, dann gehen wir in ein besonderes Restaurant, wir belohnen uns mit Essen und wir speisen und ersetzen dann ein anderes Bedürfnis, über das wir uns nicht im Klaren sind, zum Beispiel Liebe.

Essen verbraucht Energie

Wenn wir besonders wach sein wollen – etwa vor einer wichtigen Besprechung oder wenn wir sportliche Höchstleistungen erzielen wollen – dann essen wir kurz davor nur wenig und leicht – das ist uns allen geläufig. Wir wissen, daß ein voller Bauch träge macht! Je mehr wir essen, umso weniger leistungsfähig sind wir – körperlich und geistig. Ein voller Bauch studiert nicht gern. Der Organismus lenkt dann einen Großteil seiner Aufmerksamkeit und alle verfügbare Energie auf die Verdauung. Es gibt Speisen, und dies betrifft die meisten Gerichte der gutbürgerlichen Küche, z.B. Braten mit Knödeln und Gemüse, zu deren Verdauung rd. 70% der Energiemenge verbraucht werden, die sie theoretisch liefern könnten, – ein höchst unökonomisches Unterfangen, vor allem wenn man bedenkt, daß dabei die Verdauungsorgane enorm strapaziert und abgenutzt werden. Die Verdauungsenergie muß der Körper vorstrecken, sie kann nicht von dem zu verdauenden Lebensmittel geliefert werden. Deshalb werden Sie nach einem opulenten Mahl müde, wenig leistungsfähig, träge. Außer der Verdauung arbeitet alles übrige im Körper auf Sparflamme. Wenn Sie regelmäßig viel essen, trinken und rauchen und Medikamente einnehmen, dann werden Sie ständig empfindungsärmer, Sie spüren auch weniger, Sie werden abgestumpft. Dies betrifft alle unsere Sinne, auch den sogenannten sechsten. Die Umwelt wird nur noch wie durch einen Schleier, eine Milchglasscheibe wahrgenommen. Sorgen, Ängste und andere Gefühle werden mit dem Essen hinuntergestopft – leider werden sie nicht auch mit ausgeschieden!

Voll aber hungrig

Wir essen auch deshalb zu viel, weil wir unbewußt solche Speisen auswählen, die zu viel essen verführen – viel Essen, viel Lust! Es sind gegarte Speisen, die leicht zu kauen und zu schlucken sind, zum Beispiel Spaghetti mit Tomatensauce oder Torte. Und es sind vor allem Speisen, die stark gewürzt sind. Gewürze regen den Appetit an und fördern die Verdauung. Wenn wir jedoch zu viel essen, dann wird die Verdauung für den Organismus trotz Gewürze zur Qual. Auch das Mischen von möglichst vielen Zutaten und die Aufeinanderfolge vieler Gänge verführen zum zu viel Essen. Statt stark wasserhaltiger Lebensmittel wie Obst, Salat und Gemüse bevorzugen wir leider vor allem konzentrierte Nahrungsmittel wie Getreideprodukte, Fett und Fleisch und Fleischprodukte. Diese sind von Natur aus schwer verdaulich und geben deshalb besonders viel Schwere und das Gefühl satt zu sein. Da sie jedoch arm an wesentlichen Inhaltsstoffen sind: an Vitalstoffen wie Vitaminen, Enzymen, sowie an verwertbaren Mineralen und Spurenelementen, fühlen Sie sich auch nach einer üppigen Mahlzeit mit diesen denaturierten Nahrungsmitteln noch hungrig – weil Wesentliches fehlt – und Sie essen dann bis zur räumlichen Völle weiter.

Software-Information für den Organismus

Wir essen zu viel und kein Ende in Sicht. F. d. H. (friß die Hälfte) funktioniert in aller Regel nur kurzzeitig und ist ein ständiger Kampf, der selten Spaß macht und nur bei willsensfixierten Menschen Erfolg zeigt. Kalorienzählen bringt ebenfalls nichts. Es ist viel zu umständlich und unter Umständen sogar schädlich, denn es kommt nicht auf eine Reduktion der Kalorien an, sondern darauf, daß die Qualität der Nahrung stimmt. Essen ist nicht nur die Zufuhr von schmackhafter Energie. Die Qualität eines Nahrungsmittels mißt sich nicht – wie die meisten Ernährungswissenschaftler glauben – an der Energiedichte, also der Menge an Energie je Gramm Nahrungsmittel. Sie mißt sich daran, wie viel Information ein Lebensmittel bei möglichst wenig Energie zu liefern imstande ist.

Was ich damit meine? Haben Sie schon einmal versucht, ohne Programme, ohne Software mit einem Computer zu rechnen oder einen Text zu schreiben? Niemals kämen Sie auf die Idee, das fehlende Programm durch mehr elektrische Energie aus der Steckdose zu ersetzen! Und doch versuchen wir das ständig mit unserem Körper. Auch der menschliche Organismus braucht zum ordnungsgemäßen Funktionieren ständig Information, ein Programm und das liefern wir ihm in Form der Vitamine, Enzyme, Aromastoffe und vor allem der ultraschwachen Zellstrahlung der lebenden Zellen (POPP in WEISE, 1990a, S. 197 und WEISE, 1990b). Deshalb sind frische, rohe Speisen so wichtig. Diese lassen auch weniger Giftstoffe im Körper zurück und befriedigen den Organismus auf höherem Niveau, weshalb Sie in dem Maße, in dem Sie gemäß den in diesem Buch gemachten Anregungen gesündere, hochwertigere Lebensmittel essen, im Laufe der Zeit auch die Menge reduzieren können, ohne daß Ihnen etwas fehlt. Dabei spielen auch soziale, gefühlsmäßige, gedankliche und seelische Probleme eine Rolle.

Wann und was man gleichzeitig ißt

Zu viel Verschiedenes

Die meisten Menschen essen zu viel Verschiedenes gleichzeitig. Durch das starke Mischen der Nahrungsmittel in ein und derselben Mahlzeit wird der Körper zu schier unmöglichen Aufgaben gezwungen. Er kann nicht alle Arten von Nahrungsbestandteilen gleichzeitig ordentlich und ökonomisch verdauen – bei manchen Lebensmitteln nicht einmal zwei verschiedene (vgl. Kapitel Partnerwahl). Sie können das leicht selbst ausprobieren. Wenn sie probeweise einmal Mahlzeiten einnehmen würden, die nur aus wenigen verschiedenen oder nur einem Lebensmittel bestehen, dann würden Sie auch merken, daß – vorausgesetzt es handelt sich um qualitativ hochwertige Vollwertprodukte, etwa Obst, Salat oder Gemüse – der Sättigungsgrad in der Regel rascher eintritt. Der Organismus hat dann weniger zu verdauen und kann es ökonomischer tun, was ihn entlastet und Ihnen mehr Vitalität und Energie beschert. Auch durch gleichzeitiges Essen und Trinken schaden Sie sich unnötig. Man kann ein Glas Wein auch eine Stunde nach der Mahlzeit genießen!

Das richtige Timing

Sie hören dieser Tage so viel vom richtigen Timing, davon, daß man mit seiner Zeit ökonomisch umgehen, daß man planen soll und daß es für alles den richtigen Zeitpunkt gibt. Dies gilt auch für die Verdauung. Die Verdauungssäfte fließen nicht den ganzen Tag und die ganze Nacht über nach einer Mahlzeit in stets gleichbleibender Zusammensetzung und Menge. Die Drüsen richten sich nach der Zusammensetzung der Speisen und vor allem nach der Tageszeit. Wenn Sie – wie in Kapitel „Richtiges Timing" beschrieben – zur richtigen Zeit das Richtige essen, dann werden Sie so essen, daß der Körper seine Arbeit dann verrichtet, wenn er am besten dazu geeignet ist. Leider finden sich im System der Vollwerternährung weder zum Thema Lebensmittelkombinationen noch zum Thema Timing ausreichende Hinweise.

Schwer verdaulich, schlecht verwertbar

Die landesübliche Ernährung der sogenannten gutbürgerlichen Küche ist unökonogisch, weil sie Nahrungsmittel bevorzugt, die der menschliche Organismus nur unvollkommen oder mit großen Schwierigkeiten ausnutzen kann. Es gibt ganz eindeutig Nahrungsmittel, die er sozugsagen im Handumdrehen verdaut und andere, mit denen er nur gerade noch mit Mühe und Not oder gar nur unvollständig fertig wird. Anders gesagt, es können viele Arten von Nahrungsmitteln durch den menschlichen Körper passieren. Einige lassen im Wesentlichen Vitalität, Energie und einen sauberen Körper zurück und andere wiederum verbrauchen so viel Energie, daß der Körper ständig damit kämpfen muß und deshalb keinen klaren Geist und überschäumende Schaffensfreude etc. bescheren kann. Wenn Sie sich schon ein wenig mit Ernährung befaßt haben kennen Sie die Liste: Wir essen zu viel Fett, zu viele Kohlehydrate (Zucker und Stärke) und zu viel tierisches Eiweiß (Protein).

Die tägliche Last des Kochens

Der Kochtopf macht Probleme

Sie essen wahrscheinlich auch zu viel erhitzte, gegarte Nahrung: Deshalb bekommen Sie nicht genügend Vitalstoffe (Vitamine und Enzyme) und damit Lebensenergie, es entgehen Ihnen die wesentlichen Träger des menschlichen Lebens und mit ihnen die Information aus den lebenden Zellen, feinstoffliche Anregung von der Sonne, aus dem Kosmos (die ultraschwache Zellstrahlung, die nach Absterben der Zellen infolge Erhitzens erlischt). In den meisten Speisen aus Großmütterchens Kochbuch fehlen diese für Gesundheit und Fitneß unabdingbaren Nahrungsbestandteile ebenso wie in den Fertiggerichten der Supermärkte und Restaurants. Sie finden Sie nur in roher oder abgeschwächter – in besonders schonend gegarter Nahrung. Durch langes Kochen, Backen, Braten etc. wird die Nahrung denaturiert, sie verliert lebenswichtige Vitamine, Enzyme etc. Die Mineralien kommen nicht mehr gemeinsam mit Enyzmen und Vitaminen und der Information der ultraschwachen Zellstrahlung im Körper an und können deshalb dort nicht mehr optimal verwendet werden; z. B. macht der Einbau solcher sogenannter „anorganischer" Mineralien in die körpereigenen Zellen erhebliche Probleme (dies gilt auch für Mineralien aus Mineral- bzw. normalem Trinkwasser und für solche aus dem Salzstreuer oder aus anorganischen Präparaten). Die Väter der Vollwerternährung, KOLLATH und BRUKER haben zwar immer wieder betont, daß ein hoher Anteil an Frischkost wichtig ist, in die praktische Umsetzung in den hunderten von Vollwertkochbüchern hat diese Erkenntnis aber nur ungenügenden Eingang gefunden. Dies betrifft auch die „österreichische Naturküche" und in ganz besonderem Maße die Makrobiotische Ernährungsweise, die sich fast ganz auf gekochte Nahrung stützt.

Gifte, Fremdstoffe und kein Ende

Überall lauert das Gift

Wir essen zu viel Nahrung, die Fremdstoffe aller Art enthält, die allesamt im Körper stören und so rasch wie möglich ausgeschieden werden müssen. Denken Sie nur an die vielen Umweltgifte, die Rückstände aus der konventionellen Landwirtschaft, die zu tausenden zugelassenen Zusatzstoffe aus der

Lebensmittelindustrie und die zahlreichen Stoffe, die Sie noch selbst hinzufügen, wie zum Beispiel künstliche Süßungsmittel etc. Hinzu kommen zu große Mengen an Gewürzen und die zahlreichen Genußgifte wie Tee, Kaffee, Alkohol und Schokolade sowie Medikamente, Präparate usw. Alle diese Stoffe üben Reize auf den Organismus aus, die sich überlagern und zum Teil widersprechen. Der Körper wird angeregt, dieses oder jenes zu tun oder zu lassen, obwohl er selbst am besten weiß, was er zu tun hat – wenn man ihn nur läßt! Wir verhindern ständig, daß sich unser Körper so verhält, wie es für eine pulsierende Gesundheit optimal wäre. Zudem müssen all diese Fremdstoffe wieder ausgeschieden und zum Teil vorher abgebaut werden. Das kostet zusätzlich Energie und gelingt meist nur unvollkommen, weil Stoffe dabei sind, die dem Körper so fremd sind, daß er sie nicht einmal wieder ausscheiden kann (z. B. Blei). Es liegt nach wie vor in Ihrer Macht, ob Sie die meisten der genannten Fremdstoffe aufnehmen wollen oder nicht. Bei einigen ist dies bei der heute so verbreiteten Umweltvergiftung nicht vermeidbar. Geben Sie Ihrem Körper die Chance, sich auf die Ausscheidung dieser unvermeidbaren Fremdstoffe zu konzentrieren.

Zu viele tierische Produkte

Das körperfremde, tierische Eiweiß macht uns kaputt

Wir essen zu viel Fisch, Fleisch, Wurst und Eier. Dies ist ein ganz besonders ernster Punkt, weil wir damit nicht nur unserer körperlichen Gesundheit, sondern auch unseren gedanklichen, gefühlsmäßigen und seelischen Bereichen und der gesamten Umwelt in unvorstellbarem Maße schaden. Es gibt jetzt schon mehr Schlachttiere auf der Welt als Menschen und täglich werden Millionen davon hingemordet. Ihre Exkremente vergiften die Umwelt – verpesten die Luft und das Grundwasser – und sind ganz wesentlich am Waldsterben beteiligt.

Beim Menschen verursachen die tierischen Produkte neben vielen anderen, letztlich tödlichen Krankheiten wie z. B. Herz- und Kreislaufproblemen, vor allem auch die heute so extrem weit verbreiteten Allergien. Dazu sind sie Mitverursacher der weit verbreiteten Immunschwäche. So viel körperfremdes, tierisches Eiweiß, wie wir ihm heutzutage in den Industrieländern zumuten, kann der Organismus einfach nicht verkraften (vgl. die Kapitel „Mord und Totschlag“ und „Umstellungsprobleme“).

Der süße Zahn

Völlig unkontrollierter Konsum

Es wird eindeutig zu viel genascht – Süßes wie Salziges. Dies hat mehrere schädliche Folgen. Erstens werden diese süßen oder salzigen Knabbersachen oder die himmlischen Stückchen vom Zuckerbäcker zusätzlich zu den ohnehin schon zu reichlichen Mahlzeiten gegessen. Der Magen ist ständig mit irgendetwas belastet, Neues kommt meist schon wieder hinein, bevor er leer ist. Was glauben Sie, was sich da unten für wahnwitzige Mischungen ergeben? Zweitens ist dieses Übermaß an Zucker sehr gesundheitsschädlich – die einzelnen Gründe sind im Kapitel „Süßes statt Liebe" dargelegt. Drittens ist Salz ebenfalls ein großes Problem für unsere Gesundheit. Die meisten Menschen salzen zu viel. Viertens befinden sich unter den Naschsachen wahre Kalorienbomben, ich erinnere nur an die Stückchen und an Nüsse. Und denken Sie daran: die Hersteller von Knabberartikeln, die Sie zum Beispiel abends vor dem Fernseher essen, gestalten ihre Produkte so, daß das Sättigungszentrum im Gehirn außer Gefecht gesetzt wird und Sie zu völlig unkontrolliertem Konsum angeregt werden.

Unsere schädlichen Getränke

Ist Wasser nicht gut genug?

Fast alle unsere Mitmenschen belasten ihren Körper durch schädliche Getränke. Daß man sich mit alkoholischen Getränken zurückhalten sollte, weiß heutzutage jedes Kind. Daß aber die vielen Limonaden, Säfte und Saftgetränke, die den Getränkemarkt beherrschen, auch schädlich sind, ist nicht in jedem Fall bekannt. Bedenken Sie immer: Es handelt sich um denaturierte, erhitzte Produkte, welche die wesentlichen Vitalstoffe entweder von vorne herein gar nicht enthielten oder nicht mehr in ausreichender Menge aufweisen. Dafür finden sich Zucker und künstliche Geschmacks- und Aromastoffe in Hülle und Fülle. Wassertrinken hat bei uns einen niedrigen Prestigewert – „das ist nur was für Gesundheitsapostel oder für Leute, die sich nichts besseren leisten können" sagte kürzlich eine Nachbarin zu mir. Dabei ist reines, möglichst mineralarmes, stilles Wasser nach wie vor das beste Getränk und der einzige wirkliche Durstlöscher.

Manche Getränke sind Speisen

Sparsam sollten Sie mit Tee, Kaffee, Kakao und sogar mit Kräutertee umgehen. Die Aufputschmittel in den drei ersten Getränken sind auf Dauer schädlich und Kräutertees sind im Grunde genommen Medizin. Und warum ständig Medizin gegen Krankheiten nehmen, die man höchstwahrscheinlich gar nicht hat? Milch sollte nicht als Getränk sondern – wenn überaupt – als eigene Mahlzeit für sich allein getrunken werden. Frucht- und Gemüsesäfte haben nur einen Zweck, wenn sie für sich alleine und frisch gepreßt, roh getrunken werden. Trinken Sie diese nur langsam in kleinen Mengen, weil sie sehr konzentriert sind – keinesfalls gegen den Durst. Es ist in den meisten Fällen besser, die ganze Frucht oder das Gemüse zu essen. Dann erhalten Sie auch die Ballaststoffe, die Sie gut gebrauchen können, um eine geregelte Darmtätigkeit zu haben. Auch Säfte müssen eingespeichelt werden!

Zu wenig Entgiftungspotential

Wasserhaltige Lebensmittel haben Priorität

Die meisten Menschen essen zu wenig Nahrungsmittel, die über ein Nähren, das heißt ein Versorgen des Körpers mit Kohlehydraten, Proteinen und Fetten, sowie Vitaminen, Mineralstoffen, Enzymen etc. hinaus kein oder ein viel zu niedriges Potential für die Entgiftung des Körpers besitzen. Sie legen in der unbewußten Angst, geschmacklich und nährstoffmäßig zu kurz zu kommen, zu wenig Wert darauf, daß die Ausscheidung von unverdaulichen Rückständen, Stoffwechselprodukten, Fremdstoffen usw. auch zügig vonstatten geht. Dies ist jedoch unbedingt notwendig! Ihre Nahrung hat zu wenig natürlichen Wassergehalt und zu wenig Ballaststoffe, wie sie in Obst, Salat und Gemüse vorkommen. Der Wassergehalt von Obst, Salat und Gemüse schwemmt alle überflüssigen löslichen Stoffe sofort wieder aus dem Körper aus, damit sich Schlacken gar nicht erst bilden – bzw. er entfernt alte Schlacken optimal.

Zu wenig Bewußtheit

Sind wir immer geistig anwesend?

Wenn Sie ehrlich zu sich selbst sind werden Sie zugeben, daß Sie Ihre Nahrung häufig unbewußt auswählen und daß Sie auch beim Essen meist geistig nicht anwesend sind. Unter bewußt verstehe ich, daß Sie sich in jedem Fall klar darüber sind, warum Sie dieses oder jenes auswählen und was Sie jeweils überhaupt essen. Neulich sprach ich mit einer korpulenten Dame über Zucker. Sie erklärte mir, daß sie Zucker nicht esse und führte gleichzeitig ein Glas herkömmlicher Limonade an den Mund. Daß solche Limonaden immer sehr viel Zucker enthalten, das hatte sie verdrängt. Wir sind derart von Gewohnheiten gesteuert, daß die richtige Auswahl von Speisen fast ganz verhindert wird. Wir müssen erst lernen, bewußt zu werden. Bewußtheits-Wachstum und richtige Ernährung gehen Hand in Hand (vgl. Kapitel „Wie's gemacht wird").

Zusammenfassung:

Folgende Gewohnheiten und Verhaltensweisen können zu gesundheitlichen Problemen führen:

1. Wir essen zu viel.
2. Wir essen zu viel Verschiedenes gleichzeitig und zum falschen Zeitpunkt.
3. Wir essen überwiegend schwer Verdauliches und schwer Verwertbares.
4. Wir essen zu viel Gegartes.
5. Wir nehmen zu viele Gifte und Fremdstoffe zu uns.
6. Wir essen zu viele tierische Produkte.
7. Wir essen zu viel Süßes.
8. Wir trinken schädliche Getränke statt reinem Wasser.
9. Wir bevorzugen Nahrung mit zu wenig Entgiftungspotential.
10. Wir leben und essen mit zu wenig Bewußtheit.

Die Müsli-Manie

Das Symbol der Vollwerternährung

Müsli, Müsli über alles . . . Für Menschen, die auch nur ein wenig auf Ernährung achten, ist dies hierzulande die Hymne. Müsli ist unter dem Einfluß von BIRCHER-BENNER und BRUKER zum Symbol einer gesunden (Vollwert-)Ernährung geworden. Besonders zum Frühstück wird es empfohlen, weil es den menschlichen Körper mit Kohlehydraten, Fett, Eiweiß, Vitaminen und Mineralstoffen versorgt – eine sogenannte ausgewogene Mahlzeit. Man liest, daß Müsli zudem sättigender als die übliche Morgenkost ist, weil es einen höheren Anteil an Ballststoffen hat.

Warum ist das Müsli so beliebt?

Die verschiedenen Müslisorten enthalten als Basis entweder Getreideflokken oder frisch geschrotetes Getreide. Letzteres bezeichnet man dann korrekt als Frischkornbrei. Dieses Getreide soll über Nacht in Wasser, Fruchtsaft, Milch etc. eingeweicht werden, damit es quillt, verdaulicher (Abbau des Phytins) wird und sich durch enzymatische Prozesse zusätzliche wertvolle Vitalstoffe bilden. Vor dem Verzehr wird das Müsli dann mit allerlei Zutaten angereichert, damit es auch schmeckt. Wenn Müsli nur aus in Wasser eingeweichtem Getreide bestünde, dann hätte man damit niemand hinter dem Ofen hervorlocken können. Seine Beliebtheit verdankt es den Zutaten aus frischem oder getrocknetem Obst, Nüssen, Honig, Ahornsirup und Milch, Yoghurt oder Sahne. Die meisten Menschen essen davon am Morgen ganz erhebliche Mengen und nicht wenige ergänzen die Mahlzeit dann noch durch Käse- oder Marmeladebrote, Eier und womöglich Wurst und Schinken, Schwarztee oder Kaffee „zum Aufwachen“ dürfen nicht fehlen.

Vitalstoffe aus unerhitztem Getreide

Der Frischkornbrei nach BRUKER aus selbstgeschrotetem Getreide wird am höchsten eingeschätzt. Er enthält unbestritten die meisten Vitalstoffe, weil er gänzlich unbehandelt und unerhitzt ist. An nächster Stelle rangiert dann ein Müsli nach BIRCHER-BENNER, das weniger Getreide, dafür aber mehr Obst enthält (etwa ein gestrichener Eßlöffel Haferflocken auf einen großen Apfel). Müslimischungen aus verschiedenen Flocken, Nüssen und Trokkenfruchtstückchen aus biologischem Anbau, die nur noch mit Milchprodukten angereichert zu werden brauchen, sind unter den anspruchsvolleren Müsliessern am weitesten verbreitet.

Gummibärchen und Limonade

Es folgen Müslischischungen aus konventionellem Anbau aus dem Supermarkt, die unter allerlei Spezialnamen bis zu 28 % Industriezucker enthalten:

Vorsicht! Wachsender Beliebtheit erfreuen sich die knusprigen, weil gerösteten Müslivarianten, wie Granola oder Crunchies. Sie enthalten meist ebenfalls viel Zucker und/oder Honig und außerdem Fett. Wichtige Vitalstoffe gehen beim Rösten verloren. Die Herstellung von Flocken erfolgt grundsätzlich mit Hitzeeinwirkung, weshalb Flocken immer weniger Inhaltsstoffe haben als frisches Getreide. Allerdings kann man seine Flocken schonend auch mit einer Handflockenmaschine machen. Noch mehr Zucker enthalten die besonders bei Kindern – infolge der irreführenden Reklame – beliebten Frühstücksflocken wie Cornflakes, Frosties, Smacks etc. Sie sind mit Zuckerzugaben von bis zu 48% aufgemotzte Industrieprodukte und haben mit gesunder Ernährung so viel zu tun wie Gummibärchen oder Limonade.

Müsli sättigt so lange, weil es schwer verdaulich ist!

Warum aber mehren sich die Stimmen, die berichten, daß die Betreffenden nach dem morgendlichen Müsli schon das erstemal wieder müde sind, daß sie sich nach Müsligenuß schwer und belastet fühlen, daß sie danach einen Blähbauch bekommen, der nach anderen Mahlzeiten nicht auftritt und daß sie auch im Darm nach Müsli reichlich Blähungen bekommen? Wenn man seinen Blick weg von den Inhaltsstoffen hin zu Frage lenkt, wie denn Müsli zu verdauen sei, dann wird schnell klar, daß man sich damit etwas zumutet, das der Körper einfach nicht richtig bewältigen kann. Ein Müsli ist einfach eine wahnwitzige Mischung aus allem. Stärke und Protein, Stärke und Saures, schnell Verdauliches (Obst) und langsam Verdauliches (Stärke, Nüsse, Fett), das alles paßt für sich allein paarweise genommen schon nicht zusammen. Im Müsli treten alle möglichen Verdauungsprobleme auf einmal auf. Müsli sättigt so langanhaltend, weil es nicht ordnungsgemäß, nicht vollständig verdaut werden kann. Es bleibt vier bis fünf Stunden im Magen liegen! Das Obst hätte diesen schon nach fünfzehn Minuten verlassen. Gärung tritt auf! Im Kapitel „Die Wohltäter“ erfahren Sie, wie das im Einzelnen funktioniert. Außerdem verhindert ein reichhaltiges Frühstück die vormittägliche Entgiftungsphase des Körpers, was langfristig zu Verschlackung und Krankheit führt (wenn Sie also unbedingt „Müsli“ essen wollen, dann essen Sie blanken Frischkornbrei und nur zwei bis drei Eßlöffel auf einmal und nicht am Vormittag, weil Sie zu dieser Tageszeit dem Körper Gelegenheit zur Entgiftung geben sollten (vgl. Kapitel „Richtiges Timing“).

Vormittags nur frisches, rohes Obst!

Wenn Sie gesund sein wollen, dann essen Sie vormittags nur Obst. Das unterstützt die Entschlackung, gibt sofort Energie und macht munter. Sie brauchen dann keine Aufputschmittel mehr. Wenn Sie Getreide essen wollen, lassen Sie es zwei bis vier Tage lang ankeimen. Dabei entstehen sogar neue Vitamine und Enzyme etc. Nehmen Sie Dinkel statt Weizen, der ist nicht überzüchtet. Essen Sie von den Sprossen ein bis zwei Eßlöffel mittags oder abends, kauen Sie sie gut und speicheln Sie gründlich ein. Nur so können Sie die Vorteile des Getreidekorns optimal nutzen. Das Getreide ist durch das Keimen nämlich zu einer Art Gemüse geworden. Das Gleiche gilt für alle angekeimten Saaten (Bohnen, Erbsen, Linsen, Alfalfa etc.).

Lebendes Getreide macht vital!

Im angekeimten Getreide ist die Stärke schon weitgehend in Zucker abgebaut oder für das Wachstum des Keimes verwendet, das Protein in Aminosäuren zerlegt. Ohne Keimung gegessen, müssen diese beiden Vorgänge im menschlichen Körper stattfinden. Der Keimvorgang nimmt Ihnen diese Verdauungsarbeit ab und entlastet Sie in einem unvorstellbaren Maße. Dies wird Ihnen erst klar, wenn Sie den Unterschied zwischen Brot auf der einen und Getreidesprossen auf der anderen Seite einmal gründlich ausprobiert haben. Die Sprossen enthalten derartig viele Vitalstoffe, wie Sie sie in keinem anderen Lebensmittel finden.

Getreidestärke ist schwer verdaulich

Wahrscheinlich ist Ihnen nicht klar, daß Getreidestärke schon für sich allein gegessen schwer verdaulich ist. Sie muß extrem gut eingespeichelt werden, weil das Verdauungsferment Pytalin im Speichel die Verdauung zu einem hohen Prozentsatz bewerkstelligen muß. Sie kennen sicherlich den süßen Geschmack der sich ergibt, wenn Sie ein Stück trockenes Brot nur lange genug kauen. Nudeln mit Sauce kann man aber nicht ausreichend einspeicheln! Im Magen kommt kein geeignetes Verdauungsferment mehr hinzu, erst im Dickdarm geht die Arbeit weiter. Was Sie aber beim Kauen nicht erledigt haben, das kann im Dickdarm nicht mehr nachgeholt werden.

Zu viel Brot macht krank

Die Folge ist, daß Sie einen Teil der Stärke wieder unverdaut ausscheiden, was das kleinere Übel wäre. Das größere Übel ist, daß die Stärke zum Teil nur unvollständig aufgespalten wird und dann durch die Darmschleimhaut unprogrammäßig in die Blutbahn gelangt und im Körper Schaden anrichtet. Der Körper kann diese Spaltprodukte weder brauchen noch ordnungsgemäß wieder ausscheiden. Sie lagern sich deshalb an allen möglichen Stellen im Gewebe, in Gelenken, in Organen etc. ab und erzeugen mannigfaltige Beschwerden (Brotgicht, Vereiterungen, Hauterkrankungen, Asthma etc.). Dazu kommen noch die zahlreichen Mineralien der erhitzten Getreideprodukte, die kaum in die lebenden Zellen des Körpers eingebaut werden können, weil sie dafür die nötigen Schwingungen (die Information des Sonnenlichtes) verloren haben (vgl. „Die tägliche Last des Kochens“). Mit anderen Worten: Getreide und Getreideprodukte verschleimen und verschlacken den Körper besonders stark und sind deshalb nach jahrzehntelangem, reichlichem Genuß die Ursache vieler Krankheiten.

Auch viel Vollkorn schadet!

Dies trifft vor allem auf diejenigen Menschen zu, die aus Bequemlichkeitsgründen dreimal am Tag Brot, Müsli, Nudeln, Spätzle, Knödel, Kuchen und anderes Gebäck essen – was gar nicht so selten vorkommt. Da hilft es auch nicht, wenn es sich um Vollkornprodukte handelt. Zu viel ist einfach zu viel! Probieren Sie es aus! Schränken Sie Ihren Brot- und Nudelkonsum drastisch ein und Sie werden sehr rasch eine Verbesserung Ihrer Gesundheit und Ihrer Schaffensfreude merken und langfristig gesehen einen angenehmeren Lebensabend genießen. Die Menge macht's! Wenn Sie erst einmal eine Scheibe eines der so gut schmeckenden Vollkornbrote gegessen haben, dann wird der Speichelfluß derart angeregt, daß Sie auch noch eine zweite und dritte möchten. Also fangen Sie am besten nur noch wenige Male in der Woche damit an. Statt Reis essen Sie besser Hirse, Buchweizen oder Kartoffeln, in Maßen, nicht zweimal täglich. Gequollenes, gegartes Getreide ist besser verträglich als Brot, in dem die Stärke zu Kleister verbacken ist. Bedenken Sie: der Mensch ißt erst seit wenigen Jahrtausenden Getreide. Das ist in der viele Millionen langen Entwicklungsgeschichte des Menschen ein Klacks: Die menschlichen Verdauungsorgane haben sich noch nicht richtig darauf eingestellt. Obst und Gemüse sind wesentlich wertvollere Lebensmittel als Getreide!

Getreide ist gut lagerfähig und transportabel

Die Getreideprodukte sind in der Menschheitsgeschichte der letzten zweitausend Jahre deshalb so beliebt gewesen, weil Getreide gut zu transportieren und zu lagern ist (auch ohne Kühlung und auch im Winter!), weil Getreide auch in sehr rauhem Klima noch wächst und weil es sättigt – und das war ja früher besonders wichtig. Nach der Welle der Weißmehlprodukte kommen seit einiger Zeit die Lebensmittelchemiker und loben die guten Inhaltsstoffe des vollen Korns. Ihre Analysen in Ehren, aber es kommt doch in erster Linie darauf an, ob und wie der menschliche Organismus die vielen edlen Inhaltsstoffe auch verdauen, aufnehmen und in seine lebenden Zellen einbauen kann! Das interessiert die Herren in den Laboren nicht – ja sie haben nicht einmal Ahnung davon, daß im menschlichen, lebenden Körper ganz andere Prozesse ablaufen, als man in den unbelebten Reagenzgläsern je nachvollziehen könnte. Mit der Verwertbarkeit hapert es beim Getreide ganz beträchtlich, wie wir oben gesehen haben – ganz davon abgesehen, daß in dem erhitzten Brot viele Stoffe von vorneherein nicht mehr enthalten sind, die der Chemiker im Getreide noch nachweisen konnte und daß durch die Hitze besonders in der Kruste viele neue Verbindungen entstanden sind, die der Gesundheit schaden. Mit Obst, Salaten und Gemüse sind Sie viel besser bedient.

Daran ist der menschliche Verdauungsapparat optimal angepaßt und Sie erhalten alles, was Sie benötigen.

Brot hat Biß

Selbstverständlich aber bleibt es Ihrem Empfinden überlassen, wann und wieviel Brot, Nudeln und Kuchen Sie essen. Nicht jeder kann sich so ohne weiteres davon verabschieden. Zu stark ist die traditionelle Bindung an diese Nährmittel und deshalb sind sie emotional sehr befriedigend. Das Sättigungsgefühl nach einer Brotmahlzeit ist ganz anders als nach Obst, Salat und Gemüse. Brot hat einen anderen Biß, den die meisten von uns schätzen, es erzeugt das typische Gefühl im Mund, an das wir seit Kindesbeinen gewöhnt sind. Unser täglich Brot ist im Grund der Inbegriff der mütterlichen Fürsorge und Liebe. Eine Einschränkung des Brotkonsums ist deshalb für viele Menschen nicht leicht – Fleisch können viele innerhalb kurzer Zeit weglassen. Sie sollten sich – außer für vorübergehende Heilzwecke – nur in dem Maße davon verabschieden, wie Sie es auch gefühlsmäßig und geistig vertragen. Wichtig dabei ist, daß Sie sich nicht überfordern. Im Kapitel „Wie's gemacht wird" kommte ich darauf zu sprechen.

Zusammenfassung:

Müsli ist so beliebt, weil es als Prototyp einer ausgewogenen Mahlzeit alles enthält, was der Mensch braucht und weil es langanhaltend sättigt. Beide Kriterien erfüllen jedoch nur der Frischkornbrei und selbstgeflockte Muslis sowie das klassische BIRCHER-Müsli mit Betonung auf Obst. Käufliche Müslimischungen sind weniger wert, kommerziell aufgepeppte Frühstücksprodukte sind wertlos. Müsli sättigt so lange, weil es als Fehlkombination schwer verdaulich ist! Die theoretisch enthaltenen Inhaltsstoffe kommen deshalb dem Körper nur bedingt zugute, das Müsli belastet mehr als es nutzt. Die Idealnahrung für Vormittag ist frisches, rohes Obst! Angekeimtes lebendes Getreide macht vital! Als Gemüse ist es gut verdaulich. Brot hat Biß, befriedigt und erdet. Getreidestärke ist jedoch schwer verdaulich. Zu viel Brot macht krank, auch reichlich Vollkorn schadet!

Süßes statt Liebe

Süßes, ein Urbedürfnis des Menschen

„Zucker sparen, wie verkehrt, der Körper braucht ihn, Zucker nährt!" Sicherlich kennen auch Sie diesen oder ähnliche dumme Sprüche, mit denen die Zuckerindustrie erfolgreich ihren Umsatz ankurbelt. Bei dem derzeitigen Zuckerverbrauch in der BRD von 110 g pro Kopf und Tag ist es nicht nur der

Zucker, den Sie absichtlich aus der Tüte Ihrem Essen hinzufügen oder in Form von Süßigkeiten nebenbei essen. Es ist auch der versteckte Zucker, den die Lebensmittelindustrie, Ihr Bäcker, Ihr Restaurantkoch usw. dem Essen zufügen, ohne daß Sie von der großen Menge Konkretes ahnen.

Warum essen wir so viel Süßes? Warum verspüren wir so häufig und unkontrolliert Verlangen nach süßen Stückchen, nach Kuchen, Pralinen und Marmelade? Erstens ist Süßes – so sagen die Wissenschaftler – ein Urbedürfnis des Menschen und vieler Säugetiere. Denken Sie nur an den Bären, der sich am Honig und den Fuchs, der sich an den Trauben gütlich tut. Zweitens tritt bei Zucker offensichtlich der psychologische Aspekt des Essens stärker in den Vordergrund als bei anderen Nahrungsmitteln. Süßes essen wir oft dann, wenn wir uns unbewußt belohnen wollen. Wir verbinden damit Wärme und Liebe, Geborgensein, Angenommenwerden und Verstandensein. Nicht umsonst lassen sich Kinder mit Süßigkeiten am leichtesten ruhig stellen. Nicht umsonst finden sich in den Schreibtischschubladen allerorten die Schokoriegel, die Lakritzbärchen, die Bonbons und die Pralinen. Besonders bei Streß greifen viele außer zur Zigarette zum Süßen.

Ersatzdroge Zucker

Daß sie sich damit nicht wirklich nutzen, ja daß sich im Grunde und langfristig gesehen, die Situation nur verschlimmern, ist vielen Menschen immer noch nicht richtig klar. Vor allem sehen viele den Zusammenhang zwischen hohem Zuckerkonsum und Krankheiten nicht ein – häufig auch, weil sie unbewußt nicht wollen. Es ist deshalb nicht einfach, die Ersatzdroge Zucker aus gesundheitlichen Gründen einzuschränken. Das kann nur gelingen, wenn Sie Ihre Bedürfnisse echt befriedigen. Sie können dies nur dann, wenn Sie sich Ihrer wirklichen Bedürfnisse und Wünsche bewußt werden und dann mutig dazu stehen. Liebe und Geborgenheit etc. erhalten Sie bei einem Partner in einer entsprechenden Umgebung. Dazu müssen Sie offen sein und riskieren, auch abgewiesen oder verletzt zu werden. Dafür erhalten Sie dann aber auch das Echte und nicht den Ersatz. Und Gesundheitsschäden stellen sich davon auch nicht ein.

Zucker macht krank!

Welche Gesundheitsschäden meine ich? An erster Stelle ist hier in Kombination mit mangelnder Mundhygiene Karies zu nennen. Der Zucker sitzt an den Zähnen und verwandelt sich unter der Einwirkung von Bakterien in Säure, die den Zahn angreift. Dieses Problem tritt auch bei Honig, Sirup und Trockenobst, kurz bei allem Klebrig-Süßem auf. Die Zähne werden auch indirekt geschädigt, weil bei hohem Zuckerverbrauch im Gesamtorganismus Mineralmangel herrscht, der auf Kosten der Zähne geht.

Auch daß Süßigkeiten dick machen, ist Ihnen wahrscheinlich bekannt. Bedenken Sie dabei aber, daß die Fettsucht häufig zusammen mit anderen, viel unangenehmeren Krankheiten auftritt oder ihnen vor- bzw. nachgelagert ist. Dies sind Zuckerkrankheit, Bluthochdruck, zu hohe Blutfettwerte, Gicht, Arteriosklerose, Erkrankungen der Leber- und Gallenwege und andere. Zukker liefert Kalorien in Hülle und Fülle, macht aber nicht satt! Er hat keine Ballaststoffe, er muß nicht gekaut werden. Die Gefahr, viel zu viel zu essen ist deshalb extrem groß, ja völlig normal. Die verführerische Süße heizt den Appetit noch an, wenn Sie eigentlich längst satt sind. Sie bekommen dabei aber kaum Vitamine, Enzyme und Mineralien, die Sie nötiger brauchen als immer mehr leere Kalorien!

Zucker macht nicht fit

Als dritten sehr schädlichen Nachteil des Genusses von Süßigkeiten muß ich die Unterzuckerung (Hypoglykämie) nennen. Sie kommt dadurch zustande, daß der Blutzuckerspiegel nach Zuckergenuß rasch sehr steil ansteigt, höher als der Organismus das benötigt. Deshalb schüttet er große Mengen Insulin aus, das den Blutzuckerspiegel wieder in den Griff bekommen soll. Infolge des völlig unnatürlich schnellen und hohen Anstiegs wird zu viel Insulin ausgeschüttet und damit nach kurzer Zeit ein zu niedriger Blutzuckergehalt erreicht. Dann tritt prompt Wunsch nach mehr Süßem auf und die Geschichte beginnt von vorne. Hypoglykämie ist sehr weit verbreitet und macht sich folgendermaßen bemerkbar: Sie leiden unter Nervosität, Erschöpfung, Verwirrtheit, Schwindel, Zittern, Ohnmacht, Schwäche, Depressionen, Kopfschmerzen, Lärmempfindlichkeit, Schlaflosigkeit, Ängstlichkeit, Vergeßlichkeit, Schläfrigkeit, Verdauungsbeschwerden, Pulsbeschleunigung, Muskelschmerzen u. v. a.

Die eigene Schnapsfabrik im Magen

Bitte bedenken Sie auch, daß Zucker im Magen sehr leicht Gärung hervorruft, wenn er mit anderen Lebensmitteln kombiniert gegessen wird, die den Magen nicht so schnell verlassen können. Gärung im Körper bedeutet Fusel-Alkohol und Kohlensäure. Das macht Sie müde und benommen, bläht den Magen auf und schädigt unter anderem die Leber.

Leider bestehen keine wesentlichen Unterschiede zwischen den einzelnen Zuckerarten. Vollrohrzucker und Honig schneiden zwar etwas besser ab. In der Gesamtbetrachtung aller Nachteile stehen sie aber mit dem weißen Industriezucker fast in einer Reihe. Süßstoffe sind als reine Chemieprodukte für den Organismus völlig indiskutabel. Am ehesten geht noch Ahornsirup Grad 3.

Wenn Sie Ihren Bedarf an Zucker in Form von rohen, reifen Früchten dekken, treten alle diese Probleme nicht auf, es sei denn, Sie lebten nur von süßen

Süße Früchte

Früchten und würden dabei zu reichlich zulangen. Wenn sie die ganze Frucht verzehren, wird der Fruchtzucker zwar schnell, aber sukzessive an die Blutbahn abgegeben, denn die Früchte enthalten Ballast- und Vitalstoffe, die der Körper außer Zucker benötigt. Trockenfrüchte sind danach die zweite Wahl. Obst sollten Sie aber stets auf leeren Magen und am besten für sich alleine essen. Allenfalls ist eine Kombination mit den Gemüsefrüchten Tomate, Paprika und Gurke und grünem Blattsalat möglich.

Kadmium in der Schokolade

In Zeiten, in denen Sie Ihren Zuckerverbrauch einschränken, sollten Sie besonders liebevoll mit sich umgehen. Wenn Sie nicht unter Streß stehen, ist es leichter, auf Schokolade zu verzichten. Bedenken Sie, daß Schokolade sehr stark mit giftigen Fremdstoffen belastet ist, vor allem Reste von der Begasung mit Blausäure, Ethylenoxid oder Methylbromid und das Schwermetall Kadmium. Wenn Sie viel Bewegung an der frischen Luft haben und mit Menschen zusammen sind, mit denen Sie eine tiefe innere Bindung eingehen können, dann wird es Ihnen leichter fallen, auf die geliebten Stückchen zu verzichten. Denn diese sind immer nur schlechter Ersatz.

Zusammenfassung:

Süßes ist ein Urbedürfnis des Menschen. Zucker fungiert jedoch häufig als Ersatzdroge für andere Bedürfnisse, vor allem für Liebe. Zucker macht dick und krank! Besonders zu nennen sind Karies, Hypoglykämie und Vitaminmangel. Zucker macht nicht fit. Zucker führt leicht zu Gärung und damit zu Alkohol im Blut. Die verschiedenen Zuckerformen sind im Grunde alle gleich schädlich: Es ist deshalb zweckmäßig, Zucker etc. nur als Gewürz zu betrachten, also nur in geringen Mengen zu verwenden. Schokolade enthält besonders viele Schadstoffe. Obst ist der beste Zuckerersatz.

Mord und Totschlag

Fleisch macht krank

Wohlstand für alle, das war die Devise nach Ende des Zweiten Weltkriegs – und zum Wohlstand gehört nach überwiegender Mehrheit der Europäer auch, daß man sich so viel Fleisch leisten kann, wie man möchte. Und so haben sie zugeschlagen! Der Fleischverzehr hat sich in der BRD seit 1950 auf heute rd. 100 kg pro Kopf und Jahr verdreifacht. Herz-, Gefäß- und Kreislaufkrankheiten, Gicht, Harnsteine, erhöhter Blutcholesterinspiegel und andere Krankheiten nahmen im gleichen Zeitraum ebenso zu wie Übergewicht, einem der größten Gesundheitsproblemen der BRD. Am allerschädlichsten auf den menschlichen Organismus wirkt unbestritten das Schweinefleisch. Eine weitgehend vegetarische Ernährung könnte jedoch 90–97% der Herzerkrankungen verhindern. Alle einschlägigen Studien zeigen völlig eindeutig, daß Menschen, die ihren Fleischkonsum drastisch einschränken, wesentlich gesünder sind als Fleischesser. Es ist daher nicht verwunderlich, daß immer mehr Menschen sich bei Fleisch und Fisch zurückhalten oder sie ganz meiden.

Das Grundübel, das durch Fleischverzehr in unverhältnismäßig großem Maße verursacht wird, ist die Verschlackung und Versauerung des Körpers. Dies bedeutet, daß die in Fleisch und anderen tierischen Produkten enthaltenen Stoffe in derartigen Mengen aufgenommen werden, daß sie nicht in genügendem Maße ausgeschieden werden können. Sie lagern sich im Körper an allen möglichen Stellen ab, in den Arterien, im Gewebe, in Gelenken usw. und verursachen mannigfache Störungen und Krankheiten (vgl. „Was ist Krankheit?").

Säure ist für den Körper Gift

Als erstes wäre hier die Harnsäure zu nennen, die im Fleisch in großen Mengen enthalten ist. Diese Säure stellt für den menschlichen Organismus ein starkes Gift dar, das schleunigst zu Harnstoff abgebaut und im Urin ausgeschieden werden muß. Dafür sind die menschlichen Nieren aber nur unvollkommen gerüstet. Da im gesunden Naturzustand Gewebe und Blut im menschlichen Körper basisch reagiert (das ist das Gegenteil von sauer), ist der Körper bestrebt, die Harnsäure, die sich in ihm eingenistet hat, wenigstens zu neutralisieren, wenn er sie schon nicht ausscheiden kann. Dazu sind alkalische Mineralien, wie z. B. Kalzium nötig. Starke Fleischesser nehmen in der Regel nicht genügend Obst und Gemüse zu sich, was die gewünschten Mineralien enthalten würde. Dem Körper bleibt also nichts anderes übrig, als das Kalzium den Knochen zu entziehen: Diese werden dadurch brüchig und nutzen sich schneller ab. Die Folgen: Osteoporose (Knochenerweichung, Knochenschwund) und Arthrose (degenerativer Gelenksrheumatisums). Lagert sich die Harnsäure zwischen Nervenfasern ab, so ergibt dies Nervenentzündungen und Ischiaserkrankungen. Generell erzeugt die Harnsäure im Körper Nierenprobleme, Gicht, Rheuma und Arthritis.

Cholesterin und Kalk: Arteriosklerose

Fleisch enthält zahlreiche gesättigte Fettsäuren, die dem Menschen Probleme bereiten können. Hier ist das gefürchtete Cholesterin zu nennen, das besonders auch in Eiern in großen Mengen vorkommt. Dieses Cholesterin kann – ebenso wie die Harnsäure – nicht in ausreichendem Maße ausgeschieden werden und lagert sich dann zusammen mit Kalk und anderen Substanzen vorzugsweise an den Innenseiten der Arterien und Herzkranzgefäße ab (Arteriosklerose). Das Herz muß nun stärker pumpen um trotz der verengten Gefäße noch alle Stellen des Körpers mit Blut versorgen zu können: der Blutdruck steigt, das Herz wird schneller abgenutzt.

Fleisch begünstigt Fäulnis, Verstopfung und Krebs

Es besteht auch eine ganz klare, unbestrittene Beziehung zwischen Krebsrate und Fleischkonsum. Dabei handelt es sich um Darm-, Brust- und Gebärmutterkrebs. Fleischesser leiden häufig an Verdauungsstörungen und Verstopfung. Fleisch hat zu wenig Faser-(Ballst-)Stoffe und bewegt sich deshalb zu langsam durch den Darm, viermal langsamer als Pflanzennahrung. Es fault dabei und es entwickeln sich Bakterienstämme, die nach gesicherten Erkenntnissen die Disposition zu Krebs erhöhen. Auch verschiedene Arten von allgemein benutzten Konservierungsmitteln für Fleisch gelten als kanzerogen.

Dies alles zeigt eindeutig, daß der menschliche Organismus nicht auf die Verdauung von großen Menschen Fleisch – wie heutzutage üblich – eingestellt ist. Kleine Mengen kann er verkraften – mehr aber nicht. Während des größten Teils seiner Entwicklungsgeschichte hat sich der Mensch überwiegend oder rein vegetarisch ernährt. Die Zeiten mit stärkerem Fleischkonsum begannen vermutlich in Notzeiten, etwa während der Eiszeiten bzw. in den winterkalten Außertropen, die es geologisch gesehen erst seit kurzem gibt. In dieser kurzen Zeit haben sich die Verdauungsorgane nicht wesentlich verändert.

Fleisch ist extrem belastet

Die Belastung von tierischen Nahrungsmitteln mit Fremdstoffen und Umweltgiften aller Art ist höher als in allen anderen Nahrungsmitteln. Das ist kein Wunder. Das Tier steht am Ende der Nahrungskette, in ihm akkumulieren sich alle Gifte auf dem langen Weg vom Boden über die Pflanze, die Futterherstellung und die übertriebene medizinische Behandlung der Tiere mit harten Medikamenten (Antibiotika, Hormone etc.).

Fleisch macht aggressiv

Der unter grausamsten Bedingungen, z. T. quer durch ganz Europa erfolgende Transport der Schlachttiere, Miterleben der Schlachtung der Artgenossen und das Warten auf den eigenen Tod erzeugen bei den Tieren unglaublichen Streß, Aggressivität und Angst. Der Körper schüttet in Massen Adrenalin aus, das im Fleisch verbleibt und sich auf den Fleischesser überträgt: Nicht umsonst gelten Fleischesser als aggressiv, roh und unsensitiv.

Die Lüge vom Reinheitsgebot der Wurst

Das dergestalt extrem minderwertige Fleisch wird durch die Weiterverarbeitung zusätzlich mit allen nur denkbaren Giften aus der Chemieküche belastet. An Emulgatoren, Stabilisatoren, Schnittfestmachern, Dickungsmitteln, Konservierungsmitteln, Geschmacksverstärkern, Fettbindemitteln und Farbstoffen wird nicht gespart. 20 Gruppen von Zusatzstoffen sind in Wurst erlaubt, die insgesamt 50 chemische Verbindungen umfassen, die der menschliche Körper nicht kennt und nicht brauchen, und mit denen er nicht entsprechend umgehen kann!

Salmonellen frei Haus

Durch Eintauchen in ein Wasserbad vor dem Einfrieren werden fast alle Hähnchen mit Salmonellen infiziert. In der BRD starben in fünf Jahren 337 Personen an Salmonellose. Mehrere Zehntausend werden jedes Jahr davon infiziert. In den letzten Jahren haben sich diese Zahlen mehr als verdoppelt. Die Dunkelziffer liegt hoch.

Die grandiose Verschwendung

Die Umweltverschmutzung durch die tierquälerische Massentierhaltung und die Schlachthöfe ist maßgebend an Waldsterben und Grundwasserverseuchung beteiligt. Sie beträgt das Zehnfache der Privathaushalte und das Dreifache der Industrie! Der Anbau von 1 kg Weizen benötigt 60 l Wasser, die Produktion von 1 kg Fleisch 2500–6000 l Wasser – eine grandiose Verschwendung. Um eine Fleisch-Kalorie zu erzeugen, benötigt man im Mittel 10 Pflanzen-Kalorien, oder anders ausgedrückt: aus 16 kg Getreide erhalten wir nur 1 kg Fleisch. Bei uns verprassen 5 Fleischesser indirekt das Getreide, das 50 bis 60 Menschen ernähren könnte. Der durchschnittliche europäische oder amerikanische Fleischesser konsumiert fünf mal mehr Nahrungsmittel als der Kolumbianer, Inder oder Nigerianer. Eine Senkung der irdischen Fleischproduktion um nur 10% würde genug Getreide freisetzen, um 60 Millionen Menschen zu ernähren. Würde sich die BRD rein vegetarisch ernähren, könnten wir statt 60 Millionen 256 Millionen Menschen ernähren.

Wie erhält der Mensch ohne tierische Produkte genügend Protein?

Der Mensch benötigt viel weniger Protein als man ihm einreden will: Der von der Deutschen Gesellschaft für Ernährung geforderte Wert für Erwachsene von 0,8 g x Körpergewicht (in kg), also für einen 69 kg schweren Mann 55 g (für Frauen 45 g) pro Tag gibt, um allen Extremfällen Rechnung zu tragen, das Doppelte dessen an, was sie Wissenschaft für einen gesunden Menschen theoretisch ermittelt hat. Dieser Wert ist aber immer noch zu hoch bemessen. Er trifft – wie die Praxis zeigt – in erster Linie auf Menschen zu, die ihre Proteine von gegarter Fleischnahrung erhalten. Dieses Protein ist aber durch den Garprozeß mehr oder weniger stark zerstört. Das in Massen gegessene denaturierte Eiweiß wird nur schwer abgebaut und in diesen Mengen im Körper nicht richtig verwertet. Es lagert sich nach Prof. WENDT im Gewebe zwischen den Zellen ab und führt zu den gefürchteten Eiweißspeicherkrankheiten. Ausgenommen die reinen Vegetarier essen alle Europäer zu viel Eiweiß!

Tabelle zum **Proteingehalt von Nahrungsmitteln** (in g je 100 g)			
Erdnüsse	26	Linsen	23
Mandeln	19	weiße Bohnen	22
Haselnüsse	13	Kichererbsen	20
Walnüsse	15	Erbsen	23
Sesam	20	Sojabohnen	37
Sonnenblumenkerne	27	Sojamehl (halbfett)	43
Spirulina	65	Sojamilch	3,4
Weizenkeime	32	Sojasprossen	3,9
Reis	7,4	Tofu	7
Hirse	10,6	Kuhmilch, Joghurt	3,3
Weizen	11,7	Quark (20% Fett)	12,6
Haferflocken	13,8	Gouda (45% Fett)	25,6
Amaranth	16	Parmesan (35% Fett)	35,6
		Camembert (60% Fett)	18
		Hühnerei	11,5
Orangen	1,5	Eigelb	16,3
Aprikosen	1,5	Eiweiß	10,9
Avokado	2,9		
Bananen	1,7		
Brombeeren	1,8	Rindfleisch	21
Erdbeere	1,2	Schweinefleisch	21
Feigen	1,4	Hammelfleisch	20,5
Himbeeren	2	Hühnerfleisch	20,5
Johannisbeeren rot	1,7	Forelle	19,5
Johannisbeeren schw.	2,3	Hering	18
Kirschen	1,7		
Kiwi	1,4		
Pfirsich, Weintraube	1,1		

Quelle: ELMADFA. AIGEN. FRITZSCHE, 1988/89 u. KATALYSE-UMWELTGRUPPE, 1983.

Pflanzliches Eiweiß ist nicht minderwertiger!

Die weit verbreitete Ansicht, Fleisch liefere das hochwertige Protein, weil es im Gegensatz zum pflanzlichen Eiweiß in seiner Zusammensetzung dem menschlichen Protein am nähesten kommt, ist bedeutungslos. Menschliches Protein entsteht im Körper nicht dadurch, daß aufgenommenes, sogenanntes hochwertiges Protein zum Aufbau neuer Zellen verwendet wird. Das verspeiste Eiweiß wird vielmehr zunächst in seine Bausteine, die Aminosäuren aufgespalten. Diese werden im Körper sodann in der Leber und in Zellen in begrenzter Menge gespeichert und zirkulieren im Blut bzw. Lymphsystem. Aus diesem ständig verfügbaren Aminosäuren-Vorrat wird nach Bedarf für die differenzierten Aufgaben der verschiedenen Stellen des Körpers unterschiedliches menschliches Protein aufgebaut.

Kein Mangel an Mineralien und Vitaminen

Deshalb braucht nicht jede Mahlzeit alle Aminosäuren enthalten. Die richtigen Prozentanteile der verschiedenen Aminosäuren, die für den Aufbau des menschlichen Körperproteins nötig sind, erhält man im Wechsel verschiedener Mahlzeiten ohne Schwierigkeiten, wenn man eine abwechslungsreiche Vollwert-Pflanzenkost zu sich nimmt und darauf achtet, daß sie schonend zubereitet wird und einen möglichst hohen Anteil an Rohkost enthält. Man braucht dabei nicht einmal andere konzentrierte Proteinlieferanten, wie z. B. Käse einsetzen. Selbst eine Kostform aus reinem Gemüse- und Obst-Rohkost reicht zur Proteinversorgung leicht aus, weil diese Lebensmittel zwischen 1 und 3 % Protein enthalten. Muttermilch enthält etwa 1,5 % und genügt für das Baby, das im Gegensatz zum Erwachsenen noch wachsen muß! Zahlreiche Vegetarierstudien namhafter Universitätsinstitute haben zweifelsfrei nachgewiesen, daß Vegetarier auch an Eisen- oder Vitamin B keinen Mangel leiden, wie immer wieder behauptet wird. Sie erhalten mehr als genug Protein und alle anderen wichtigen Nahrungsbestandteile aus pflanzlichen Quellen.

Wenn Sie sich nicht ganz von tierischen Produkten trennen wollen, rate ich Ihnen, wenigstens auf Schweinefleisch und Wurst zu verzichten (die meist Schwein und sehr viel Fett enthält) und Fleisch und Fisch aus biologischer Tierhaltung zu kaufen. Experimentieren Sie, indem Sie fleischfreie Tage oder Wochen einlegen und sich beobachten, wie es Ihnen dabei geht. Wie oft essen Sie Fleisch oder Wurst nur aus Gewohnheit oder weil nichts anderes im Kühlschrank liegt?

Zusammenfassung:

Fleisch macht krank: besonders sind zu nennen Herz-, Gefäß- und Kreislaufkrankheiten. Der hohe Fettgehalt der Wurst macht dick, die schwer ausscheidbare Harnsäure vergiftet den Körper, Cholesterin und Kalk verschlakken ihn: Arteriosklerose. Fleisch begünstigt Fäulnis, Verstopfung und Krebs. Fleisch und Fleischprodukte sind extrem belastet durch Umweltgifte, Medikamente und Fremdstoffe. Geflügel liefert die Salmonellen frei Haus. Tierzucht ist eine grandiose Verschwendung. Der Mensch erhält auch ohne tierische Produkte genügend Protein. Pflanzliches Eiweiß ist nicht minderwertiger! Vegetarier leiden nicht an einem Mangel an Mineralien und Vitaminen.

Kuhmilch ist für Kälbchen

Das Märchen von der Milch

Durch Joghurt schlank und alt?

In der Volksmeinung gelten Milch und Milchprodukte wie Käse neben Brot zu den wichtigsten und durch nichts zu ersetzenden Grundnahrungsmitteln. Vegetarier schätzen Käse als Fleischersatz, viele Menschen wollen durch hohen Joghurt-Konsum schlank und alt werden und andere wollen sich durch Milchprodukte vor der gefürchteten Osteoporose (Kochenerweichung, Knochenschwund) schützen. Die Werbung tut ihr übriges dazu. Milch und Milchprodukte werden als besonders natürlich und gesund herausgestellt. Angeblich enthalten sie alle für die menschliche Ernährung wichtigen Stoffe in einer derart günstigen Kombination und Konzentration, daß niemand ohne Milch und Milchprodukte auskomme. Ist dem wirklich so?

Kuhmilch ist für Kälber

Milch wird im menschlichen oder tierischen Körper gebildet wenn sich Nachwuchs eingestellt hat. Sie dient dann bekanntlich als Nahrung für die ersten Monate bis zur Milchzahnbildung. Die Milch gelangt durch Saugen ohne Luftsauerstoffkontakt direkt vom Spender zum Empfänger. Beim Melken wird die Milch durch den Kontakt mit dem Sauerstoff bereits das erste Mal denaturiert. Die Milch ist in ihrer Zusammensetzung genau auf das jeweilige Baby eingestellt: Kuhmilch für Kälber, Ziegenmilch für Zicklein und Muttermilch für Babys. Sie ändert ihre Zusammensetzung sogar im Rhythmus von Tag und Nacht und mit zunehmendem Alter der Jungen. Sie ist deshalb die beste und im Grunde unersetzliche Nahrung für heranwachsendes Leben der eigenen Spezies.

Kuhmilch hat 2,7 mal so viel Protein und eine andere Sorte von Protein, nämlich Kasein statt Albumin als Muttermilch. Der Fettgehalt ist etwa gleich, der Gehalt an Milchzucker beträgt nur rund 0,7 %, der Mineralgehalt ist 3,5 mal so hoch, der Gehalt an Vitaminen (außer Vitamin C) ist ebenfalls höher als in der Muttermilch. Kuhmilch ist eingestellt auf das rasche Wachstum des Kalbes – auf sonst nichts. Sie paßt deshalb ebenso wenig für Babys wie für erwachsene Menschen. Warum?

Verdauungsprobleme durch Enzymmangel

Der Mensch kann das Kuhmilch-Protein Kasein nicht verdauen, weil seinem Körper seit Ende des dritten Lebensjahres das Enzym Lab mehr oder weniger fehlt. Dies wird immer wieder bestritten. Offensichtlich gibt es eine große Streuungsbreite, so daß manche Menschen mit dem Ferment besser ausgestattet sind. Der Milchzucker ist für Erwachsene ebenfalls nur schwer verdaulich, weil das Enzym Laktase nur in geringen Mengen zur Verfügung steht. Bei einigen Völkern, z.B. Asiaten und Afrikanern fehlt es völlig, bei uns nicht ganz. Nicht verdauter Milchzucker fängt im Verdauungssystem aber an zu gären und kann Blähungen, Krämpfe und Durchfall verursachen. Bei Menschen, die genügend Laktase produzieren und viel Milch trinken tritt vermehrt grauer Star auf (FUHRMANN, 1987, S. 20).

Minderwertig durch Erhitzen

Als nächstes müssen wir sehen, daß fast die gesamte Milch und die meisten Milchprodukte pasteurisiert, sterilisiert oder – wie bei der H-Milch – durch Injektion von überhitztem Wasserdampf ultrahoch erhitzt wurden. Dies bedeutet, daß es sich bei diesen Produkten nicht mehr um Lebensmittel handelt, sondern nur noch um tote, denaturierte Nahrungsmittel. Das Protein ist stark hitzegeschädigt, die Mineralien – allen voran das immer wieder als besonders wertvoll herausgestellte Kalzium – können vom menschlichen Organismus nur noch bestenfalls wieder ausgeschieden oder schlimmstenfalls als Schlakken im Körper abgelagert werden. Für einen Einbau in die lebenden Zellen haben die Mineralien durch das Erhitzen ihre natürlich-lebendigen, energetischen Schwingungen sowie eine Unzahl an vitalen Begleitstoffen verloren, welche die Bereitschaft zur Mitarbeit in der lebenden Zelle signalisieren bzw. ermöglichen.

Milch ist kein Kalziumspender

Frau Dr. LAWRENCE RIGGS von der berühmten Mayo Klinik in Rochester USA hat vor wenigen Jahren durch ein intensives Forschungsprojekt herausgefunden, daß Frauen, die Milch trinken, Milchprodukte essen oder Kalktabletten nehmen oder auch beides, keine größere Kalziumaufnahme haben als diejenigen, die Milchprodukte oder Kalziumtabletten nicht essen. Mehr noch: die Knochenerweichung schritt selbst bei denen fort, die 2000 mg Kalzium in Form von Milch, Milchprodukten und Tabletten zu sich nahmen (WANDMAKER, 1988, S. 72). Zudem wird das Kalzium bei der Verdauung ohne Labferment an das sehr schwer verdauliche, zur Fäulnis im Darm führende Kasein-Eiweiß gebunden, was die Aufnahme des Minerals verhindert. Darüber hinaus fehlt es der Milch an den wichtigen Mineral Magnesium, das sozusagen als Gegenspieler des Kalziums eine Verkalkung z. B. der Arterien verhindern könnte.

Milch ist kein Naturprodukt mehr

Schließlich muß ich Sie darauf hinweisen, daß viele Weiden voller Chemikalien sind und daß das Winterfutter zum Großteil aus Entwicklungsländern stammt, die hierzulande verbotene und andere Pestizide, Insektizide und chemischen Dünger reichlich verwenden. Als Futter für Kühe werden sogar ganz offiziell in der EG und anderen europäischen Ländern aus Tierkadavern hergestellte Produkte verwendet – eine besonders widernatürliche Fütterungsart, bei der sich Krankheiten optimal verbreiten. Wie die Tiermedizin arbeitet habe ich schon im Kapitel „Mord und Totschlag“ geschildert. Mit anderen Worten, wenn Sie wirklich Milch trinken, dann trinken Sie auch gleichzeitig eine ganze Palette von vermeidbaren Giften mit. Wollen Sie das?

Nur Rohmilch vom Biobauern ist akzeptabel

Wenn Sie trotzdem Milch oder Milchprodukte zu sich nehmen wollen, dann sollten Sie sich auf gelegentliche kleine Mengen Rohmilch, die in einigen Städten als Vorzugsmilch (unerhitzt) angboten wird oder die Sie sich direkt bei einem guten Biobauern holen können, und auf Rohmilchkäse (das ist nur Weich- oder Frischkäse) sowie Sahne und Butter beschränken. Außerdem sollten Sie darauf achten, daß Sie Käse mit möglichst wenig Salz erhalten.

Butter und süße Sahne – das kleinste Übel

Von allen Milchprodukten ist Butter am besten verdaulich, weil sie im Wesentlichen nur aus Fett besteht. Sie wirkt auch als einziges Milchprodukt nicht säurebildend. Da Fett die Eiweißverdauung verzögert, ist es besser, die Butter nicht mit Protein sondern mit Kohlehydraten zu kombinieren. Auch gegen Schlagsahne ist relativ wenig zu sagen. Als nächstes empfehle ich für alle, die sich von ihren geliebten Käsebroten nicht trennen können, für die Übergangsphase Käse mit mehr als 60% Fett in der Trockenmasse. Diese ist sogar zusammen mit Brot leidlich verdaulich, jedenfalls besser als ein Käse mit wenig Fett (vgl. WALB, 1986, S. 32f.). Erhitzter (geschmolzener Käse) ist ganz besonders schwer verdaulich. Wenn Sie langfristig nicht an Durchblutungsstörungen, Nachlassen der Gedächtnisfähigkeit, Konzentrationssschwäche und schließlich an Arterienverkalkung leiden möchten, so sollten Sie sich so schnell wie möglich von Milch und Milchprodukten – außer von Butter – ganz verabschieden.

Sauermilch und Joghurt

Dies gilt selbstverständlich auch für den von der Werbung besonders gehätschelten Joghurt. Daß man davon besonders gesund, schlank und alt wird, ist ebenso ein modernes Märchen wie die anderen Reklamesprüche. Die Bulgaren haben eine andere Art von Joghurt, essen nur wenig davon und gehören keineswegs zu den besonders langlebigen Menschen. Es ist allerdings richtig, daß das Kasein der Milch durch eine natürliche Säuerung unter Zusatz von rechtsdrehenden Milchsäurebakterien (L +) bis zu einem gewissen Grade aufgeschlossen, ausgeflockt und damit leichter verdaulich wird (Quark, Sanoghurt, Bioghurt etc.). Dadurch gelangen die bei vielen Menschen Allergie auslösenden Milchproteine aber auch leichter in den Organismus.

Milch verschleimt

Da wir Milch und Milchprodukte nur mangelhaft verdauen können sind diese Nahrungsmittel neben Getreide und Getreideprodukten (auch dem Reis) die am meisten verschleimenden Speisen. Sie bringen auch die höchste Verstopfungsrate, weil ihnen jegliche Ballaststoffe fehlen. Ferner sind Milch und Milchprodukte genau wie alle anderen tierischen Proteinlieferanten die tiefere Ursache von Allergien, auch wenn sie oberflächlich betrachtet nicht in jedem Fall unmittelbar allergische Reaktionen auslösen. Verschleimungen im Nasen- und Rachenraum und in den Stirnhöhlen können schnellstens gestoppt werden, wenn Sie den Genuß von Milch und Milchprodukten aufgeben. Wer kennt nicht die Rotzglocken der Kinder, die Mittelohreiterungen und den lästigen Milchschorf. Dies alles verschwindet schnellstens, wenn die Armen nicht mehr mit Milch und Brei traktiert werden. Diese Verschleimungssymptome sind zugleich auch Überempfindlichkeitsreaktionen auf das dem Menschen artfremde Kuheiweiß, also allergische Krankheiten. In die gleiche Gruppe gehören auch die häufigen oder chronischen Mandelentzündungen und -vereiterungen, die verschwinden, wenn man den Konsum von Milch und Milchprodukten aufgibt. Leider wurden statt dessen vielen Menschen die Mandeln wegoperiert, obwohl sie ja wichtige Aufgaben im Körper zu erledigen haben. Zum Sündenregister der Milch zählen auch Asthma, verschiedene Hautkrankheiten, Ekzeme und auch ein Teil der Heuschnupfenerkrankungen (vgl. DORSCHNER, 1988, S. 13f.). Das Eiweiß der Milch fördert auch rheumatische Krankheiten, weil es zu Harnstoff und Harnsäure abgebaut wird.

Wes Brot ich eß, des Lied ich sing

Warum sind alle diese Tatsachen so wenig bekannt? Weil sie die Produzenten der Lebensmittelindustrie nicht hören wollen! Ernährungswissenschaftler sehen immer zuerst auf die Inhaltsstoffe und wenn überhaupt nur eher beiläufig auf die Frage, wie das betreffende Lebensmittel verdaut, aufgenommen, verwertet und kombiniert werden kann. Bezüglich der Inhaltsstoffe schneidet die Milch sehr gut ab – kein Zweifel. Und daher kommt ihr guter Ruf. Bezüglich Verwertbarkeit liegt erhitzte Milch aber so schlecht, daß man am besten die Finger davon läßt, wenn man sich nicht unnütz belasten und krank machen will. Mit Milch und Käse kann man besonders gut experimentieren, weil die Folgen sich sehr schnell und dramatisch einstellen. Ich wünschen Ihnen viel Erfolg dabei!

Zusammenfassung:

Milch hat zwar sehr gute Inhaltsstoffe, kann vom menschlichen Organismus aber nur unvollkommen verwertet werden. Kuhmilch ist für Kälber, Muttermilch ist die Idealnahrung für Babys. Yoghurt macht nicht schlank und alt.

Milch wird minderwertig durch Erhitzen. Milch ist kein Kalziumspender. Milch ist kein Naturprodukt mehr. Nur Rohmilch vom Biobauern ist akzeptabel. Butter und süße Sahne sind das kleinste Übel. Milch und Milchprodukte verschleimen, fördern Allergien und belasten.

Was ist Krankheit?

Das Grundübel: Verschlackung durch mangelnde Entgiftung

Was benötigt der menschliche Körper, um Vitalität, Leistungsfähigkeit und Lebensfreude zu bescheren? Nahrung! Es ist jedoch ebenso wichtig, daß die beim normalen Stoffwechsel entstehenden Abfallstoffe, durch die Nahrung zugeführte, aber unbrauchbare Stoffe sowie wegen Überlastung der Verdauungsorgane ungenügend abgebaute Stoffe auch aus dem Körper entfernt werden. Sie richten sonst schweren Schaden an. Verbleiben sie im Körper, so lagern sie sich als Giftstoffe an allen möglichen Stellen im Gewebe, in Gelenken usw. ab. Man nennt das Versalzung, Verkäsung, Verkalkung oder allgemein Verschlackung. Damit geht in der Regel auch eine Versauerung des Organismus einher, denn bei vielen Schlacken handelt es sich um Säuren. Diese Ablagerungen sind die physische Grundursache von Krankheit. Diese unerwünschten Ablagerungsvorgänge sind mit zunehmendem Alter häufiger. Sie sind bedingt durch unsere falsche Lebensweise und speziell durch die allgemein übliche Ernährung, wie sie im Kapitel „Wie wir heute Essen“ beschrieben wurde.

Folgen der inneren Vergiftung

Die gesundheitlichen Folgen der Verschlackung sind enorm: Der Körper nimmt an Gewicht zu, da sich im Gefolge der Gifte auch Fett- und Wasserdepots bilden. Die Ablagerungen machen den Körper unbeweglich, leistungsschwach, müde und krank: Kopf- und Gliederschmerzen, häufige Erkältungen und Grippe, Rheuma, Gicht, Arthritis, Nieren- und Gallensteine, Arterienverkalkung, Herz- und Kreislaufbeschwerden und eine schier endlose Liste von weiteren Krankheiten plagen den armen Zeigenossen. Der Körper wird regelrecht vergiftet. Diese Vergiftung löst dann je nach Konstitution und überwiegendem Charakter der Gifte unterschiedliche Beschwerden aus. Krebs ist eine der fatalen Endstationen der Vergiftung, Zusammenbruch des Immunsystems und Aids eine der vielen anderen.

Was sind Schlacken?

Woraus setzen sich die Schlacken im Körper zusammen? Schlacken sind alle nicht lebenden Bestandteile der Gewebe. Sie enthalten Kalk, Cholesterin, Schleim, Eiweiß und Eiweißabbauprodukte, Fette, Phosphorsäure, Oxal-

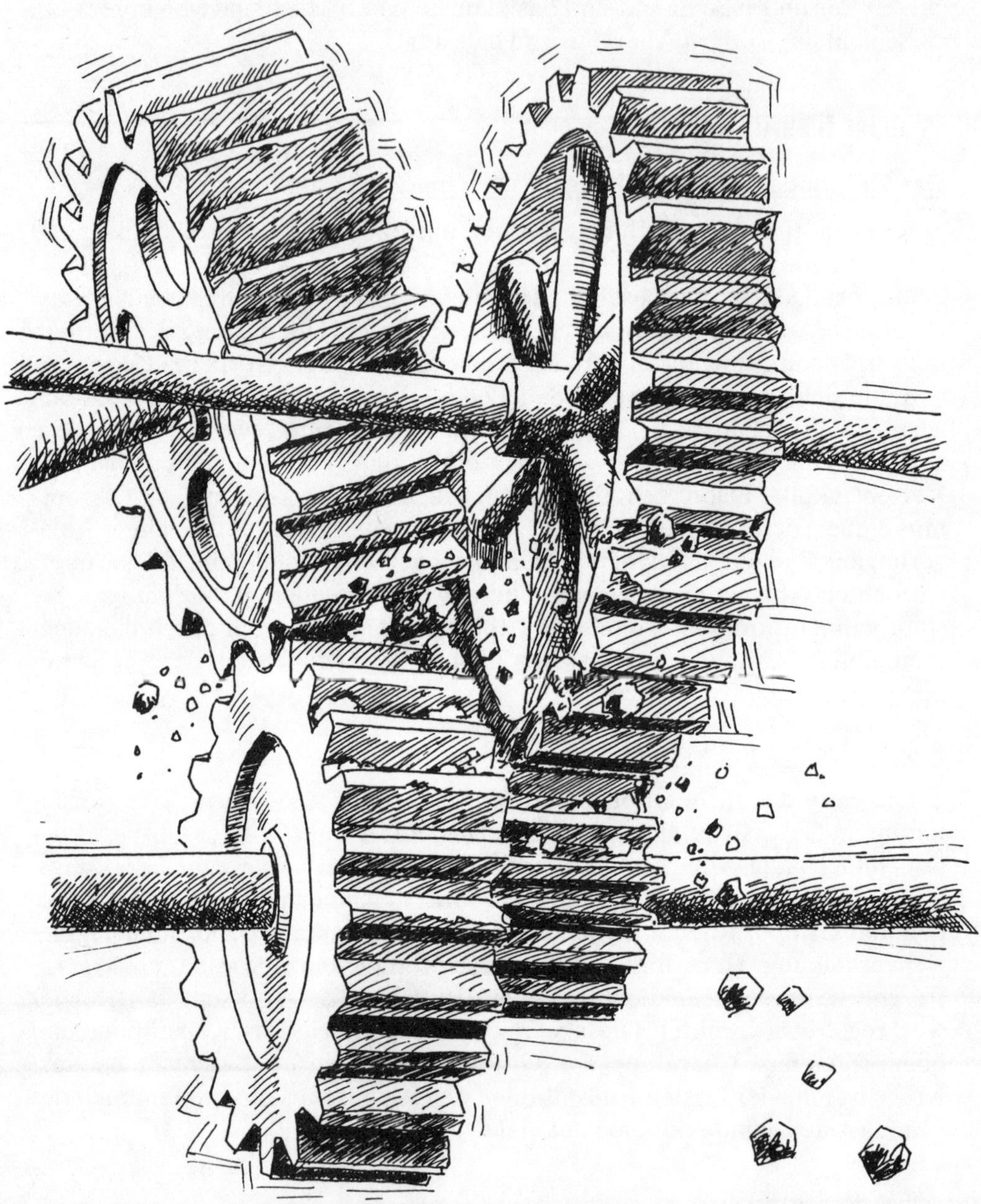

Verschlackung = Sand im Getriebe. . .

säure, Harnsäure, Medikamentenreste, Umweltgifte und abgestorbene Zellreste. Außerdem finden sich eingekapselte Infektionsherde von früheren Krankheiten, z. B. Tuberkuloseknoten usw. und deren abgestorbenen Erreger und deren Stoffwechselprodukte sowie Infiltrate aus Blut- und Lymphzellen, die bei Krankheit, Streß, Parasiten, Übersäuerung etc. auftreten. Schließlich finden sich bei den meisten Menschen uralte Kotreste im Darm, die sich dort in krankhaften Ausbuchtungen eingenistet haben und nur ausgeschieden werden können, wenn eine regelrechte Darmreinigung durchgeführt wird, oder in leichteren Fällen zumindest die Lebensweise umgestellt wird. Diese Kotreste können viele Kilogramm ausmachen!

Wieviel Kilogramm Schlacken haben wir?

Schlacken sind auch spürbar als schmerzhafte Apfelsinenhaut und tastbar als Verklebungen und Verdichtungen der Haut. Beim Weichteilrheumatismus sind es tieferliegende Bindegewebshärten. Wenn der Arzt mit einer Nadel hineinsticht, kann es knirschen, als Zeichen dafür, daß sich Kristalle abgelagert haben. Man findet in der Literatur Angaben, daß der Mensch im Durchschnitt täglich ca. 1 g Schlacke ansammelt. Zusammen mit dem Wasser, das die Schlacken im Körper festhalten und überzähligen Fettdepots ergibt das bei einem 50jährigen, bei einem Körpergewicht von z. B. 80 kg, bis zu 30 kg überflüssiger, toter Substanz, die herumgetragen werden muß und belastet! Für diejenigen unter uns, die wie ein Strich in der Landschaft herumlaufen, besteht jedoch kein Grund zum Jubeln: auch sie sind verschlackt – nur fehlen Fett, Wasser und Kotreste in größeren Mengen.

Krankheit ist eine Entgiftungskrise

Wird es dem Körper zuviel, produziert er Krankheitssymptome wie z. B. Fieber und Appetitlosigkeit. Dazu ruft der Körper häufig Bakterien, Viren etc. zu Hilfe, die ja in großer Zahl immer zugegen sind bzw. zeitlich begrenzt auch gehäuft auftreten. Sie vermehren sich und wirken dann, wenn sie im Körper eines Menschen den richtigen Nährboden auffinden. Nicht übermäßig verschlackten Menschen können sie nichts anhaben – deshalb wird ja bei einer Epidemie bei weitem nicht jeder krank! Die Krankheitssymptome sollen dem Menschen signalisieren, daß er Ruhe benötigt, damit mit einer Gewaltanstrengung die angesammelten Gifte in größerem Umfang als normal ausgeschieden werden können. Wenn Sie aber den Krankheitserreger bekämpfen, dann wird die Entgiftungskrise zu schnell beendet, der Reinigungseffekt ist zu gering, so daß bald eine neue oder andere Krise nötig wird.

Fast jede Krankheit ist letztlich eine nützliche Entgiftungserscheinung des Körpers, die er selbst produziert hat bzw. zuläßt. Krankheitserreger von außen helfen ihm dabei. Er gibt ihnen nach seinen individuellen Vorstellungen den geeigneten Nährboden und die günstigste Gelegenheit. Dabei spielen natürlich psychische Vorgänge eine wichtige Rolle, auf die hier nicht eingegangen werden kann. Jeder Mensch hat seine individuell typischen Schwachstellen, an denen vorwiegend entschlackt wird. Deshalb neigen die einen mehr zu sogenannten Erkältungskrankheiten, andere wieder eher zu Gliederschmerzen usw.

Die Schulmedizin belastet den Körper

Die Medikamente, welche die allopathische (Schul-)Medizin verabreicht, sind fast alle starke Gifte. Nur die Tatsache, daß sie in relativ geringen Dosen von wenigen Milligramm bis Gramm gegeben werden verschleiert diese Tatsache – allerdings nur mühsam. Jedes Kind weiß heutzutage von den extrem gefährlichen Nebenwirkungen, die sehr viele Medikamente haben. Viele Medikamente sind gefährliche Räuber von lebenswichtigen Stoffen wie Mineralien und Vitaminen. Und vor allem: der Körper will entgiften. Anstatt dies zu unterstützen, werden dem Körper noch zusätzlich Stoffe eingetrichtert, die ihm fremd sind und die er selbstverständlich schleunigst abbauen und wieder ausscheiden will. Die fahrlässig überlastete Ausscheidungskapazität ist aber das Grundübel. Dieses wird durch die Medikamente noch verstärkt.

Die Homöopathie unterstützt den Körper

Wie aber sind denn dann die Medikamente der Homöopathie beschaffen? Belasten diese nicht? Wirken sie grundsätzlich anders? Dazu muß man wissen, daß die Homöopathie mit sogenannten potenzierten Medikamenten arbeitet. Das bedeutet, daß der Wirkstoff mit Alkohol oder Milchzucker unter Schütteln oder Reiben im Mörser nach bestimmten Regeln verdünnt wird. Dies wir zum Teil derart häufig gemacht, daß zum Schluß rein naturwissenschaftlich der verdünnte Stoff gar nicht mehr nachgewiesen werden kann. Zudem werden immer nur wenige Tropfen von dieser Verdünnung eingenommen. Rein substanziell fällt für die Ausscheidungsorgane des Körpers also fast nichts an, was sie bewältigen müßten. Die stark verdünnten Substanzen werden durch den Verdünnungsvorgang aber in ihrer Wirkung potenziert, das heißt, erheblich verstärkt – ein Vorgang, der wissenschaftlich zur Zeit noch nicht erklärbar ist. Das potente Wirkmuster der Ausgangssubstanz wird in Form von Schwingungen, in Form von Energie auf das Lösungsmittel übertragen und kommt so zur Wirkung.

Vertrauen auf die Weisheit des Körpers

Die homöopathische Medizin unterstützt also ohne weitere Belastung mit auszuscheidenden Substanzen das Bemühen des Körpers zur Selbstreinigung. Die Krankheiten, die jede Art von Medizin zu heilen bemüht ist, beruhen wie beschrieben auf einer Vergiftung des Körpers. Es ist von ganz elementarer

Wichtigkeit, den Körper in einem solchen Krankheitsfall frei gewähren zu lassen. Vertrauen Sie auf die Weisheit des Körpers. Er weiß es besser als Sie, wie er sich gesund erhält! Die Entschlackungsphänomene, die Krankheitssymptome dürfen nicht unterdrückt werden! Sie müssen durch Bettruhe, Fasten und Wassertrinken unterstützt werden. Früher war vielen von uns diese Volksweisheit geläufig. Heutzutage sind wir so beschäftigt, daß wir keine Zeit mehr für die gründliche Ausheilung von Krankheiten haben. Es ist uns nicht bewußt, wie sehr wir uns schaden, wenn wir die Symptome mit Medikamenten verdrängen. Häufig will uns die Krankheit auch geistig etwas sagen. Auch das hören wir meist erst dann, wenn der Körper ganz massiv revoltiert oder sich ein Unfall ereignet. Warum lassen wir es erst so weit kommen anstatt schon beim ersten kleinen Anzeichen zu reagieren?

Verdienstvolle Notfallmedizin

In den meisten Fällen hat der Körper selbst genügend Kraft und Weisheit, den Entgiftungsvorgang alleine durchzuführen, wenn man ihn nur läßt und nicht noch zusätzlich durch allopathische Medikamente vergiftet. Selbstverständlich schließt dieser Ansatz unmittelbar lebensbedrohende Situationen aus, wenn der Körper durch jahre- oder jahrzehntelange unzweckmäßige Behandlung und falsche Lebens- und Ernährungsweise so extrem geschädigt ist, daß er nicht mehr genügend Lebenskraft besitzt, sich alleine selbst zu helfen. Wenn es nur noch ums nackte Überleben geht, wenn die Krankheitserreger sozusagen nicht mehr als unterstützende Helfer fungieren sondern selbst regieren, dann ist Symptombehandlung, dann ist ein Kampf gegen diese Erreger sinnvoll und angezeigt. Allerdings sollte man es wirklich nicht versäumen nach einem Wiedererstarken, eine Grundreinigung des Körpers durchzuführen, damit es nicht mehr so weit kommen kann. Auf dem Gebiet der Unfallchirurgie und der Notfallmedizin hat die Schulmedizin also durchaus ihren Platz und ihre unbezweifelbaren Verdienste.

Wie gesund sind wir wirklich?

Die meisten von uns sind nicht wirklich gesund, was bedeutet, daß alles im Körper optimal arbeitet, daß nirgendwo sich Unrat anhäuft und die Funktion behindert. Die meisten Menschen vergiften sich jedoch langsam aber sich mit Messer und Gabel. Die Symptome sind anfangs schwach und erträglich und nehmen sukzessive zu, manche auch ab, weil die Nerven unsensibler werden. Der Köper verschleimt und verschlackt aber immer mehr und wird dadurch Schritt für Schritt funktionsuntüchtiger. Medikamente der allopathischen Medizin liefern hier keine wirkliche Hilfe mehr. Nur eine Grundreinigung unterstützt durch homöopathische Mittel und andere alternative Behandlungsweisen kann ehrliche, dauerhafte Abhilfe schaffen. Nur eine optimale Ernährung führt zu optimaler Gesundheit – das ist ebenso banal wie wahr. Der Weg dahin führt über die jeweilige Person und Situation individuelle, harmonische Ernährung, die jeder für sich selbst durch Experimente herausfinden kann. Dazu finden Sie in diesem Buch erste Anregungen, als weiterführende Lektüre rate ich Ihnen mein Buch „Harmonische Ernährung“ (vgl. das Literaturverzeichnis).

Zusammenfassung:

Die physische Grundursache für Krankheit ist Verschlackung durch mangelnde Entgiftung. Die Menschen tragen viele Kilogramm Schlacken mit sich herum. Krankheit ist eine Entgiftungskrise, die Erreger sind die Helfer dabei. Schulmedizin belastet den Körper, die Homöopathie unterstützt den Körper bei der Entgiftung. Vertrauen Sie auf die Weisheit des Körpers und unterstützen Sie die Entgiftung durch Fasten, Wassertrinken und Ruhe! In der Notfallmedizin hat die Schulmedizin ihre Domäne. Wir sind nicht wirklich gesund. Wir vergiften uns durch eine falsche Lebensweise, durch eine verpestete Umwelt und vor allem auch mit Messer und Gabel.

Der ganzheitliche Ansatz

Was ist Gesundheit?

Gesundheit und Wohlbefinden hängen nicht nur von der richtigen Ernährung ab, wie uns so manches Buch einreden möchte. Es gibt eine ganze Reihe von Faktoren, die dabei eine Rolle spielen. Wenn man den Dingen auf den Grund gehen will, was dieses Buch versucht, dann ist ein ganzheitlicher Ansatz vonnöten. Die Zeiten, in denen man uns mit Halbwahrheiten abspeisen konnte, sind vorbei.

Gesundheit ist heutzutage alles andere als die Regel. Wenn Sie der Arzt gesund schreibt, so befindet er nur über die Arbeitsfähigkeit und sagt noch nicht einmal etwas darüber aus, wie leistungsfähig Sie wirklich sind. Das ist das niedrige Ende von Gesundheit. Was aber ist optimale Gesundheit? Man kann sagen, optimale Gesundheit ist dann vorhanden, wenn alles im Menschen so läuft, wie es von Natur aus vorgesehen ist: wenn im Körper keine schädlichen Ablagerungen vorhanden sind, wenn alle Organe optimal arbeiten, wenn der Organismus vor Energie und Schaffenskraft nur so vibriert, wenn Ausdauer, Fitneß und Widerstandskraft gegen Krankheiten im Überfluß vorhanden sind.

Lernplanet Erde

Man könnte meinen, daß man diesen Zustand erreicht, wenn man sein individuelles Potential, seine Veranlagung ausgeschöpft hat, wenn man mit seinem Lebensplan und den Lebensumständen in Übereinstimmung, in Harmonie ist. Dies ist in der Regel bestenfalls im hohen Alter der Fall, man spricht dann von Altersweisheit. Ihr Körper ist dann aber nach langen Jahren der Arbeit und der Mühen, des Erfahrens und Lernens meist in einem Zustand, der optimale Gesundheit rein biologisch nicht mehr zuläßt. Sie sind also immer nur auf dem Wege zu optimalem Wohlergehen. Und Sie können diesen Weg nicht mehr wie die Tiere instinktiv gehen, denn Ihre Bewußtseinsentwicklung hat Sie über diesen Stand weit hinausgeführt. Sie besitzen einen Verstand und Sie sind sich mehr oder weniger selbst bewußt. Mit diesen Fähigkeiten können Sie lernen und Erfahrungen machen, die dem instinktiv-natürlich lebenden Tier verschlossen sind. Im Laufes Ihres Lebens kann dabei ihre Bewußtheit wachsen. Dazu sind Sie auf diesem Planeten: Ihre Seele will Erfahrungen machen mit den niedrigen Schwingungen der irdischen Materie.

Dabei ist Ihre körperliche Hülle das Werkzeug für die Erfahrungen und Lernschritte, die Sie machen möchten. Viele, sehr viele, ja die meisten dieser Erfahrungen gehen nicht mit optimaler Gesundheit einher. Gesundheit ist deshalb für den heutigen Menschen kein normaler, natürlicher Zustand mehr. Viele Krankheiten sind keine unnötigen, lästigen Begleiterscheinungen sondern haben eine große Bedeutung. Sie treten auf, damit Sie Dinge begreifen, die Sie bis dato übersehen haben oder nicht für wahr haben wollten. Die optimale Gesundheit des Menschen gibt es nur in der Theorie. Immer wird der ein oder andere der weiter unten aufgezählten Faktoren nicht vollständig erfüllt sein. Und vor allem: Es dürfte nur wenige Menschen geben, deren einziges und Hauptziel es in diesem Leben ist, gesund zu sein.

Ich schreibe dies, um Sie vor überzogenen Erwartungen zu schützen und um die Überheblichkeit vieler Ernährungskonzepte zu vermeiden, die der Meinung sind, man müßte sich nur richtig ernähren und alle Probleme, auch die emotionalen, geistigen und seelischen (!) wären damit gelöst. Ich bitte Sie jedoch, nicht ins Gegenteil zu verfallen – wozu wir gerne neigen – und zu sagen, wir haben ja doch keinen wirklichen Einfluß. Es ist das alte Dilemma: Bemühen wir uns nicht, dann bekommen wir auch nichts geschenkt. Sind wir aber fanatisch und verbissen, dann verpassen wir die Geschenke . . .

Was steuert unsere Gesundheit im einzelnen?

1. Die Seele

Unsere unsterbliche Essenz, unsere Göttlichkeit, unser individueller Anteil am Gesamtbewußtsein – wie auch immer Sie das nennen wollen: hier ist der alles überlagernde, entscheidende Faktor. Dies ist unser individuell sehr verschiedener Kern, in dem alle Anlagen für unser Leben enthalten sind. Aus ihm ergibt sich, wie und in welchem Maße wir die weiter unten genannten Punkte beachten und damit Gesundheit erlangen. Die Seele ist auch die Grundlage für die extrem unterschiedlichen Anforderungen an die Ernährung und die übrigen Lebensumstände verschiedener Menschen. Jeder Mensch hat einen anderen Lebensplan, ihm sind andere Dinge wichtig, er will unterschiedliches lernen, er ist auf einem anderen Bewußtheitsniveau. Er hat dementsprechend eine verschiedene Konstitution, die sich in der Körperchemie ausdrückt (vgl. WAGNER, 1992), ein unterschiedliches Temperament. Unter dem Einfluß der Umwelt (Elternhaus, Schule, Kirche, Staat, Berufswelt etc.) entwickelt er einen eigenen Charakter, eine eigene Persönlichkeit, mit der er je nach Bewußtheit mehr oder weniger identifiziert ist.

Von Innen nach Außen

Sie erkennen, wie sich alles von innen nach außen entwickelt. Im Zentrum steht immer die alles von Grund auf steuernde Seele. Die Einflüsse von außen wirken nur modifizierend auf die Hülle (den Körper, die Persönlichkeit). Dessen sollten wir uns klar sein, damit wir unsere Umwelt und unsere Ernährung

Ein Gleichnis, die komplexe Welt zu begreifen:

Bei den Zecken lief alles bestens. Mit nur zwei Wahrnehmungskanälen ausgestattet, war ihr Überleben gesichert. Ihre Weltvorstellung basierte darauf, Dinge mit einer Temperatur von 37° Celsius und einer Ausdünstung von Buttersäure zu erkennen. Ihre Welt war solange in Ordnung, bis eines Tages ein Zeckenphilosoph verkündete, daß die Temperaturwahrnehmung eindeutig die wichtigere sei. Prompt fand sich ein anderer, der die Buttersäure favorisierte. Die gegensätzlichen Ansichten machten Schule, spalteten bald das gesamte Zeckenvolk und führten schließlich zu heftigen Glaubenskriegen. Erst als in neuester Zeit einige Zecken auf die Idee kamen, daß beide Fähigkeiten gleich wichtig seien, mehr noch, daß sie nur gemeinsam das Überleben ermöglichten, ließen die Streitigkeiten nach. Den jungen Zecken leuchtete die neue, ganzheitliche Sicht der Dinge sofort ein, viele alte jedoch hatten Schwierigkeiten damit oder hielten sie schlichtweg für Humbug. Derartige Differenzen pflegen sich weniger durch Diskussionen als durch die Zeit zu erledigen. Die Jungen wurden mehr, die Alten wurden weniger. Und am Ende war die Zeckenwelt wieder in Ordnung, mit dem einzigen kleinen Unterschied zu früher: Nun glaubte man – und dies nicht ohne eine gehörige Portion Stolz –, die Welt in ihrem komplexen, ganzheitlichen Zusammenspiel begriffen zu haben. Und nicht wenige sogenannte New-Age-Zecken waren sogar der felsenfesten Überzeugung, durch meditatives Eintauchen in ihre zwei Empfindungsvarianten, einen Weg zum Einssein mit dem gesamten Kosmos, mit seiner vielfältigen Ganzheit, gefunden zu haben.

Kampf der Zecken

nicht überbewerten. Wir können durch eine Umstellung unserer Eßgewohnheiten zwar positiven Einfluß auf unsere Gesundheit nehmen, wir müssen aber immer auch darauf achten, daß dabei unsere Bewußtheit wächst und wir uns nicht Dinge zumuten, die nicht zu uns passen. Bloßes Nachäffen von Rezepten und Regeln hat noch nie etwas gebracht. Wir bringen Ihnen in diesem Buch deshalb auch nur Experimentiervorschläge, die Sie daraufhin an sich selbst testen müssen, inwieweit sie zu Ihnen passen. Viele Menschen sind nicht zum Rohköstler, Vegetarier oder Abstinenzler geboren! Klares, reines, sauberes Wasser und reine Luft gehen dagegen so gut wie alle etwas an.

Der Urgrund Seele

Die tieferen Ursachen für Ihr Wohlergehen liegen immer im seelischen Bereich. Sie werden aufgrund Ihres Innersten sich diejenigen Lebensumstände aussuchen und diejenigen Speisen essen, die Ihnen eine Gesundheit oder Krankheit bescheren, die Sie benötigen, um ein bestimmtes Lernpensum zu absolvieren, bestimmte Erfahrungen zu machen. Vordergründig können Sie deshalb auch meist physische Ursachen für Krankheiten finden. Es genügt aber nicht quasi von außen aufgepfropft die physischen Einflüsse zu optimieren und keine Rücksicht auf die Seele zu nehmen, blind zu sein, für die höheren, religiösen Bedürfnisse des Menschen – genauso wenig wie es etwas nutzt täglich in die Kirche zu gehen und stundenlang zu beten und dabei seinen Körper, seine Ernährung zu vernachlässigen. Was ich damit meine ist, daß ein ganzheitlicher Ansatz nötig ist, der alles umfaßt, was den Menschen ausmacht. Ich kenne Menschen, die durch eiserne Willenskraft und preußische Zucht jahrzehntelang sehr gesund gelebt haben und trotzdem plötzlich von einer einfachen Infektion erfaßt und in die Arme der Notfallmedizin getrieben werden. Hier ist mit der Verbesserung der äußeren Faktoren der seelische, religiöse, bewußtseinsmäßige, der spirituelle Aspekt nicht mit gewachsen. Die Krankheit kommt dann als Warnsignal, zum Aufwachen. In meinem Buch „Harmonische Ernährung“ habe ich diese Zusammenhänge weiter ausgeführt und gezeigt, wie man zu einer harmonisierenden Ernährung kommt, wie man mit sich und der Umwelt in Einklang wächst.

2. Geistige, emotionale und soziale Gegebenheiten

Das Verständnis für gesundes Wachstum muß da sein und die Gefühle müssen eine Umstellung auf neue Eß- und Lebensweisen auch zulassen. Es hat wenig Zweck, wenn man Rohköstler wird, dabei seinen ganzen Freundeskreis verliert und schließlich in Furcht und Einsamkeit als verschrobener Fanatiker, Eigenbrötler oder engstirniger Moralapostel seine Tage fristet. Die meisten Menschen werden – ob es ihnen klar ist oder nicht – sehr stark von ihren Gefühlen beherrscht. Und deshalb ist es wichtig, wenn man sich erst einmal mit seinem Gefühlsleben anfreundet, sich seiner Gefühle bewußt wird, sich seine Begierden, Wünsche, Sehnsüchte, Gelüste etc. eingesteht und sie überwindet indem man sie zuläßt – soweit das möglich ist, ohne anderen zu schaden. Sie leben wie auf einem Vulkan, wenn Sie Ihre unbewußten oder bewußten Gefühle durch eine asketische Ernährung und Lebensweise unterdrücken. Eine solche Lebensweise führt nicht zu Gesundheit sondern zu Krankheit – auch wenn Sie noch so viel Rohkost essen und Fleisch und Wurst meiden. Der Mensch ist ein geselliges Wesen. Der Kontakt und freundschaftliche oder gar liebevolle Umgang mit den Mitmenschen ist ebenso nährend wie die Speisen die wir vertilgen (vgl. Kapitel „Wie's gemacht wird").

Und noch etwas: Sie können sich noch so gesund ernähren, wenn Ihr Leben von Angst, Hetze und Streß beherrscht wird, und Sie meist das tun, was Sie eigentlich – bei genauem Hinsehen – gar nicht wollen, wenn Sie also z. B. einen Beruf gewählt haben, der Sie nicht erfüllt, dann können Sie nicht mit Gesundheit, Schaffensfreude und Wohlbefinden rechnen. Bis zu einem gewissen Grad haben Sie Einfluß auf Ihre Umwelt, denn Sie wählen sie aus. Bitte werden Sie sich klar, ob sie am rechten Platz mit den richtigen Menschen leben und arbeiten und ändern Sie das gegebenenfalls mutig. Alles muß zusammenpassen! Es könnte auch auf Sie zutreffen: die meisten Menschen üben nicht den Beruf aus, der ihren Fähigkeiten entspricht, den sie wählen würden, wenn Sie sich genauer erforscht und mutig ja dazu gesagt hätten.

Ich stelle diese beiden Punkte an den Anfang, weil ich sie für die wichtigsten halte. Alles übrige kommt mit weitem Abstand danach. Seien Sie sich dessen bewußt. Wenn Sie sich verbessern wollen, arbeiten Sie gleichzeitig auf allen Ebenen.

3. Saubere Luft

Ohne Luft kann der Mensch bekanntlich nur wenige Sekunden bis ausnahmsweise Minuten leben. Die Luft ist von Natur aus so zusammengesetzt, daß sie uns unterstützt, vor allem ausreichend mit dem lebensnotwendigen Sauerstoff versorgt. Leider ist die Luft heute enorm mit Verunreinigungen belastet, das ist Ihnen bekannt. Ich brauche nicht weiter darauf eingehen, möchte Ihnen jedoch die Frage stellen, ob Sie auch genügend dafür tun, daß Sie zumindest in Ihren vier Wänden eine einigermaßen saubere Luft atmen: anders ausgedrückt: ist es Ihnen klar, daß Sie sich z. B. durch Rauchen extrem schaden? Nutzen Sie alle Möglichkeiten, wenigstens in der Freizeit bessere Luft zu atmen, wenn Sie schon nicht in ein Gebiet mit generell besserer Luft umziehen können?

4. Reines, sauberes Wasser

Das Wasser ist wirklich das wichtigste Nahrungsmittel; es gibt nur wenige Menschen, die sich heute noch darüber im Klaren sind. Klares, reines, stilles und möglichst mineralarmes Wasser ist das A und O der Gesundheit. Mit einem solchen Wasser können wir unseren Körper reinigen und vor neuen Schäden schützen. Ich gehe hier nur deshalb nicht näher darauf ein, weil Sie sich in den Wasserkapiteln dieses Buches ausführlich über die richtige Qualität von Trinkwasser und seine Bedeutung für den Menschen informieren können. Nur eines: Stellen Sie Ihr Trinkwasser in farblosen Flaschen einige Stunden an die Sonne. Es lädt sich mit Vitalität auf und schmeckt besser!

5. Sonnenlicht und kosmische Strahlung

Die Sonne ist die Voraussetzung für jegliches Leben auf diesem Planeten. Sie bringt die notwendige Temperatur und vor allem das Licht, das die Photosynthese der Pflanzen ermöglicht und sich auch auf den Menschen unmittelbar gesundheitsfördernd auswirkt. Denken Sie nur daran, wie der Mensch an Vitalität verliert, wenn er lange Zeit nur im Kunstlicht lebt oder wie die Menschen in den polaren Breiten im Winter leiden, wenn sie nicht genügend Sonnenlicht erhalten. Wir sind Sonnenkinder, STEINER sagt, wir seien komprimiertes Sonnenlicht, womit er sicherlich Recht hat, denn nach EINSTEIN läßt sich Energie in Masse verwandeln. Wir leben quasi vom Sonnenlicht und von der anderen Strahlung, die noch aus dem Kosmos auf unsere Erde herabströmt, dem sogenannten Sonnenwind (vgl. WEISE, 1991, S. 201 f.). Im Sonnenlicht ist die Lebensinformation für unsere Zellen enthalten. Sie alle kennen das, wie belebt, vitalisiert man sich nach Tagen unter freiem Himmel in der Sonne fühlt. Sicherlich dürfen wir nichts übertreifen. Auch hier schadet ein Zuviel – besonders auch im Hinblick auf das Ozonloch. Es wäre aber grundfalsch, nun aus Angst vor Hautkrebs zu Sonnenflüchtern zu werden. Übrigens: Je weniger verschlackt Sie sind, umso besser vertragen Sie das Sonnenlicht. Daß es besser ist, sich in der Sonne zu bewegen, als stundenlang zu braten ist Ihnen sicherlich bekannt.

6. Harmonische Ernährung

Die Nahrung rangiert in ihrer Bedeutung unter den physischen Faktoren für Gesundheit nach Luft, Wasser und Sonnenlicht an vierter Stelle. Es ist ein Gebiet, auf dem Sie viel bewirken können, denn schließlich kann die Nahrung unseren Körperzellen ebenfalls Vitalitäts- und Ordnungs-Informationen von der Sonne liefern, wenn wir lebende pflanzliche Zellen zu uns nehmen. Sie ist nicht in erster Linie Energiespender (vgl. Kapitel „Wie wir heute essen“). Das bedeutet aber nicht, daß Sie umgehend zum totalen Rohköstler werden müßten.

Ein humorloser Tropf ist nie gesund!

Jeder Mensch braucht die Nahrung, die mit allen übrigen Lebensumständen und vor allem seinem Innenleben im Gleichgewicht ist. Das nenne ich die „Harmonische Ernährung“, mehr davon erfahren Sie in meinem Buch mit dem gleichnamigen Titel und in anderen Kapiteln dieses Buches. Hier noch so viel: Nahrung befriedigt vielfache andere Bedürfnisse des Menschen, vor allem auf ästhetischem, emotionalen und sozialem Gebiet. Dies muß unbedingt berücksichtigt werden. Menschen haben die göttliche Gabe, Glück empfinden zu können und fröhlich zu sein. Essen kann dazu beitragen. Kopfige, unter Selbstzwang und Selbstgerechtigkeit verordnete Askese zerstört die Bereitschaft, den göttlichen Freuden-Funken zu erleben! Ein humorloser Tropf ist nie gesund!

7. Freizeit: Bewegung, Entspannung und Schlaf

Ausreichend Freizeit für körperliche Betätigungen, wie Sport, Wandern, für Entspannung wie Faulenzen, Stille und Meditation oder ausgleichende Tätigkeiten in Form von Hobbys sowie möglichst täglich genügend Schlaf in ruhiger Umgebung mit möglichst viel frischer Luft sind unabdingbar für eine gute Gesundheit und eine harmonische Entwicklung des gesamten Menschen, von Bewußtheitswachstum ganz zu schweigen. Daß die Menschen heutzutage in ihrer Freizeit viel ausgleichende Bewegung benötigen, ist Ihnen bei unseren meist bewegungsarmen Tätigkeiten klar, und viele beherzigen dies auch.

Regeneration in der Stille

Unterschätzen Sie aber auch die Ruhe nicht. Achten Sie vor allem darauf, daß auch Sie – wie jeder Mensch – immer wieder Zeiten brauchen, in denen Sie mit sich allein sind, in denen Sie sich auf Ihre eigenen Energien konzentrieren können, in denen Sie mit Ihren Gedanken und Gefühlen ins Reine kommen, in denen Sie Kontakt zu Ihrem Körper und dessen Bedürfnissen aufnehmen. Wenn Sie dieses Bedürfnis nicht spüren, rate ich Ihnen, sich trotzdem mehrmals wöchentlich, am besten täglich, in Ruhe hinzusetzen, die Augen zu schließen und für sich alleine zu sein. Viele Menschen umgeben sich ständig mit Hektik und Beschäftigung, weil sie Angst davor haben, das anzuschauen, was in ihnen hochkommt, wenn sie in die Stille gehen.

Schöpferische Momente

Ein bißchen Mut ist dazu schon nötig. Aber es lohnt sich. Sie können darauf vertrauen, daß nach einer anfänglichen Reinigungsphase alle entscheidenden und besonders schöpferischen Ideen aus der Stille kommen. Sie werden diese Momente schätzen und lieben lernen, bald werden Sie ein starkes Bedürfnis danach haben. Und auch Ihre Partnerschaft wird dadurch bereichert, wenn jeder dem anderen Zeit zur Besinnung gibt. Mit dem in diesen Zeiten Gewonnenen können Sie sich dann anschließend beschenken, beglücken. Das klingt zu fromm? Es ist handfeste Realität – ich spreche aus eigener Erfahrung!

Nur das Beste ist gut genug für Sie!

Fernsehen ist in der Regel weder entspannend noch besonders bildend. Seien Sie wählerisch. Lassen Sie nicht alles an sich heran, was der Markt hergibt. Ein paar Stunden in Ruhe im Park oder in Wald und Feld oder auch in einem Raum mit besonders angenehmen Schwingungen, wie z. B. in Ihrer Lieblingskirche bringen tausendfach mehr als belangloser Klatsch mit Ihren Skatbrüdern oder im Kaffeekränzchen, wenn auch das für viele zuzeiten nötig ist.

8. Körperhygiene und Kleidung

Äußere Sauberkeit und zweckmäßige Kleidung sind zwar nur periphere, aber wichtige Aspekte für die Gesundheit. Es ist keine schlechte Idee sich zu duschen und umzuziehen, wenn man von der Arbeit nach Hause kommt. Sie reinigen sich dabei nicht nur von Schweiß und Staub, Sie duschen gleichsam auch all die anderen Fremd-Energien von sich ab, die Sie den Tag über angesammelt haben und die Sie an der schöpferischen Entfaltung in Ihrer eigenen, persönlichen, individuell auf Sie abgestimmten Umgebung behindern könnten. Daß Sie für Hygiene und Kosmetik nur möglichst natürliche Präparate verwenden sollten, erwähne ich nur am Rande. Lassen Sie nicht unnötig Chemikalien an sich heran, die der Körper weder kennt noch will. Die Hersteller wissen nichts von den subtilen Empfindungen und Regungen unseres ohnehin von der Umwelt gebeutelten Organismus. Sie kommen mit viel weniger Mitteln aus, als man Ihnen einredet und Sie schonen dabei sich selbst und ihren Geldbeutel.

Temperaturregelung hat Vorrang

Die Kleidung hat in erster Linie die Aufgabe der Temperaturregelung, dann erst die Aufgabe des Aussehens. Denken Sie beim Einkauf daran und bevorzugen Sie Gewebe aus Naturfasern. Meiden Sie Synthetiks und Kunststoff, einengende und Luft und Wasserdampf absperrende Kleidung. Dies gilt auch für Ihr Bettzeug. Ein gutes Bett in einem Zimmer, das möglichst nur zum Schlafen dient und deshalb keinerlei unnützen Firlefanz enthält ist von großer Bedeutung, schließlich bringen sie mindestens ein Drittel Ihres Lebens im Bett zu! Sparen Sie nicht an einem guten Holzgestell und einer Naturmatratze aus Latex, Roßhaar oder anderen natürlichen Materialien.

<u>Zusammenfassung</u>

Ihre Gesundheit hängt von folgenden Aspekten ab:

1. Der seelische Bereich
2. Der geistige, emotionale und soziale Bereich
3. Saubere Luft
4. Reines, sauberes Wasser
5. Sonnenlicht und kosmische Srahlung
6. Harmonische Ernährung
7. Freizeit: Bewegung, Entspannung und Schlaf
8. Körperhygiene und Kleidung

Alle diese Aspekte müssen beachtet werden, wenn Sie gesund sein wollen.

Richtiges Timing

Das unzeitgemäße Konzept

Frühstücken wie ein Kaiser, Mittagessen wie ein König und Abendessen wie ein Bettelmann; so geht der Spruch, den wir als Kinder lernten. Das klingt logisch und richtig: Wenn man früh viel ißt, hat man viel Energie für den ganzen Tag, wenn man abends wenig ißt, schläft man besser. Bertrachtet man die Regel aber näher, dann fällt die Tatsache auf, daß die Energie eines traditionellen Frühstücks oder eines Morgenmüslis dem Körper erst zur Verfügung steht, wenn ein Großteil des Tages längst vorbei ist. Erst müssen die Speisen verdaut und aufgenommen werden – und das dauert bei Müsli, Brot, Eiern, Käse, Wurst etc. bis in den späten Nachmittag hinein. Das beschriebene Frühstück verbraucht aber reichlich Energie zur Verdauung all der schweren und falsch kombinierten Nahrungsmittel. Früher, als die Menschen morgens aus dem Haus aufs Feld oder in den Wald gingen und erst abends nach reichlich körperlicher Arbeit nach Hause kamen, damals hatte das Konzept mit dem üppigen Frühstück noch durchaus seine Berechtigung. Man wollte sicher gehen, den Tag über gesättigt zu sein und man wollte sich nicht allzusehr mit mitgeschleppter Brotzeit belasten.

Die Organe arbeiten rhythmisch

Von der Schwerverdaulichkeit der gewählten Speisen einmal abgesehen, war das Konzept auch insofern zumindest nicht unsinnig, als der Magen vormittags besonders leistungsfähig ist, wie Sie auf der sog. Organ-Uhr ablesen können (da SILVA, 1990). Namhafte Experten haben nämlich seit Jahrtausenden festgestellt, daß die Verdauungssäfte nicht immer dann in gleicher Stärke fließen, wenn man ißt. Die Fähigkeit unseres Verdauungsapparates ist vielmehr tageszeitlich geregelt. Wie im Kapitel „Partnerwahl“ ausführlich dargestellt, fließen die Verdauungssäfte auch in verschiedener Zusammensetzung, je nach dem, was man gegessen hat.

Es konnte nachgewiesen werden (SCHMIDT, 1974, S. 12ff.), daß die Leber eine von den Mahlzeiten in hohem Grade unabhängig, rhythmische Funktion mit abwechselnd aufnehmend-speichender und wieder abgebender Tätigkeit hat. Die Leber folgt dem 24-Stunden-Rhythmus, den SCHMIDT als Erdatmungs-Rhythmus bezeichnet. Sie reichert dabei das Glycogen (in dieser Form wird im Körper Zucker gespeichert) in der Einatmungsphase der Erde bis 3 Uhr nachts an, um es dann in die Morgenstunden hinein bis mittags 15 Uhr in das Blut als Zucker auszuströmen. Daraus ersehen Sie, daß Sie vormittags keine Energie in Form von Nahrung hinzufügen brauchen, Sie profitieren von der Energie der Speisen des Vortages!

Umgekehrt dazu läuft die Gallensekretion: sie zeigt ihr Maximum um 15 Uhr im Höhepunkt der Ausatmungsphase der Erde und hat ihr Minimum

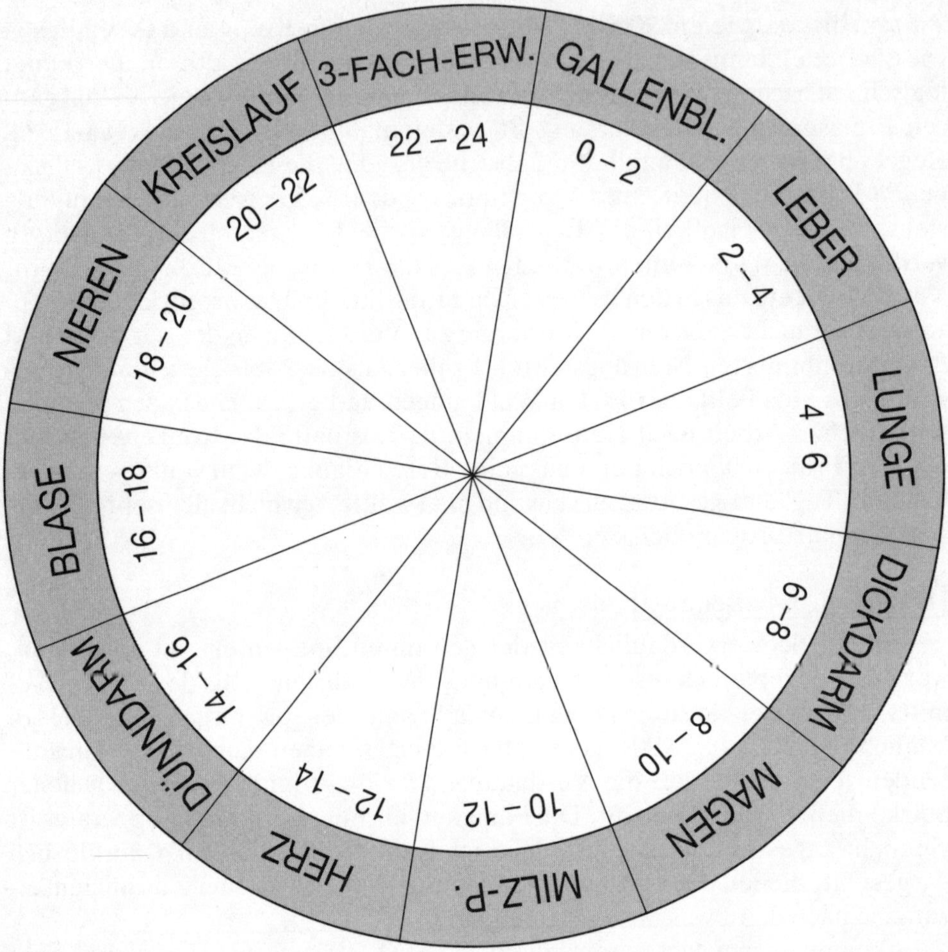

Die Organe sind in den angegebenen Zeiten besonders leistungsfähig!

nachts um 3 Uhr. Dies zeigt klar, daß eine Mahlzeit, die mittags gegessen wurde, leichter verdaut werden kann als eine die abends oder gar nachts verzehrt wurde. Nach 20 Uhr sollten Sie deshalb möglichst nichts mehr essen – höchstens Obst, dieses aber nur auf leeren Magen.

Der entscheidende Zyklus

Von 12 Uhr mittags bis 20 Uhr abends ist der Organismus vorwiegend auf Nahrungsaufnahme und Verdauung im Magen eingestellt. Von 20 Uhr bis 4 Uhr früh funktionieren die Verdauung im Dünndarm und die innere Aufnahme der einzelnen Nahrungsbestandteile durch den Blutstrom am besten. Von 4 Uhr früh bis 12 Uhr mittags ist der Organismus mit Ausscheidung all der Stoffe beschäftigt, die er nicht mehr benötigt, die ihn vergiften, wenn er sie nicht mehr los wird. Deshalb haben viele Menschen früh und vormittags wenig oder keinen Hunger – ein natürliches, richtiges Signal des Körpers. Wenn Sie in dieser Zeit essen, behindern Sie nämlich die Ausscheidung. Viele Kinder wollen nicht frühstücken und werden dann zu Unrecht von ihren Eltern dazu gezwungen. Damit wird das natürliche Signal unterdrückt und sie leiden dann ein Leben lang unter mangelnder Ausscheidung.

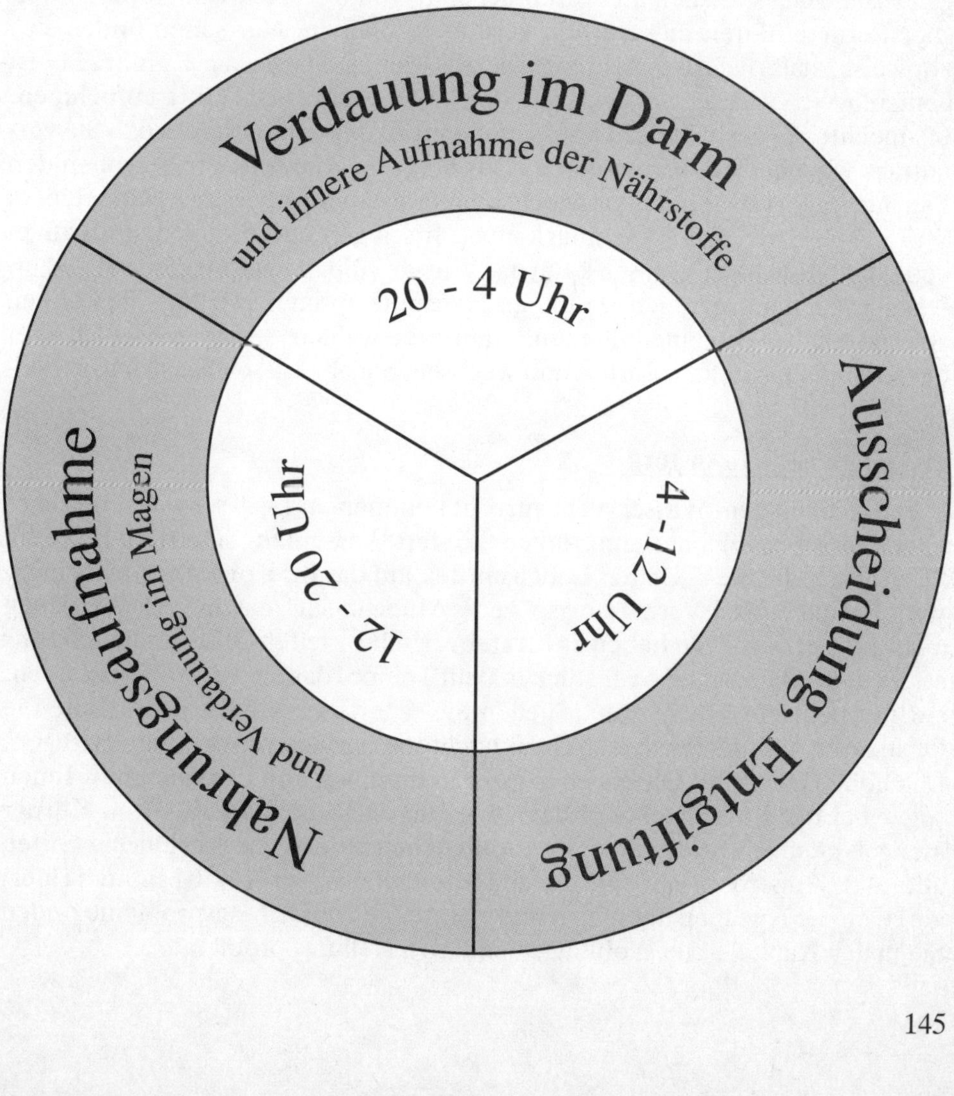

Die Entgiftung nicht behindern!

Dieser Zyklus, der sich wissenschaftlich einwandfrei nachweisen läßt und den jeder Mensch bei sorgfältiger Beobachtung an sich selbst bestätigen kann, zeigt eindeutig, daß der alte Spruch in die Irre führt. Wenn Sie wie ein Kaiser frühstücken, behindern Sie Ihren Körper massiv bei seinem lebensnotwendigen Hausputz. Wenn dieser nicht gründlich erfolgen kann, weil sich der Körper mit neuer Nahrung beschäftigen muß, bleiben Stoffwechselreste, Unverdauliches, Umweltgifte und Nahrungsfremdstoffe etc. im Körper zurück und führen auf die Dauer zur Verdauerung und Verschlackung Ihres Organismus und damit langsam aber sicher zu Energielosigkeit und Krankheit.

Frühstücken wie ein Bettelmann

Fast alle Ratschläge und Empfehlungen, Regeln und Konzepte zur richtigen Ernährung sprechen im Wesentlichen davon, was Sie dem Körper in welcher Form zuführen müssen, um gesund zu bleiben. Nur selten finden sich Hinweise, daß die Ausscheidung ebenso wichtig ist wie die Zufuhr. Sie ist heutzutage so wichtig wie noch nie, da wir besonders viele Gifte aufnehmen. Ich möchte Sie deshalb dazu anregen, damit zu experimentieren, daß Sie vormittags wie ein Bettelmann essen! Das heißt im Klartext: Sie beginnen den Tag mit einem Glas stillem, möglichst mineralarmen, am besten völlig reinem Wasser, dem Sie nach Geschmack etwas frisch gepreßten Zitronensaft zugeben können. Je nach Wunsch kann das Wasser kühl, lauwarm oder warm sein. Das setzt den morgentlichen inneren Hausputz optimal in Gang. Sie können aber durchaus auch einen dünnen Kräutertee wählen – suchen Sie sich aber die zu Ihnen passenden Sorten und wechseln Sie ab. Lassen Sie sich gegebenenfalls beraten!

Das himmlische Frühstück

Falls Sie mit dem Wasser nicht zurecht kommen und sich schwach, unsicher oder energielos fühlen, dann trinken Sie statt Wasser langsam frisch gepreßte Obstsäfte, oder Sie essen das Lebensmittel, auf das Ihr Körper optimal eingestellt ist und dessen Verdauung so wenig Mühe macht, daß die Ausscheidung nicht gestört wird; Sie haben es erraten: frisches, reifes Obst. Stellen Sie Ihr erstes und/oder zweites Frühstück in dem Tempo, das Sie verkraften können, auf frische, reife Früchte um. Suchen Sie sich dabei durch Experimente die Obstsorten aus, die Sie morgens auf nüchternen Magen am besten vertragen. Der hohe Gehalt des Obstes an Wasser, Vitaminen und Enzymen hilft Ihnen sogar bei der Entschlackung, dem Abbau von Depots an alten, im Körper mangels genügend Ausscheidung verbliebenen Stoffwechselresten und Giften aller Art. Außerdem gibt eine Obstmahlzeit schon nach 15–30 Minuten Energie! Genaue Angaben über Obst und eventuelle Umstellungsprobleme finden Sie in den Kapitel „Die Wohltäter“ und „Umstellungsprobleme“.

Das traditionelle Frühstück zugunsten von rohem Obst wegzulassen, gehört zum Besten, was Sie sich und Ihrer Gesundheit antun können. Wenn Sie allein dies verwirklichen, werden Sie bereits ein neuer Mensch werden, weil Sie endlich der Ausscheidung von Giften gebührend Rechnung tragen. Probieren Sie es aus!

Mittags Rohkost und Salat

Mittags essen Sie am besten Salat und Rohkost (incl. Sprossen), denn von Menschen mit schwacher Verdauung wird Rohkost mittags besser verdaut als abends. Auch Samen und Nüsse würde ich aus diesem Grunde mittags essen. Wenn Sie eine starke Verdauung haben und es gut vertragen, dann können Sie abends wieder roh essen, wählen aber am besten die leichter verdaulichen Stengel-, Blatt- und Blütengemüse und die Gemüsefrüchte (Tomaten, Gurken, Paprika, Zucchini, Avocado) oder Obst, kauen sehr sorgfältig und essen möglichst frühzeitig, ab besten schon um 18 Uhr.

Abends schonend Gegartes

Wenn Sie eine schwache Verdauung haben, kann es sein, daß Sie Rohkost, ja unter Umständen sogar Obst abends nicht gut vertragen. Probieren Sie stattdessen eine schonend gegarte Gemüsemahlzeit aus, wozu sich Wurzelgemüse besonders eignet. Zur besseren Sättigung reichern Sie die Mahlzeit mit wenig gequollenem, erhitztem Getreide an: experimentieren Sie mal mit Hirse oder Buchweizen!

Wein schmeckt auch nach dem Essen

Trinken zu den Mahlzeiten ist eine Unsitte. Sie verdünnen dabei die Magensäfte und behindern deshalb die Verdauung. Es ist besser eine halbe bis eine Stunde vor dem Essen so viel Wasser zu trinken, daß Sie zu Beginn der Mahlzeit keinen Durst mehr verspüren. Sie kommen dann auch nicht so leicht in die Lage, zu viel Obst in sich hineinzustopfen, nur weil Sie vielleicht Durst haben. Es ist zwar theoretisch gut, das benötigte Wasser aus Obst und Gemüse zu beziehen, praktisch führt das aber erfahrungsgemäß zum zu viel Essen. Nach dem Essen sollten Sie wenigstens eine Stunde warten, bevor Sie wieder etwas trinken.

Zusammenfassung:

Die Organe des menschlichen Körpers arbeiten rhythmisch im Tagesablauf. Nicht zu jeder Tageszeit stehen gleiche Mengen an Verdauungssäften zur Verfügung. Von 4 Uhr bis 12 Uhr vormittags ist der Körper auf Ausscheidung programmiert. Dies wird durch das traditionelle Frühstück verhindert, was schwerwiegende gesundheitliche Folgen hat. Frühstücken Sie deshalb wie ein Bettelmann! Fasten Sie vormittags und trinken Sie nur mineralfreies Wasser oder essen Sie reifes, frisches Obst. Das unterstützt die Entschlackung. Fürs Mittagessen bieten sich Rohkost und Salat an, weil die Verdauung mittags besser funktioniert als abends. Schonend Gegartes ißt man bei schwacher Verdauung am Abend. Trinken Sie nicht zum Essen.

Partnerwahl

Verdauungssäfte in individueller Dosierung

Wenn Sie etwas essen, dann riechen Sie die Speise normalerweise zuerst und fangen dann an zu kauen. Noch bevor die Speise schließlich im Magen ist, haben die Verdauungsorgane mit Hilfe der Duft- und Geschmacksstoffe, die durch die Schleimhäute direkt in die Blutbahn gelangen, bereits Kenntnis davon erlangt, was sie erwartet. Es liegt auf der Hand, daß die Meldungen um so eindeutiger sind, je weniger Verschiedenes gegessen wird und deshalb werden die Verdauungssäfte dann in präziserer Zusammensetzung fließen. Wenn Sie eine Mahlzeit essen, die nur aus einem einzigen Lebensmittel besteht, etwa aus Heidelbeeren, dann kann der Organismus zur Verdauung ganz präzise und äußerst ökonomisch vorgehen und keine schädlichen Rückstände im Körper zurücklassen – vorausgesetzt natürlich, er ist gesund.

Wenn Sie Stärke, also etwa Brot essen, dann wird der Speichel besonders viel von dem Ferment Ptyalin enthalten, das für die Verdauung von Stärke benötigt wird, das Milieu im Magen wird – zumindest im oberen Abschnitt – annähernd neutral bleiben, so daß die Stärkeverdauung dort weiter gehen kann und auch weiter unten wird verhältnismäßig wenig Salzsäure ausgeschüttet werden, denn sie behindert die Verdauung der Stärke indem sie das Ptyalin zerstört. Wenn Sie jedoch Käse essen, dann ist im Magen viel Salzsäure nötig, weil Protein im sauren Milieu verdaut wird.

Freilich sind die meisten Lebensmittel Mischungen aus den verschiedenen Nahrungsbestandteilen, die meisten enthalten Stärke und Protein. Solange es sich um stark wasserhaltige Lebensmittel wie Gemüse, Salat und Obst handelt spielt das für die Verdauung jedoch keine Rolle. Diese Bestandteile sind in den Pflanzen so fein verteilt, und in nur so kleinen Mengen enthalten, daß die Verdauung für den gesunden Organismus kein Problem darstellt. Problematisch wird es erst, wenn Sie konzentrierte, wasserarme Lebensmittel miteinander mischen, die hohe Prozentsätze an Protein, Stärke und Fett enthalten oder die stark sauer reagieren.

Die Schulmedizin, die konventionelle Ernährungslehre und sogar die Vollwertrichtung sehen kein Problem darin, viel durcheinander zu essen. Außer daß Zucker und Rohkost sich nicht vertragen kennen sie keine Kombinationsregeln, ja es wird sogar immer wieder gegen die hier vertretenen Grundsätze polemisiert. Lassen Sie sich davon nicht irre machen. Probieren Sie die hier vorgetragenen Regeln einfach einmal in Ruhe aus und dann wissen Sie, ob sie bei Ihnen wirken. Es gibt Millionen von Menschen, die davon schon viel profitiert haben – diese Menschen sind das Zeugnis dafür, daß diese Regeln stimmen und äußerst segensreich auf den Körper wirken. „Richtig ist, was wirkt" – das sollte Ihr Grundsatz sein. Es kommt nicht darauf an, ob nun die Argumente für oder gegen in allen Einzelheiten auch zutreffen oder ob diese Regeln aus Gründen wirken, die noch nicht bekannt sind. Entscheidend ist, daß sie wirken – und das tun sie auf jeden Fall. Sie werden es selbst spüren.

1. Die oberste Regel lautet: Essen Sie in ein und derselben Mahlzeit möglichst wenig verschieden Lebensmittel. Am leichtesten, effizientesten, vollständigsten und den Körper am besten versorgensten sind Monomahlzeiten zu verdauen – also Mahlzeiten, die nur aus einem Lebensmittel – etwa aus einer Sorte Frucht – bestehen. Das bietet sich für die vormittäglichen Früchtemahlzeiten an, etwa wenn Sie alle zwei bis drei Stunden je nach Appetit etwas Obst essen.

2. Konzentrierte Proteine (einweißhaltige Lebensmittel wie z. B. Fleisch, Fisch, Eier, Käse etc.) und konzentrierte Kohlehydrate (stärkehaltige Lebensmittel wie z. B. Brot, Nudeln, Kartoffeln etc.) dürfen nicht in ein und derselben Mahlzeit zusammen gegessen werden. Sie können sonst nicht ordentlich verdaut werden, belasten sehr und hinterlassen im Körper Schlacken und machen dick. Sie verbleiben zum Teil mehr als doppelt so lange im Magen (als richtig kombinierte Mahlzeiten), verursachen Völlegefühl, Aufstoßen und andere Beschwerden. Bis zu 70 % und mehr ihres theoretischen Energiegehaltes wird für die mühevolle Verdauung verbraucht. Wenn Sie abnehmen wollen, genügt es bereits, wenn Sie diese (Trennkost-)Regel beachten und vormittags nur Obst essen.

Sie müssen sich also vor jeder Mahlzeit entscheiden, ob Sie eine Kombination mit Protein oder eine mit Kohlehydraten essen wollen. Es kommt nur ein Entweder-Oder in Frage! Z. B. Steak mit Salat, Omelette mit Salat bzw. Gemüse mit Käse gratiniert oder Kartoffeln mit Rahmspinat bzw. Vollwert-Spaghetti (ohne Ei) mit Gemüse, Olivenöl und Knoblauch. Vorbei sind die Zeiten der grandiosen Fehlkombinationen: Steak mit Pommes frites, Fischfilet mit Reis, Pizza mit Käse, Rührei auf Toast, Hamburger oder Fischbrötchen! Bereiten Sie Ihre Pizza mit Gemüse und Sahne – dann macht sie keine Probleme.

3. Kohlehydrathaltige Lebensmittel (solche mit Stärke oder Zucker), wie z. B. Brot, Kartoffeln usw. dürfen nicht mit Saurem kombiniert werden, also z. B. nicht mit einer Sauce, die Essig oder Zitrone enthält oder z. B. nicht mit Sauerkraut oder Tomaten (Spaghetti mit Tomatensauce!). Die Säure würde das Ptyalin des Speichels zerstören, das für die Verdauung der Kohlehydrate verantwortlich ist. Auch Kombinationen von Stärke und Zucker sind von Übel: Der Speichelfluß richtet sich dann nach dem Zucker und enthält kein

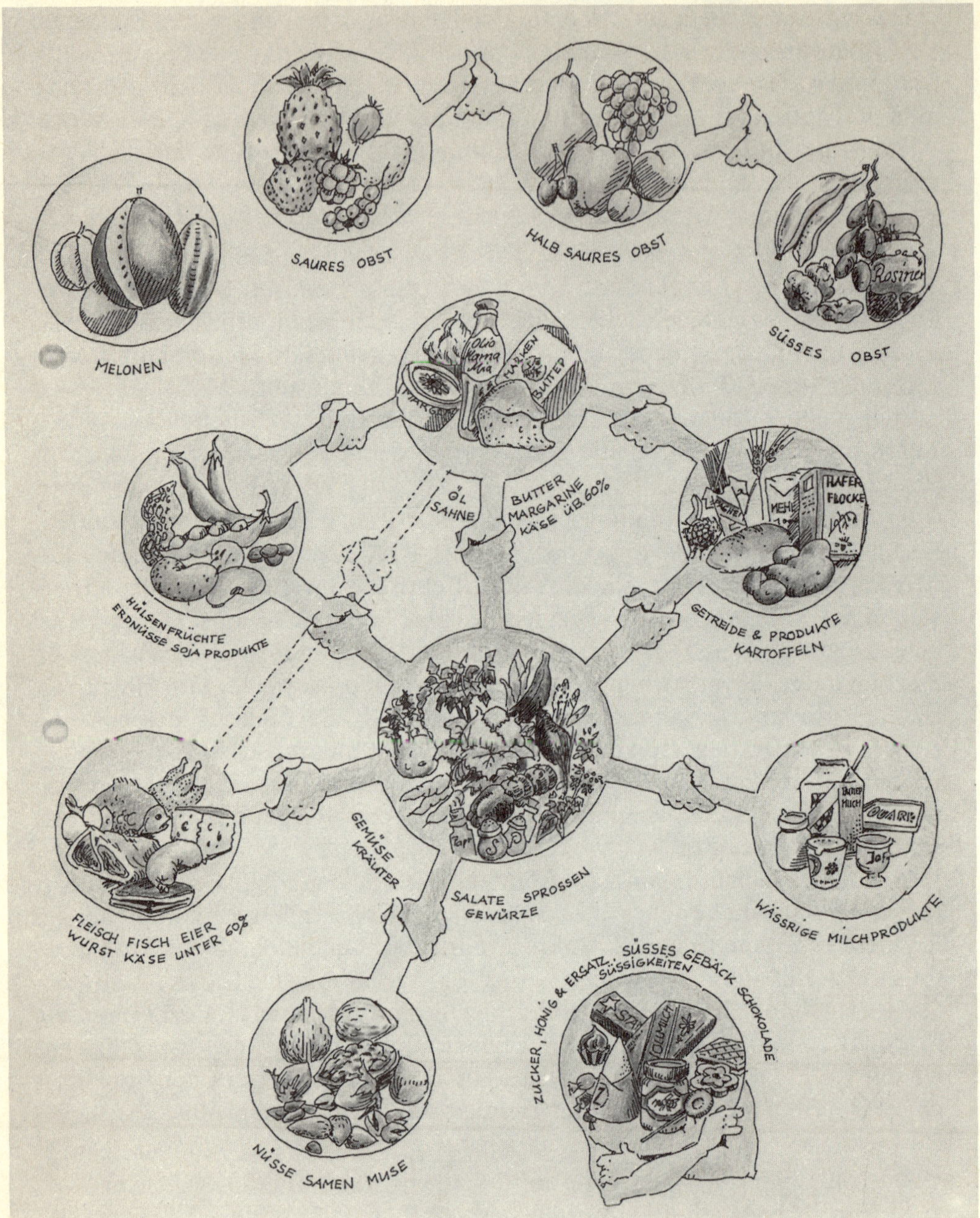

Lebensmittelkombinationstabelle: Nur die direkt verbundenen Lebensmittel sind in Kombination optimal verdaulich!

Ptyalin, das zur Verdauung der Stärke nötig wäre. Auch nach Eiweißmahlzeiten sind süße Nachspeisen tabu. Gärung droht.

4. Obst sollte immer für sich alleine auf leeren Magen gegessen werden, weil sonst schädliche Gärungsprozesse auftreten. Obst verläßt den Magen bereits nach 15–20 Minuten (Melone früher, Bananen und Trockenfrüchte nach bis zu einer Stunde). Wenn Sie Obst mit anderen (konzentrierten) Lebensmitteln mischen, dann bleibt es zusammen mit den anderen Lebensmitteln zu lange im Magen und fängt an zu gären. Dabei entsteht Fuselalkohol, der Leber und Gehirn schädigt. Auch bei der unzureichenden Verdauung von Stärke kann Fusel entstehen. Keine Melone mit Parmaschinken mehr!

Weitere Einzelheiten über richtige Lebensmittelkominationen entnehmen Sie bitte der Lebensmittelkombinationstabelle. An das veränderte, leichtere Sättigungsgefühl nach richtigen Kombinationen werden Sie sich bald gewöhnen und Ihr Körper wird es Ihnen durch mehr Energie und Wohlbefinden danken!

Zusammenfassung:

Die Zusammensetzung der Verdauungssäfte richtet sich nach den gegessenen Speisen. Deshalb sind Monomahlzeiten am besten zu verdauen. Essen Sie deshalb Mahlzeiten mit möglichst wenigen verschiedenen Bestandteilen. Besonders schädlich sind Mischungen von konzentrierter Stärke mit konzentriertem Protein, von Stärke mit Saurem, und von allen anderen Lebensmitteln mit Zucker oder Obst, weil dabei Gärung auftreten kann. Mit richtigen Lebensmittelkombinationen läßt es sich besonders vorteilhaft experimentieren.

Die Wohltäter

Warum Rohkost?

Es spricht sich immer mehr herum, Obst, Salat und Rohkost machen gesund. Das Warum liegt auf der Hand, ich darf es wie folgt zusammenfassen:

1. Der gesunde menschliche Organismus ist von Natur her durch seine mehrere Millionen Jahre währende Entwicklung optimal darauf eingestellt, diese Lebensmittel zu verdauen und zu verwerten. Schließlich haben wir uns die meiste dieser Zeit überwiegend vegetarisch und von Rohem ernährt.

2. Lebene pflanzliche Zellen liefern neben den reinen Nährstoffen vor allem auch die Lebensenergie, die vitale Information für unsere Zellen, ohne die der höchst kompliziert aufgebaute menschliche Organismus auf Dauer nicht überleben kann. Diese Information wird durch die ultraschwache Lichtstrahlung der lebenden Pflanzenzellen übertragen. Diese Information ist auch besonders wichtig für unser Immunsystem.

3. Frisches, reifes Obst, Salat und Gemüse sind auch die Lebensmittel, die in der Regel am wenigsten Umweltgifte etc. speichern (verglichen mit tierischen und Industrieprodukten). Darüber hinaus enthalten sie so viel Wasser und Vitamine, Enzyme etc., daß sie die Entgiftung des Körpers optimal unterstützen.

Das Maximum an Gesundheitswert erreichen Sie, wenn Sie das Gemüse erst wenige Minuten vor dem Verzehren aus dem Garten ernten. Lange Lagerzeiten lassen wertvolle Stoffe schwinden, die Energie des Lebensmittels läßt nach. Eine frische, knackige Karotte aus konventionellem Anbau würde ich deshalb einer solchen aus Bioanbau immer dann vorziehen, wenn die Biokarotte schon so lange im Laden herumlag, daß sie bereits schlapp oder gar schrumplig geworden ist. Bioanbau in Ehren – eine gute Sache und Sie sollten diese Produkte schätzen und kaufen – aber nur wenn sie auch frisch sind. Wenn Sie keinen eigenen Garten haben, dann können Sie sich trotzdem mit ganz frischem Gemüse versorgen: mit Sprossen aus Getreide, Hülsenfrüchten und anderen Samen. Besorgen Sie sich eines der zahlreichen Bücher, die Ihnen sagen, wie's gemacht wird. Es ist kinderleicht, Sprossen zu züchten und Sie essen sie in voll lebendigem Zustand. Es ist unbeschreiblich, wieviel Gutes Sie sich dabei tun!

Damit diese Segnungen von Obst, Salaten und Gemüse auch dem Menschen zugute kommen, muß er einige Regeln beachten, wie er diese Lebensmittel zubereitet und ißt.

Wie man Obst ißt

Obst sollte man immer für sich alleine und auf leeren Magen essen. Obst hält sich nur 15–20 Minuten im Magen auf. Wenn Sie gleichzeitig oder kurz danach etwas anderes essen, dann bleibt das Obst länger im Magen und fängt an zu gären. Das schadet Ihnen. Wenn Sie eine korrekt kombinierte Mahlzeit und nicht zu viel gegessen haben, dann müssen Sie nach einer Mahlzeit in der Regel rd. drei Stunden warten, bis Sie wieder Obst essen können. Nach Salat und rohem Gemüse ohne Dressing brauchen Sie nur zwei Stunden zu warten. Nach einer richtig kombinierten Mahlzeit mit Fleisch müssen Sie vier Stunden warten, nach Fehlkombinationen bis zu acht Stunden (DIAMOND, 1987, S. 91). Auch wenn es sich nicht um eine Obstmahlzeit handelt: Es ist immer wesentlich besser, erst dann zu essen, wenn der Magen wieder leer ist.

Essen Sie saures Obst immer vor süßem Obst und Melonen immer zuerst oder für sich allein. Sie verlassen den Magen nämlich schon nach fünf bis zehn Minuten. Bananen halten sich bis zu einer Stunde im Magen auf, auch Trokkenfrüchte sind nicht so schnell verdaut wie wasserreiches Obst. Beide essen Sie deshalb am besten zuletzt oder für sich alleine. Wenn Sie Obst auf nüchternen Magen nicht vertragen, so liegt es daran, daß Ihr Magen nicht in Ordnung ist. Experimentieren Sie, Sie werden sicher einige Obstarten finden, die Sie trotzdem vertragen, z. B. Bananen. Im Laufe der Zeit können Sie, bei richtigem Obstgenuß, die Palette der Früchte, die Sie vertragen, erweitern. Und denken Sie daran: Die Ursache, daß Sie Früchte bisher nicht gut vertragen haben, könnte daran gelegen haben, daß Sie sie mit oder nach anderen Speisen gegessen hatten. Umstellungsprobleme werden im Kapitel „Umstellungsprobleme" betrachtet.

Zu viel Obst ist problematisch

Obwohl Obst von der Verdaulichkeit und den Inhaltsstoffen her gesehen die menschliche Idealnahrung darstellt, so treten bei zu reichlichem, mehr oder weniger ausschließlichem Obstkonsum Probleme auf, über die vor allem HUNTZIGER und PEITER berichtet haben. HUNTZIGER ist der Ansicht, daß bei überreichlichem Konsum vor allem süßer Früchte dem Körper zu viel Fruchtzucker zugeführt wird, mit dem er dann nicht richtig umgehen kann, so daß es zu Beschwerden kommt. Der menschliche Körper ist auf wildes, nicht überzüchtetes (nicht auf hohen Zuckergehalt getrimmtes) Obst eingestellt – aber wo bekommt man das heute noch? Diese Beschwerden beginnen mit extremer Abmagerung, der man fälschlicherweise glaubt, mit noch mehr und noch süßerem Obst (Trockenobst) begegnen zu müssen, was die Angelegenheit aber nur noch verschlimmert. Zu niedriger Blutdruck, Kältegefühle, Müdigkeit, Lustlosigkeit, Sehprobleme, Entzündungen, Muskelschmerzen und schließlich massive Probleme mit den Ausscheidungsorganen, vor allem auch den Nieren (Obst wirkt besonders kühlend auf die Nieren) und andere folgen. Der viele Zucker und die zu rasche Entgiftung der Altlasten treibt diese Menschen in die Arme der Notfallmedizin. Zu reichlicher Verzehr von Zitrusfrüchten heizt die Entschlackung oft zu stark an und die viele Fruchtsäure greift den Zahnschmelz an.

Ich schreibe dies hier nicht, um Sie vom Obstessen abzuhalten, sondern um Sie eindringlich darauf hinzuweisen, wie außerordentlich wichtig es ist, daß Sie auf Ihren Körper und Ihre innere Stimme hören. Dann kommen Sie erst gar nicht in die Verlegenheit, sich monatelang an süßen Früchten zu überessen. Wenn Sie sich auf den Instinkt allein verlassen, dann kann das schon passieren, denn unsere Obstsorten sind ja fast alle gezüchtet. Die von HUNTZIGER geschilderten Fälle kommen fas alle aus dem Lager der BURGERschen Instinktos. Es ist also wichtig, daß jeder das mengenmäßige Verhältnis zwischen den verschiedenen Lebensmittelarten aufgrund seiner ganz speziellen Bedürfnisse selbst bestimmt. Achtzig Prozent Obst ist für eine Entschlakkungskur sicherlich gut aber nur für wenige als Dauernahrung geeignet.

Salat- und Gemüseauswahl

Bei der Auswahl von Salat und Gemüse für eine Mahlzeit ist es zweckmäßig, eine Kombination zu wählen, die den Körper optimal versorgt. Dies er-

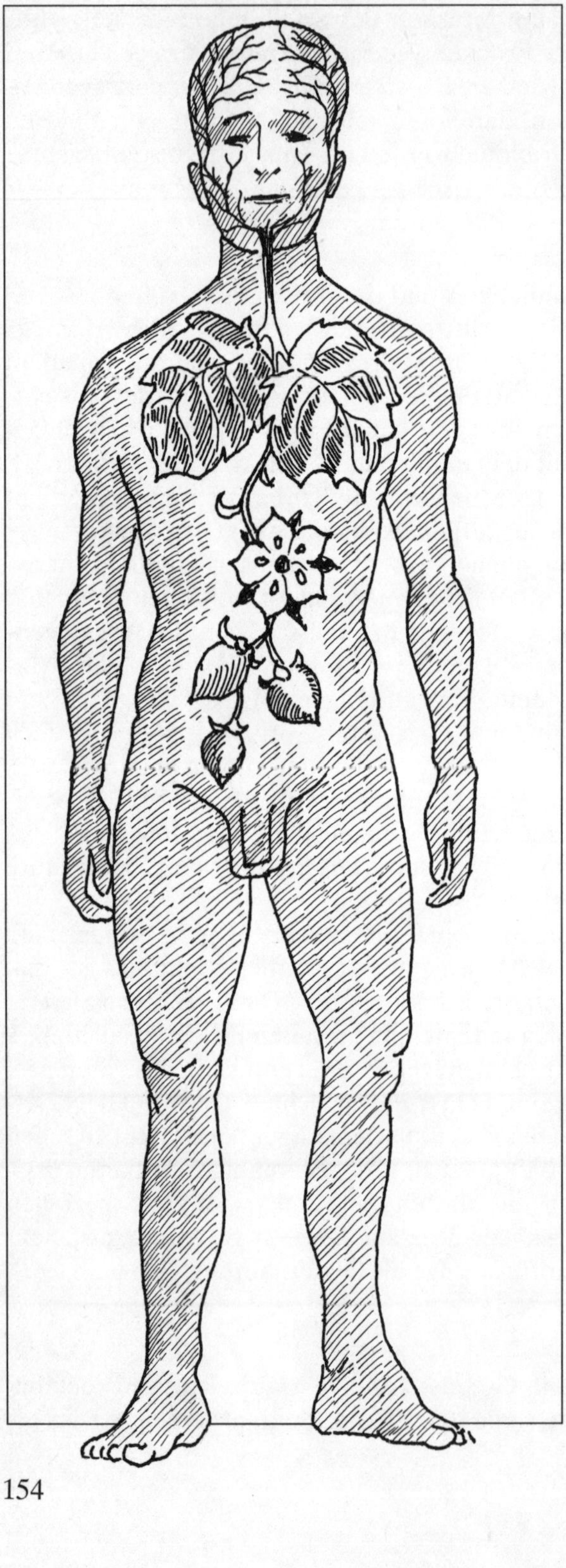

Wo die Pflanzenteile
im Menschen
wirken (nach STEINER).

reicht man, wenn alle Pflanzenteile vertreten sind, also Wurzel, Stengel, Blätter, Blüte und Frucht, z. B. Karotten, Stangensellerie, Radiccio, Brokkoli und gelbe Paprika. Dies ist sinnvoll, weil die verschiedenen Teile unterschiedliche Schwerpunkte in Inhaltsstoffen und feinstofflicher Energie besitzen und deshalb im Körper schwerpunktmäßig unterschiedliche Organbereiche ansprechen und nähren. Dabei wirken die Pflanzenteile von der Wurzel unten zu den Früchten und Blüten nach oben im Menschen umgekehrt vom Kopf oben zu den Füßen nach unten. Wurzelgemüse wie Karotten, Rettich, Pastinaken etc. stärken dementsprechend die Denkfähigkeit, während Obst dem Unterleib, also zum Beispiel dem Stoffwechsel zugute kommt. Blattgemüse stärkt vor allem Lunge und Kreislauf.

Weiterhin ist es gut, darauf zu achten, daß die verschiedenen Farben orange, weiß, rot, grün und gelb möglichst harmonisch vertreten sind wie bei dem obigen Beispiel: der optische Eindruck eines Salat- und Rohkosttellers hat einen nicht zu unterschätzenden Einfluß auf die Verdauung. Am gesündesten ist es zwar, seine Rohkost ohne Dressing unzerkleinert vom Stück aus der Hand zu essen. Dies ist jedoch nicht jedermanns Sache.

Zubereitung von Salat und Rohkost

Das Salat- und Gemüseschneiden sollte so erfolgen, daß die Lebenmittel möglichst wenig Energie und Inhaltsstoffe verlieren und daß der Rohkostgenuß nicht unter Kauproblemen leidet. Gar mancher ist rasch wieder davon abgekommen, weil er sich an roten Beeten, Kohlblättern oder Pastinaken „die Zähne ausgebissen hat“. Man kann ja auch mit den weicheren Varianten anfangen, fein schneiden und raspeln und sich so allmählich ins Rohe hineinessen.

Und vor allem: Gehen Sie liebevoll und sorgfältig mit den Rohprodukten um! Nur das garantiert ein Maximum an Vitalstoffen und Sonnenenergie. Wer mit stumpfen Messern am Gemüse herumsäbelt und es mit Reiben strapaziert, die aus Omas Küche stammen, der wird viel zerstören. Am besten hat sich ein japanisches Gemüsemesser mit sehr breiter, scharfer Klinge bewährt, mit dem man das Gemüse mit raschen durchgehenden Schnitten zerteilt. Es ist in der Regel auch nicht gut, Obst und Gemüse zu schälen. Zu viele der wertvollen Vitalstoffe wie Vitamine, Enzyme, Spurenelemente etc. sitzen nahe unter der Oberfläche und würden dann fehlen. Waschen Sie die Produkte gründlich mit einer Gemüsebürste aus dem Naturkosthandel. Sie können zwar Überreste aus Schädlingsbekämpfung und Umwelt nicht völlig entfernen, aber das ist das kleinere Übel.

Lassen Sie ganzes oder zerkleinertes Gemüse nicht längere Zeit im Wasser liegen, auch dann nicht, wenn Sie diesem im Reformhaus erhältliche Mineralsalzgemische zugesetzt haben. Welkes Gemüse wird dabei zwar prall. Aber das Wasser und die künstlich zugesetzten Mineralien nützen Ihrem Organismus überhaupt nichts. Kaufen Sie lieber frisches Gemüse. Ihre Gesundheit sollte Ihnen das wert sein.

Salatsauce und Dressings

Zerkleinern Sie Ihre Rohkost erst unmittelbar bevor Sie sie verzehren, da viele Vitalstoffe besonders sauerstoffempfindlich sind. Fein zerkleinert haben sie eine wesentlich größere Oberfläche, an welcher der Luftsauerstoff oxidierend angreifen kann. Praktisch bedeutet dies, daß Sie Ihre Salatsauce erst zubereiten und nach dem Zerkleinern der Zutaten sofort über den Salat bzw. die Rohkost gießen und alles vermengen. So umgeben sie die einzelnen Teilchen mit einer Schutzschicht. Sie können auch die Zutaten in das Dressing hineinreiben.

Zur Herstellung des Dressings sollten Sie nur allerbeste Zutaten verwenden, nämlich solche, die ebenfalls das Prädikat Rohkost verdienen. Öl sollte immer kaltgepreßt sein, niemals extrahiert und raffiniert. Die höheren Kosten zahlen sich gesundheitlich und geschmacklich aus. Experimentieren Sie ein wenig: Sie werden ein oder zwei Ölsorten finden, die Ihnen zusagen. Bei Milchprodukten ist es sehr von gesundheitlichem Vorteil, nur Rohmilchprodukte zu verwenden. Statt Essig ist es besser, Zitronen, Limonen oder Grapefruitsaft zu pressen. Auch das milchsaure Umesu aus Japan ist besser. Mit Salz, Pfeffer, Zwiebeln und Knoblauch würde ich sparsam umgehen, dafür können Sie bei frischen Kräutern großzügig sein. Achten Sie darauf, daß Sie mit Kräutern und Gewürzen den Eigengeschmack der Grundzutaten nicht zudecken oder gar völlig verändern. Es könnte dann passieren, daß Sie zu viel von einem Produkt essen, daß Sie ohne Dressing aus gutem Grund über den Einfluß des Geschmackes abgelehnt hätten.

Wenn Sie diese Regeln beachten, werden Salat und Rohkost für Sie ein geschmacklicher und gesundheitlicher Gewinn werden.

Für das große Heer derjenigen, die noch mindestens eine Mahlzeit täglich, oder doch wenigsten alle paar Tage noch eine warme Mahlzeit zu sich nehmen, gebe ich Ihnen noch einige Tips zum schonenden Garen. Ausführlicher darüber, sowie Rezepte für warme Gerichte und Salate finden Sie bei WEISE (1990, S. 236ff.). Die schonendste und verträglichste Art zu garen ist das Ansetzen von fein geschnittenem oder geraspeltem Gemüse in heißem Wasser. Lassen Sie das Ganze zwanzig bis dreißig Minuten ziehen. Sie können mit kleinster Flamme etwas Wärme hinzufügen, kochen sollte es aber nicht. Sie können die Suppe wie gewohnt würzen.

Dünsten im eigenen Saft mit wenig Wasserzusatz oder sehr wenig Fett ist ebenfalls schonend und – wie die Suppe – besonders verträglich, weil kein erhitztes Fett/Öl dabei zu sein braucht. Sehr leckere Gerichte lassen sich in der chinesischen Pfanne (Wok) bereiten – es genügt aber auch eine normale Bratpfanne. Hier wird Öl erhitzt und das kleingeschnittene Gemüse nur wenige Minuten lang unter ständigem Rühren sehr rasch gegart. Es bleibt dabei aber knackig! Getreide und Hülsenfrüchte weichen Sie am besten über Nacht ein bevor Sie sie garen. Häufig genügt es, wenn Sie kurz aufkochen lassen und dann den Topf ins Bett stellen und so lange ziehen lassen, bis die Körner weich sind.

Zusammenfassung:

Frisches, reifes Obst, Salate, rohes Gemüse und Sprossen sind theoretisch für den gesunden Organismus die menschliche Idealnahrung. Der Mensch wird dabei mit allem versorgt, was er braucht und das Dargebotene ist auch gut verwertbar. Das Mengenverhältnis zwischen diesen Lebensmitteln muß jeder Mensch für sich selbst herausfinden – ebenso, wie hoch der Anteil an Rohem in seiner Nahrung sein soll. Besonders beim Obst besteht die Gefahr, daß man sich daran überißt. Bei der Auswahl, der Zubereitung und dem Essen müssen einige Regeln beachtet werden, die im Detail angegeben werden. Zum Schluß werden noch einige Tips zum schonenden Garen von Gemüse und Samen gegeben.

Es lebe die Individualität

Es gibt keinen Durchschnittsmenschen

Veränderung Ihrer Gewohnheiten im Essen und Trinken beginnen im Kopf: Zuerst steht das Verständnis um die Zusammenhänge. Der wichtigste Schritt dabei ist, daß Sie einsehen, daß jeder Mensch sehr verschieden von allen übrigen Menschen ist. Bezüglich der Fingerabdrücke ist Ihnen dies bekannt, es erstreckt sich aber auf alle Teile des Menschen und damit auch auf seine Bedürfnisse nach Nahrung und seine Fähigkeiten, Lebensmittel zu verdauen und zu verwerten. Man spricht von der biochemischen Individualität. Wenn sie das Kapitel „Der ganzheitliche Ansatz" gelesen haben, dann wissen Sie, daß sich diese Individualität aus dem seelischen Bereich herleitet.

Die biochemische Individualität

Auf diese biochemischen Individualität lassen sich unterschiedliche konstitutionelle Typen herleiten, die unterschiedliche Bedürfnisse ans Leben ganz allgemeine und an die Nahrung im Speziellen stellen. WAGNER (1992) hat in seinem Buch 20 verschiedene solche Typen plus Mischtypen herausgearbeitet, deren Studium uns helfen kann, uns selbst besser kennen zu lernen. Ich kann Ihnen dieses Buch nur wärmstens empfehlen, weil es auch ganz konkrete, wohlbegründete Angaben zur Ernährung macht, die vorzüglich als individuelle Experimentieranleitung geeignet sind.

Obwohl unser äußeres Erscheinungsbild gewissen Regeln folgt – wir alle haben eine Nase, zwei Augen, zwei Ohren, einen Mund usw. – so sieht doch niemand dem anderen völlig gleich. Innerlich ist der Unterschied noch viel größer – das fällt schon bei eineiigen Zwillingen auf. Die von der Medizin und Pharmazie so gerne strapazierte Durchschnittsperson, auf welche die Angaben von der Wirkungsweise und den Nebenwirkungen und von den Mengen- und Zeitangaben für Medikamente berechnet sind, gibt es schlicht und ergreifend nicht. Die Unterschiede reichen von der Anatomie über die Biochemie und die Neurologie bis zu Psychologie.

Extrem unterschiedliche Ausstattung

Damit Sie verstehen, wie gravierend die Unterschiede sind, darf ich Ihnen einige Beispiele geben. Studien des Magens haben z.B. hunderte von signifikanten Unterschieden ergeben. Dies betrifft die Größe, die Form und z.B. die Absonderung der Magensäfte. Die berühmte Mayo Klinik hat z.B. herausgefunden, daß die Menge des abgesonderten Enzyms Pepsin und der Salzsäure, die zur Fettverdauung nötig sind, bei gesunden Erwachsenen bis zu zweihundertfachen Schwankungen unterworfen ist. In einer anderen Studie wurden eine Gruppe von offensichtlich gesunden Erwachsenen hinsichtlich dreier, kohlehydrat-spaltender Enzyme untersucht. Hier ergab sich eine bis zu zwanzigfache Variation.

Extrem unterschiedliche Bedürfnisse

Die Liste der benötigten Inhaltsstoffe der Nahrung dürfte für jeden Menschen ziemlich gleich sein. Die Menge, die er von jedem einzelnen Stoff benötigt, ist jedoch sehr verschieden. Darüber hinaus verwerten wir das Angebot dieser Substanzen sehr unterschiedlich. Dieselbe, völlig ausreichende Menge Kalzium in der Nahrung von Herrn Maier kann für Frau Müller völlig ungenügend und viel zu viel für Frau Schulze sein.

In einer Studie (zit. in HUNT, 1987, S. 40) wurden 19 Personen auf ihren Kalizumbedarf getestet. Dieser reichte von 222 bis 1018 Milligramm pro Tag. Das ist ein Unterschied von 1 zu 4,5! Sie können daran sehen, daß eine Angabe des Durchschnittes nur einer kleinen Mittelgruppe nutzt und für viele zu viel oder zu wenig Kalzium zur Verfügung steht, wenn die Nahrung nach Mittelwerten eingestellt wird. Zu viel und zu wenig – beides schadet auf Dauer! Wenn sich dann die Lebensumstände eines Menschen auch noch drastisch ändern – z.B. durch den Tod eines geliebten Partners (Streß) – dann ändern sich die Ansprüche an die Versorgung häufig zu noch extremeren Werten. Alle Angaben über die benötigte Dosis bestimmter Vitamine und Mineralien sind extrem unzuverlässig. Sie basieren in der Regel auf Tierversuchen und gehen von rein hypotetischen Durchschnittspersonen aus. Sie können sich selbst ausmalen, welchen Wert sie haben. Es bleibt Ihnen nichts anderes übrig, als Ihre eigenen Bedürfnisse selbst herauszufinden. Dazu erhalten Sie in dem Buch von WAGNER und im folgenden Hinweise.

Ernährung muß individuell verschieden sein!

Aus der Erkenntnis der biochemischen Individualität erklärt sich auch die Frage warum die meisten Ernährungsrichtungen so widersprüchlich sind, selbst innerhalb der vegetarischen Richtung. Und das obwohl sie für sich große Erfolge bezüglich Heilung und Gesundheit in Anspruch nehmen und dies auch glaubhaft belegen können. Sowohl die Makrobioten z. B., die überwiegend von gekochter Nahrung leben, als auch die Rohkost-Veganer, die nur pflanzliche Rohkost essen, melden z. B. große Erfolge bei der Heilung von Krebs und vielen anderen Krankheiten.

Jeder Mensch ist sehr verschieden – es gibt keine Ernährungsform, die für alle gleichermaßen segensreich, die auf alle Menschen harmonisierend wirkt! Ich werden im folgenden aufzeigen, welche Unterschiede ich im groben bezüglich der Ernährung sehe. Ich bediene mich dabei viele Jahrtausende alter Erfahrungen aus der ayurvedischen und chinesischen Medizin und der medizinischen Astrologie (vgl. FRAWLEY, NAIMAN), die sich in der Zuordnung vor allem der menschlichen Emotionen zu den vier Elementen Feuer, Wasser, Luft und Erde manifestieren.

Die Super-Feuertypen

Menschen, bei denen das Feuerelement überwiegt, sind aktiv und entschlußfreudig, mit starkem Willen und hitzigem Gemüt. Sie haben andauernd Hunger, man sieht sie ständig auf etwas herumkauen, sie vertilgen Riesenportionen und nehmen trotzdem nicht zu. Sie haben eine rasche Verdauung und Ausscheidung. Sie können ihr Temperament am besten dadurch harmonisieren, daß sie den Appetit nicht noch zusätzlich stimulieren, wie das durch Gewürze und Kochnahrung geschieht. Da Rohkost den Appetit zügelt und kühlt, ist sie die ideale Nahrung für diese Menschen. Scharfe Gewürze, zu viel Salz, essigsaure Nahrungsmittel sowie Alkohol und Nikotin sollten stark reduziert werden. Mildere Gewürze wie Kreuzkümmel, Koriander, Fenchel, Dill, Petersilie, Zitrone und Pfefferminz harmonisieren übermäßig viel Feuer. Sie sollten viel trinken – vor allem reines, stilles Wasser – auch das wirkt ausgleichend auf zu viel Feuer, ebenso wie frisch gepreßte Frucht- und Gemüsesäfte.

Kein Freifahrschein für Zucker

Mit Süßem können sie von allen Menschen verdauungsmäßig am besten umgehen. Das ist jedoch kein Freifahrschein für weißen Zucker und das Heer von Süßigkeiten und Stückchen, sondern eher für die köstlichen Früchte, die uns außer dem süßen Wohlgeschmack auch noch eine Fülle an Vitalstoffen bringen und auf den Körper kühlend wirken. Sie können in der Regel auch eine Kost á la WANDMAKER, die überwiegend aus süßen Früchten besteht noch am besten vertragen. Die Feuertypen sind auch diejenigen, für die eine möglichst starke Zurückhaltung bei Fisch, Fleisch und Wurst besonders se-

Die 4 Temperamente

Feuer

Wasser

Luft

Erde

gensreich wirkt. Vor allem Gebratenes und Frittiertes schadet ihnen. Milch- und Milchprodukte können diese Menschen relativ gut vertragen, wenn sie nicht zu viel davon essen (achten Sie dabei auf die Qualitätsanforderungen vom Kapitel „Das Märchen von der Milch"). Von den Getreidesorten sind Basmatireis, Weizen, Hafer und Gerste am besten. Fasten ist nicht ihre Stärke, ein wenige Tage dauerndes Saftfasten hilft ihnen noch am besten.

Die Schwerfälligen

Positiv auf eine strikte pflanzliche Rohkost reagieren auch Menschen, die zu wenig Luft haben. Es sind phlegmatische Typen, welche die Tendenz zu Schwerfälligkeit, Trägheit und mangelnde Flexibilität und wenig Motivation aufweisen, was allerdings die Umstellung erschwert. Sie besitzen eine langsame Verdauung und Darmbewegung (Peristaltik), was eine Gewichtszunahme begünstigt. Frisches, reifes, rohes Obst und Gemüse machen leicht und beweglich, luftig und flexibel. Deshalb wirken sie ausgesprochen harmonisierend auf solche Menschen, so daß sie die Rohkost – ebenso wie ihre feurigen Artgenossen – auch auf Dauer mit viel Gewinn durchführen können. Fasten ist für diese Leute sehr gut geeignet, auch über einen längeren Zeitraum, weil Fasten bekanntlich leicht macht. Für diese Menschen ist körperliche Bewegung besonders nötig und segensreich, auch Denksport.

Schwere Nahrungsmittel wie tierische Produkte, Backwaren (Brot!), Süßigkeiten, Nüsse, Öle und Fette treiben diese Menschen noch weiter in Unbalance. Von den Körnersorten sind Hirse, Roggen, Buchweizen und in Maßen auch Basmatireis geeignet. Gewürze wirken anregend auf die Verdauung und sollten reichlich verwendet werden – allerdings nicht in Öl gebraten. Diese Menschen sollten besonders darauf achten, nur zu essen, wenn sie wirklich hungrig sind. Die Portionen sollten klein sein und es tut gut, auch mal eine Mahlzeit auszulassen. Anregende Getränke sind zu empfehlen, vor allem Kräutertee zur Anregung der Verdauung.

Die Super-Erdtypen

Menschen, bei denen das Erdelement überwiegt, bedürfen besonders der Entgiftung durch eine schleimfreie Heilkost (EHRET), denn sie sind in der Regel sehr stark verschlackt, verkalkt (vgl. Kapitel „Was ist Krankheit). Ein Übermaß an Erde macht schwer, unbeweglich, lethargisch, ja starrsinnig, dickköpfig und verschlossen allem Neuen gegenüber. Ihre Verdauung und Ausscheidung ist langsam und die Nahrung wird leicht in Übergewicht angelegt. Obwohl sie sich selten wirklich hungrig fühlen, essen sie gewohnheitsmäßig oft und viel. Die Rohkost kann bei diesen Leuten Wunder wirken, die Umstellung sollte jedoch behutsam erfolgen, d. h. sich über viele Monate bis Jahre erstrecken, weil in der Regel sehr starke Entgiftungserscheinungen auftreten. Fasten ist hier auch sehr hilfreich. Generell sollte die Betonung auf wasserhaltigen Nahrungsmitteln liegen, Säfte, Suppen, Tees und leicht Verdauliches dominieren. Gewürze als Verdauungshilfe sind auch hier angesagt.

Erdtypen sollten sich mit tierischen Produkten besonders zurückhalten, ebenso wie mit Brot, Kuchen, Zucker und allen industriell behandelten Nahrungsmitteln (Halbfertig- und Fertigprodukte), ja sie nach Möglichkeit ganz meiden, weil diese Produkte den Körper besonders verschlacken und verschleimen – vor allem auch in Zusammenhang mit den heutigen streßigen Lebensumständen und der verschmutzten Umwelt.

Wer also viel Feuer, wenig Luft und viel Erde aufweist, für den ist die vegetarische Rohkost die richtige Ernährungsform, vorausgesetzt, er erfüllt auch die anderen Voraussetzungen, auf die ich weiter unten noch zu sprechen kommen werden.

Die Super-Lufttypen

Schwierigkeiten mit Rohkost treten bei Menschen auf, die zu wenig geerdet sind, also zu leicht sind bzw. zu viel Luft haben. Sie haben in der Regel eine sehr rasche, aber unvollständige Verdauung und eine ungenügende Fähigkeit, aus der Nahrung – besonders aus der ungewohnten rohen – die nötigen Nährstoffe auch aufzunehmen. Sie leiden besonders unter Nervosität, Unsicherheit und Übersensibilität. Rohkost treibt sie weiter in diese Richtung, so daß sie völlig unharmonisch werden und unter Umständen nicht mehr in der Lage sind, ihre täglichen Berufspflichten und Bedürfnisse in Beziehungen wahrzunehmen. Zu starke Sensibilisierung läßt sie Energien wahrnehmen, die sie nicht verkraften, die sie abheben lassen. Sie verlieren den Sinn für die sogenannte Realität, sie sind nicht mehr ausreichend geerdet. Besonders spüren sie dies an Vollmondtagen mit Föhn! Auf diese Weise können sie ihr soziales Umfeld verlieren, was sie weiter in Probleme hineintreibt.

Nicht leicht zu nähren

Strikte Rohkost läßt diese Menschen extrem abmagern und wirft sie dabei auch psychisch völlig aus der Bahn. Auch Fastenkuren sind hier völlig unangebracht. Diese Menschen müssen sich sehr langsam und behutsam umstellen und werden immer auch warmes Gemüse und Getreide und Öle in ihrer Nahrung benötigen. Gewürze wirken bei ihnen wohltuend ausgleichend, vor allem in Verbindung mit Öl. Sie sollten häufige Mahlzeiten mit jeweils kleinen Portionen bevorzugen. Gekochtes Getreide ist auch bei ihnen dem Brot vorzuziehen, denn durch den Backvorgang wird die Stärke zu schwer verdaulichem Kleister reduziert. Süßes erdet zwar, hat aber so viele Nachteile (vgl. Kapitel „Süßes statt Liebe“), daß es die Ausnahme bleiben sollte. Tierische Produkte sind ebenfalls erdend, aber auch hier plädiere ich für Mäßigung, weil diese Nahrungsmittel die hohe Sensibilität der Super-Lufttypen erniedrigen und damit eher sedierend als harmonisierend wirken (von den anderen

Ernährung u. Temperament: stark vereinfachtes Schema für harmonisierende Dauerernährung

	FEUER		WASSER		LUFT		ERDE	
	zu viel	zu wenig	zu viel	zu wenig	zu viel	zu wenig	zu viel	zu wenig
rohes Obst & Gemüse	ja	wenig	ja im Sommer	ja	in Maßen im Sommer	ja	ja	wenig
Rohkost & Salat	ja	wenig	mäßig im Sommer	wenig	wenig	ja	ja	wenig
warme Speisen	sehr wenig, nicht in Öl	ja	ja	ja mit Öl	ja	wenig	wenig	ja
Gewürze	nein bis wenig	ja	ja	wenig	ja mit Öl	ja ohne Öl	ja	in Maßen
Milchprodukte	wenig Rohmilchprod.	nur sehr wenig warme Milch mit Gewürzen	nein	Rohmilchprod. ja in Maßen	nur warm mit Gewürzen	nein	nein	Rohmilchprod. ja
Fleisch/Fisch	höchstens Eier	nein	nein	nein	nur im Notfall	nein	nein	nur im Notfall
Getreide	gekochte ganze Körner in Maßen	gek. ganze Körner mit Öl u. Gewürzen in Maßen	gekochte ganze Körner in Maßen	gek. ganze Körner in Öl mit Maßen	ganze gekochte Körner in Maßen	nein	wenig	gekochte ganze Körner in Maßen
Fasten	nein	nur kurzzeitig	ja	nein	nein	ja	ja	nur kurzzeitig
Verdauung	schnell	schwach	schwach	schnell	variabel bis schwach	langsam	langsam	schnell
Nährstoffaufnahme	mäßig	schwach	schwach	schwach				schwach

Entwurf: D. O. Weise, Quelle: Frawley

gravierenden Nachteilen der tierischen Produkte einmal abgesehen, vgl. Kapitel „Mord und Totschlag". Daß bei der Vermeidung von tierischen Produkten auch immer soziale Aspekte eine große Rolle spielen und daß ein Desensibilisieren bei vielen Menschen unbewußt oder bewußt erwünscht ist, daran sei hier nur noch einmal erinnert.

Die Super-Wassertypen

Menschen, bei denen das Wasserelement überwiegt, sind häufig stark übergewichtig durch Depots an Wasser und Fett. Man sagt, sie sind aufgeschwemmt. Dies trifft auch dann zu, wenn sie nicht viel essen. Das sind die Menschen, die seit Jahren bis Jahrzehnten erfolglos gegen ihre Pfunde ankämpfen. Sie haben eine träge Verdauung und eine ungenügende Aufnahme an den essentiellen Nährstoffen, saugen aber Wasser auf wie ein Schwamm. Sie sollten deshalb extrem wenig trinken und ihren Salzkonsum reduzieren. Rohkost und besonders Obst regen diese phlegmatischen Menschen an und sind im Sommer angeraten. Im Winter macht sich die kühlende Wirkung des Obstes aber zu stark bemerkbar. Sie frieren dann ständig an Händen und Füßen, was man auf Dauer nicht als Übergangsproblem abtun kann. Gedünstetes Gemüse mit anregenden Gewürzen, damit die träge Verdauung in Tritt kommt, sind dann angesagt (vgl. die Rezepte zum schonenden Garen im Kapitel „Wie's gemacht wird" und bei WEISE, 1990, S. 236ff.). Zurückhaltung üben sollten diese Menschen bei öligen und fettigen Speisen, bei tierischen Produkten, Brot und anderem Gebäck, Salz und Zucker. Fasten hilft ihnen bei der inneren Körperreinigung, gut ist es auch einen Tag in der Woche oder drei Tage pro Monat zu fasten oder das Frühstück wegzulassen. Auf ein zeitiges Abendessen sollte besonders geachtet werden.

Zu wenig Wasser

Menschen mit zu wenig Wasser, die oft viel Feuer oder Luft besitzen, haben eine rasche Verdauung und schwache Nährstoffaufnahme. Viel Trinken und Obst ist gut und harmonisierend für diese Leute, aber eine komplett schleimfreie Heilkost völlig ohne tierische Produkte und Getreideprodukte würde dazu führen, daß die Schleimhäute dieser Menschen nicht mehr richtig funktionieren. Fasten ist für diese Menschen ebenfalls unangebracht.

Zu wenig Feuer

Menschen mit zu wenig Feuer schließlich haben eine schwache Verdauung und Nährstoffaufnahme und häufig zu wenig Appetit. Sie sind in der Regel sehr verschlackt und verschleimt und neigen besonders zu Fäulnis im Darm und zu Befall mit Candida albicans und anderen Pilzen. Rohes Gemüse und Salate sind für diese Menschen nicht ordnungsgemäß verwertbar. Am besten geht noch saures und in Maßen süßes Obst, im Winter scheidet dieses jedoch wegen zu starker Kühlung aus. Appetit und Verdauung profitieren hier besonders von Gewürzen. Eine reine Rohkosternährung ist für diese Menschen – außer vorübergehend zu Heilzwecken – auf Dauer nicht förderlich.

Die meisten Menschen sind keine reinen Typen, sondern weisen zusammengesetzte Merkmale auf. Verwenden Sie diese Informationen als Anregung für Ihre Experimente!

Zusammenfassung:

Es gibt keinen Durchschnittsmenschen. Jeder Mensch ist in jeder Hinsicht sehr verschieden. Die seelische „Ausstattung" bewirkt die biochemische Individualität. Extrem verschiedene Anlagen und extrem unterschiedliche Bedürfnisse erfordern eine individuell verschiedene Ernährung. Dies wird anhand von verschiedenen Menschentypen dargestellt: die Super-Feuertypen, die Schwerfälligen, die Super-Erdtypen, die Super-Lufttypen, die Super-Wassertypen, die Typen mit zu wenig Wasser und diejenigen mit zu wenig Feuer und ihre jeweiligen Bedürfnisse.

Nahrung – ein Liebesbrief des Schöpfers

Streß verhindert Verdauung und Verwertung

Gehören Sie zu den Menschen, die ihre Nahrung rein mechanisch, völlig unbewußt in sich hineinschaufeln, die schlucken, ohne lang genug zu kauen und einzuspeicheln? Wälzen Sie in Ihrem Kopf die wildesten Gedanken und hegen Sie in Ihrem Herzen die chaotischsten Gefühle oder streiten Sie sich womöglich während Sie versuchen, sich zu ernähren? Sie stören auf diese Weise die Funktion Ihres Organismus: Nichts läuft wie es soll, weder die Verdauung, noch die Sekretion, noch die Ausscheidung der Schadstoffe. Essen Sie unter Streß? Sie können die Nahrung dann nicht richtig verdauen. Wenn Sie aufgeregt, gehetzt etc. sind, ist es besser nichts zu essen.

Das Essen segnen

Am besten wäre es, wenn Sie schweigend essen würden. Bevor Sie anfangen zu Essen, sollten Sie im stillen Kontakt zur Nahrung aufnehmen: Sprechen Sie in Gedanken zu der Frucht, die Sie in Händen halten oder halten Sie Ihre Hände quasi segnend über den Teller. Dann ändern sich die Schwingungen der Nahrung und sie wird Ihnen gegenüber viel offener sein und wenn Sie sie essen wird sie für Sie arbeiten. Bevor Sie anfangen zu essen sollten Sie auch selbst möglichst ruhig geworden sein. Es kann dabei helfen, wenn Sie für ein paar Minuten Ihre Handflächen auf Solarplexus und Magen legen, die Augen schließen und Ihre Aufmerksamkeit auf diese Stelle richten. Dies bewirkt eine gewisse Reinigung und Vorbereitung.

Gut kauen!

Besonders Augenmerk sollten Sie auf den ersten Bissen legen: Sie sollten ihn so lange kauen, bis er sich im Mund auflöst und er hinuntergleitet, ohne daß Sie ihn schlucken müssen. Der erste Bissen setzt alle möglichen Mechanismen in Gang. Vom Mund wird der Verdauungsorganen, je dem gesamten Körper gemeldet, was auf sie zukommt. Schon nach Sekunden richtet sich der Körper darauf ein und sondert entsprechende Säfte ab, etc.

Die Ernährung der feinstofflichen Körper

Der Mund hat die gleiche Funktion wie der Magen, jedoch auf einer subtileren Ebene; er nimmt die ätherischen Teilchen der Nahrung, die feinsten und stärksten Energien auf. Die groben Stoffe werden an den Magen weitergeleitet. Die feinen, ätherischen Stoffe (Düfte, Aromen etc.) nähren die feinstofflichen Körper des Menschen: den Ätherleib oder Vitalkörper, den Astralleib, den Sitz der Gefühle und Empfindungen, den Mentalleib, den Sitz des Intellekts sowie die drei anderen geistigen Leiber. Diese feinstofflichen Körper umgeben den physischen Leib in Form der bekannten Aura, die manche besonders sensitiven Menschen direkt sehen können und die man inzwischen auch fotografieren kann. Um den Vitalkörper optimal zu nähren ist es wichtig, beim Essen ab und zu inne zu halten und tief durchzuatmen. Dadurch wird die „Verbrennung“ der Nahrung unterstützt und der Vitalkörper kann die feinen Teilchen entnehmen, die er benötigt.

Wenn Sie Ihre Speisen mit Liebe selbst zubereiten und ihnen Freude und Vertrauen entgegenbringen, dann bereiten Sie Ihren Astralleib vor, der Nahrung noch wertvollere Teilchen als die ätherischen zu entnehmen. Nur wenn Sie offen für diese subtilen Energien sind, können diese Sie erreichen. Es kann also gar nichts schaden, beim Essen und richtigen Genießen die Augen zu schließen – wie die Katzen das machen. Nichts sollte Sie ablenken. Je mehr Sie wirklich da sind beim Essen, um so mehr Nutzen und Genuß werden Sie aus immer weniger Nahrung ziehen. Dies ist der schwierigste Teil der richtigen Ernährung. Hier werden Essen und Meditation eins: Das Yoga der Ernährung (AIVANHOV, 1988).

Wer weniger ißt, lebt länger

Diese alte Regel hat nichts an Gültigkeitkeit eingebüßt. Auch wer vegetarisch ißt, lebt länger. Auch das wird immer wieder von den Medizinern bestätigt. Der ganze Organismus läuft auf niedrigeren Touren. Wenn Sie den Tisch mit einem leichten Appetit verlassen, wenn Sie sich den letzten Bissen, den Sie noch gerne gegessen hätten, versagen, wird der Vitalkörper angeregt, aus dem Sonnenlicht und der kosmischen Strahlung Elemente aufzunehmen, welche die noch vorhandene Leere füllen. Einige Minuten später haben Sie dann

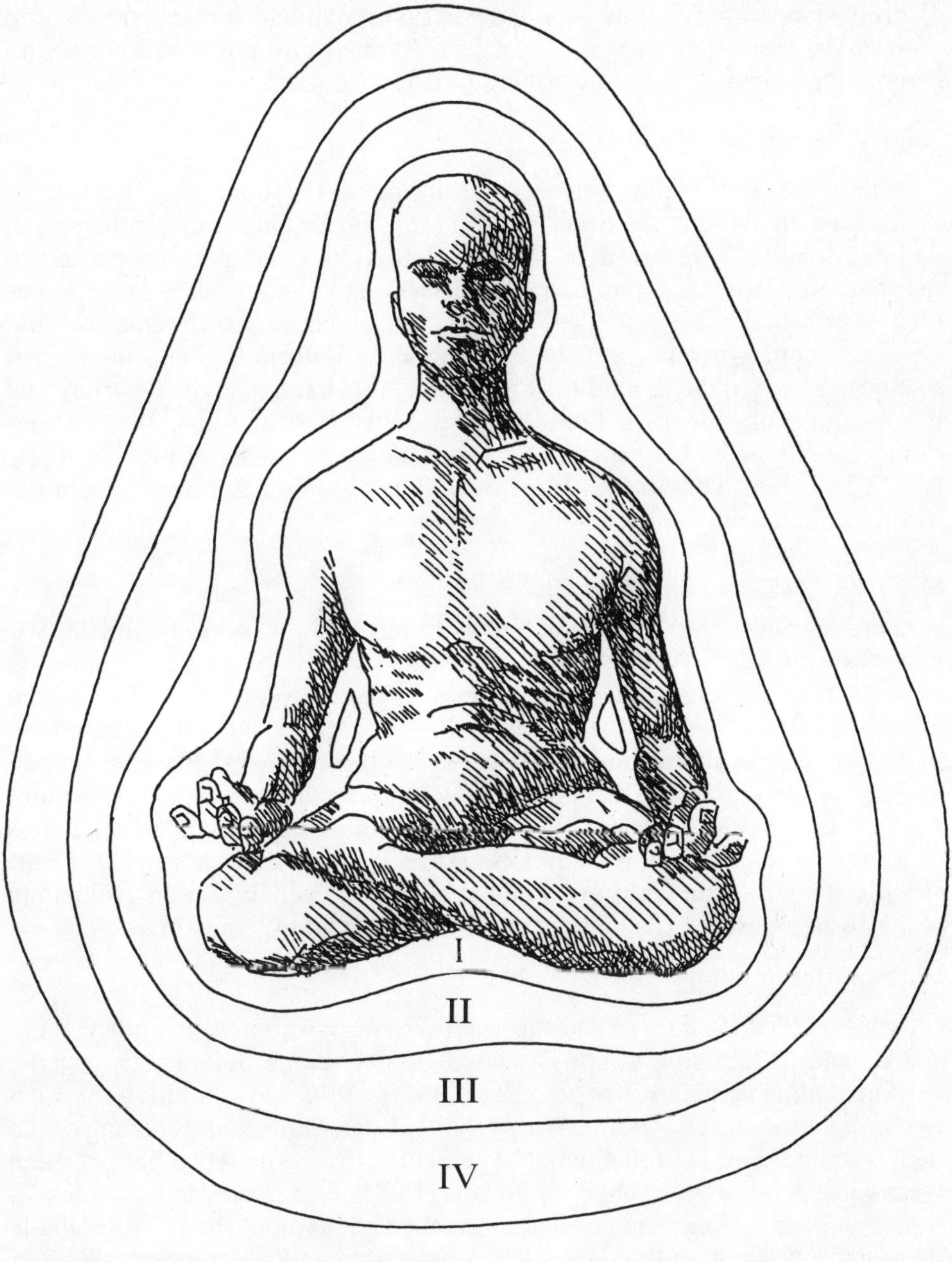

I **Ätherkörper**, Sitz der Vitalität
II **Astralkörper**, Sitz der Emotionen, der Gefühle
III **Mentalkörper**, Sitz der Gedanken
IV **Persönlichkeitskörper**

nicht nur keinen Hunger mehr, sondern fühlen sich leichter, lebendiger und fähiger, an die Arbeit zu gehen, da jene Elemente, die der Vitakörper im Raum aufgenommen hat, eine höhere Qualität besitzen.

Nahrung und spirituelles Wachstum

Nehmen Sie Ihre Mahlzeiten als Ausgangspunkt für spirituelles Wachstum. Da Sie täglich ohnehin mehrfach stattfinden, sind sie eine gute Chance, sie in eine Meditation zu verwandeln, sie als einen Akt möglichst hoher Aufmerksamkeit, Konzentration und Selbstbeherrschung zu sehen. Der ganze Komplex: Auswahl der Speisen, Vorbereitung der Mahlzeit, das Essen selbst und die Beobachtung der körperlichen und anderen Folgen der Nahrung eignen sich besonders gut dazu, meditativ zu sein. Dabei kann man die Nahrung viel besser genießen und man kommt mit weniger Nahrung aus. Der Körper braucht dann nichts Überflüssiges zu verdauen und hat somit mehr Energie für die täglichen Aktivitäten übrig. Bewußtes Essen und ganz allgemein bewußtes Leben bedingen sich somit gegenseitig.

Die Nahrung – ein Liebesbrief des Schöpfers

„Die Nahrung ist ein Liebesbrief, den uns der Schöpfer schreibt und den wir entziffern müssen". AIVANHOV's Ansicht nach ist er die mächtigste und vielsagendste Botschaft, die es gibt, denn sie sagt: „Man liebt euch ... man schenkt euch Kraft und Leben ... Mein Sohn, ich will, daß Du vollkommen wirst, daß du genauso schmackhaft wirst wie diese Frucht! Bis jetzt bist du herb, sauer und zäh, noch nicht reif genug, um verspeist zu werden. Also mußt Du lernen, reif zu werden ...". Während wir essen spricht die Nahrung zu uns – wenn man nicht dabei ist, kann man diese Stimme nicht hören! Das Entscheidende geht dann verloren! Wie kann man sich geliebt fühlen, wenn man den Nahrungsgeschenken keine Aufmerksamkeit und Liebe schenkt?

Wirkung des Fastens

AIVANHOV (S. 83) streicht die segensreiche Wirkung gelegentlicher Fastenkuren zur Reinigung des physischen Körpers heraus, betont aber auch die Wirkung auf die anderen Körper. „Beim Fasten fühlt sich der physische Körper vernachlässigt, aber der Ätherleib behebt den Mangel an Nahrung durch andere, reinere und feinstofflichere Elemente. Er hat die Aufgabe, über den physischen Körper zu wachen und dessen Energiereserven wieder zu erneuern. Das Fasten stimuliert ihn und er macht sich an die Arbeit, wodurch die Aktivität auf einen anderen Bereich verlegt wird und der physische Körper sich während dieser Zeit erholen kann." Er nennt deshalb das Fasten eine andere Art der Ernährung. Außer dem Ätherleib beginne auch der Astral- und Mentalleib beim Fasten besonders zu arbeiten und verstärkt zur Ernährung des Menschen beizutragen, ein Abglanz der Zeiten, als sich die menschliche Seele direkt von Licht ernährte.

Zusammenfassung:

Streß verhindert eine ordnungsgemäße Verdauung und Verwertung der Speisen. Es schadet auch, wenn Sie beim Essen gedanklich nicht anwesend sind. Es hilft, wenn Sie das Essen segnen und sich selbst darauf einstimmen. Gut kauen ist das A und O der Verdauung. Auch die Ernährung der feinstofflichen Körper muß beachtet werden. Wer weniger und vegetarisch ißt, lebt länger. Nahrung und spirituelles Wachstum hängen eng zusammen. Die Nahrung ist ein Liebesbrief des Schöpfers, für den wir innerlich offen sein müssen, wenn wir ihn voll empfangen wollen. Fasten hat eine vielseitige positive Wirkung auf den Körper.

Umstellungsprobleme

Wenn Sie sich im Sinne der Experimentiervorschläge dieses Buches in Richtung auf eine vegetarische, rohkostbetonte Ernährung umstellen wollen, dann können in der Umstellungsphase gewisse Probleme auftreten, die ich Ihnen nicht verschweigen will, denn wenn Sie diese kennen, dann werden Sie nicht erschrecken und sie womöglich als Mangelerscheinungen der neuen Kost mißdeuten. Sie können die Entgiftungserscheinungen zwar dadurch mildern, daß Sie langsam vorgehen – ganz Ihren individuellen Bedürfnissen entsprechend – ganz vermeiden lassen sie sich jedoch nicht.

Sein oder Schein

Die hier vorgeschlagene Ernährung zielt auf eine innere Grundreinigung des Körpers, die den meisten Ihrer körperlichen Beschwerden den ursächlichen Boden entzieht. Erkennen Sie den Unterschied? Die herkömmliche Ernährung und die Schulmedizin laufen auf eine Bekämpfung der Symptome hinaus. Bescherden werden nur verdrängt, die innere Ursache bleibt! Bei der in diesem Buch propagierten Lebensweise geht es nicht mehr darum, daß nach außen hin alles schön aussieht, während sich im Inneren Übles ansammelt und anbahnt, sondern es geht darum, daß Sie durch Aufgabe alter Gewohnheiten Innen alles in Ordnung bringen, damit es nach Außen hin quasi durchscheint. Schönheit von Innen nach Außen heißt das Motto. Vorbei sind die Zeiten, in denen man mit Tünche die inneren Übel verdeckte.

Entgiftungserscheinungen

Wenn Sie das wollen, dann müssen Sie aber auch bereit sein, vieles loszulassen und abzugeben. Die alten Schlacken und Gifte werden aus ihren Depots gelockt, gelangen vorübergehend wieder in die Blutbahn und können bevor sie endgültig ausgeschieden werden erst einmal Beschwerden verursachen: Kopf- und Gliederschmerzen, Verstopfung oder Durchfall, Hautausschlag,

Zahnschmerzen (ohne erkenntliche Ursache) und vieles andere mehr. Diese Beschwerden können Sie minimieren, wenn Sie auf Ihren Körper hören und behutsam mit ihm umgehen. Das bedeutet vor allem, daß Sie sich nichts zumuten, was Sie nicht vertragen. Sie müssen sich und anderen nichts beweisen!

Die genannten Entgiftungserscheinungen treten von Mensch zu Mensch sehr unterschiedlich auf. Es gibt Personen, die gar keine Probleme bekommen. Andere bekommen sie sofort und haben dann Ruhe. Wieder andere spüren zunächst monatelang gar nichts und erleben dann plötzlich einen Entgiftungsschub, der ihnen zu schaffen macht. Noch andere leiden an den Entgiftungsproblemen immer mal wieder mit Wochen oder Monaten Abstand dazwischen. Sobald Sie Ihr neues Eßprogramm – bzw. Ihre Entschlackungskur – unterbrechen und – vor allem vormittags – wieder konventionell essen, dann gehen die Entgiftungssymptome rasch wieder zurück. Der Körper muß sich dann erst einmal um die neu angefallenen Stoffe und um die Verdauung des opulenten Frühstücks kümmern. Dann bleibt meist nicht genug Zeit und Energie zu Entgiftungszwecken.

Je genauer Sie hinsehen und je behutsamer, harmonischer Sie vorgehen, um so weniger Probleme werden Sie haben. Machen Sie sich aber nichts vor: Je älter Sie sind und je unzweckmäßiger Sie sich bisher ernährt haben, je mehr Krankheiten Sie hatten, je verunreinigter Ihre Umwelt war und ist und je belastender und stressiger Ihr Leben verlief, um so länger dauert die Körperreinigung und Engiftung. Sie können nicht erwarten, daß z. B. vierzig Jahre herkömmlichen Lebens innerhalb weniger Wochen in Ordnung gebracht werden können. Sie müssen lange daran arbeiten, Sie werden jedoch in den meisten Fällen schon nach Tagen oder Wochen derart drastische Verbesserungen erleben, daß Sie sich glücklich schätzen, diesen Weg eingeschlagen zu haben. Noch einmal ganz klar: Ich verspreche Ihnen kein Wunder, aber ich kann Ihnen garantieren, daß Sie mit dem Trinken von völlig reinem Wasser und der für Sie individuell passenden Ernährung mit hohem Anteil an frischem, reifem Obst, Salaten und Gemüserohkost, einen Weg einschlagen, der Ihnen langfristig in hohem Maße nutzt, der Ihnen von Grund auf, von innen her Gesundheit und Schaffensfreude bringt, wenn Sie dabei den Signalen Ihres Körpers folgen.

Die Organe müssen wieder lernen

Es kommt deshalb darauf an, daß Sie sich sehr gut beobachten und genau in sich hineinsehen. So werden Sie erfahren, welche Speise Sie in jedem gegebenen Moment brauchen, wenn Sie sich verbessern wollen. Die meisten Menschen haben Ihren Körper durch die heutige streßige Lebensweise, durch die Umweltgifte und die falsch kombinierte, denaturierte und zu reichliche Nahrung bereits so weit geschädigt, daß der Organismus mit der theoretisch optimalen Rohkosternährung nicht mehr ordentlich umgehen kann – ganz davon abgesehen, daß der Anteil an Rohkost an der Nahrung bei verschieden konsti-

Entgiftungskrise und anschließende Lebensfreude

tutionierten Menschen unterschiedlich hoch sein sollte (vgl. Kapitel „Es lebe die Individualität“). Das heißt, Sie müssen Ihren Körper nicht nur innerlich reinigen, die Organe müssen auch erst wieder lernen, wie sie aus Rohkost alle nötigen Nahrungsbestandteile entnehmen und in den Organismus einbauen können. Das braucht Zeit! Deshalb fallen nach einer euphorischen Hoch-Zeit von einigen Wochen oder Monaten die meisten Radikal-Umsteller irgendwann auf den Bauch: der Körper hat dann keine Reserven mehr, von denen er zehren könnte, ist aber andererseits noch nicht so weit, sich aus Rohkost alleine ernähren zu können. Wenn Sie nicht schon seit vielen Jahren bis Jahrzehnten mit gesunder Ernährung mit viel Rohkost experimentiert haben, dann rate ich Ihnen, sich nur langsam umzustellen und den individuellen Bedürfnissen Ihres Körpers sorgfältig Rechnung zu tragen. Dies gilt im körperlichen, wie auch im gedanklichen, gefühlsmäßigen, seelischen und sozialen Bereich.

Der Fluch der Antibiotika

Praktisch bedeutet dies folgendes. Der Vorschlag, vormittags nur reifes, rohes Obst auf nüchternen Magen zu essen ist insofern problematisch, als es viele Menschen gibt, deren Darmflora durch Antibiotika und jahrzehntelange falsche Ernährung mit starken Überschüssen säurebildender Nahrung (vor allem tierische Produkte) so stark geschädigt ist, daß sie Obst nicht gut vertragen. Das Obst wird dann im Darm nicht richtig verdaut, bleibt zu lange liegen und fängt zu gären an. Wer diese Probleme hat, sollte einen guten Naturheilkundigen aufsuchen und veranlassen, daß seine Darmflora wieder in Ordnung kommt.

Candidiasis

Besonders problematisch ist es, wenn Sie unter Pilzkrankheiten (vor allem Candida albicans) leiden, denn der Pilz liebt das süße Obst über alles (auch alle übrigen süßen Lebens- und Nahrungsmittel). Die Wahrscheinlichkeit, daß Sie zu den ca. 50 % der hiesigen Bevölkerung gehören, die unter Candidiasis leiden, ist groß, wenn Sie unter mehreren folgender Symptome leiden, für die Sie keine andere plausible Erklärung finden:

Chronische Müdigkeit, Magen-Darmbeschwerden, sehr häufig wechselnd Verstopfung und Durchfall, chronische Dick- und Dünndarmentzündungen, Blasen- und Nierenschwäche, chronische Entzündungen der Unterleibsorgane, Blähbauch (besonders häufig und typisch), versetzte Winde, Gelenk- und Muskelschmerzen, Kopfschmerzen, Blutdruckschwankungen, Sucht nach Süßigkeiten und hefehaltigen Speisen, Konzentrationsmangel, Gemütsschwankungen (NEUMANN, 1991, S. 26).

Der Pilz lebt normalerweise friedlich zusammen mit den Darmbakterien und vermehrt sich erst dann übermäßig, wenn man die Bakterien durch Antibiotika zerstört bzw. die Darmflora durch unzweckmäßige Ernährung stark schädigt. Dies sind unter anderem vor allem: falsche Lebensmittelkombinationen, fermentierte, gegorene oder hefepilzhaltige Nahrung, Fleisch, das im Rahmen der heute extrem verbreiteten tierquälerischen Massentierhaltung Antibiotika enthält, die den Tieren zur Vorbeugung gespritzt wurden etc. Bevor man damit beginnen kann, mit mehr Obst und Rohkost zu experimentieren, rate ich Ihnen dringend, sich bei Verdacht zunächst auf Candida untersuchen zu lassen. Mit diesem Pilz ist nicht zu spaßen: er dehnt sich im Laufe der Zeit im ganzen Körper aus und kann schließlich zum Tode führen. Leider ist vielen Ärzten die Pilzproblematik nicht ausreichend geläufig. Wenn Ihr Arzt Sie deshalb davon ablenkt, suchen Sie einen anderen auf.

Wie werden Sie den Pilz los?

Wenn Sie den Pilz haben, sind mehrere Schritte erforderlich, die Sie mit Ihrem Arzt oder Heilpraktiker sorgfältig absprechen müssen (vgl. die Literaturangaben):

1. Der Pilz muß zerstört werden. Nach SPILLER gibt es jetzt ein homöopathisches Mittel dazu („Candida gastroi" von Reckeweg).
2. Gleichzeitig muß durch eine spezielle, zuckerfreie Diät das Neuwachstum der Pilze verhindert und die Ausscheidung der anfallenden Schlacken unterstütz werden.
3. Anschließend wird der Behandelnde durch eine individuell abgestimmte Symbioselenkung wieder eine neue Darmflora aufbauen.
4. Eine wirkliche Darmsanierung ist nur möglich, wenn das Rauchen aufgegeben wird. Lunge und Darm hängen entwicklungsgeschichtlich eng zusammen – das eine Organ kann nicht ohne das andere gesund werden.
5. Parallel dazu ist eine Betreuung auf emotionalem und psychischem Gebiet nötig, denn der Verzicht auf die Suchtmittel Nikotin, Alkohol, Zucker und andere leere Kohlehydrate etc. zugleich ist nicht so ohne weiteres möglicht. Ohne eine Klärung der tieferen seelischen Ursachen ist die Behandlung einer Candidiasis zum Scheitern verurteilt oder es stellen sich stattdessen andere Probleme ein!

Mit Wasserfasten allein läßt sich eine Candidiasis in aller Regel nicht ausreichend bekämpfen – leider. Erst wenn Ihr Heilpraktiker oder Arzt bestätigt, daß Ihr Darm in Ordnung ist, können Sie wieder Obst, Sprossen etc. gefahrlos essen und Rohkost richtig verdauen.

Allergien, Neurodermitis und ein geschädigtes Immunsystem

Mit einer Candidiasis gehen häufig Allergien oder Neurodermitis Hand in Hand wie RAUSCHER und andere gezeigt haben. Bei diesen beiden ebenfalls sehr weit verbreiteten Übeln ist immer eine Schädigung des Immunsystems durch tierisches Eiweiß zu verzeichnen. Dies ist ein weiterer eindringlicher Grund, auf tierisches Eiweiß zu verzichten. In vielen Fällen spielen auch Vergiftungen durch Umweltverschmutzung aller Art eine große Rolle, was wiederum zeigt, wie wichtig es ist, daß unsere Ausscheidungsorgane in ihrer Arbeit so weit wie nur irgend möglich unterstützt werden. Nach Ausschaltung einer eventuellen Candidiasis können mit einer tierisch-eiweißfreien, rohkostbetonten, vegetarischen, auf die jeweiligen, individuellen Bedürfnisse abgestimmten Ernährung bei Neurodermitis und Allergien große Heilerfolge erzielt werden, wie SPILLER, RAUSCHER, MARKUS, NEUMANN und andere gezeigt haben. Dabei spielen Obstessen oder Fasten mit reinstem Wasser am Vormittag, und korrekte Lebensmittelkombinationen eine dominante Rolle. Falls Sie Allergien auf einzelne Nahrungsmittel haben oder dazu neigen ist eine Rotationsdiät angebracht, wie sie z. B. da SILVA beschreibt.

Lieblingsspeisen als Allergieauslöser

Leider sind Ihre Lieblingsspeisen häufig just diejenigen, auf die Sie allergisch reagieren. Dadurch, daß Sie die allergieauslösenden Nahrungsmittel aber praktisch täglich, meist sogar mehrfach aufnehmen, hat der Körper aufgehört, mit unmittelbar auf die Nahrungsaufnahme folgenden Symptomen zu warnen. Die Allergie wird dadurch nicht leicht erkennbar, die Prbleme sind unspezifisch, wie z. B. Müdigkeit, Lustlosigkeit, Gliederschmerzen etc. aber nichtsdestotrotz unangenehm. Sie können Allergien austesten, wenn Sie, wie z. B. bei da SILVA und anderen beschrieben, eine spezielle Diät einhalten, bei der das zu testende Nahrungsmittel erst nach einer Pause von mindestens drei Tagen wieder gegessen werden darf. In der Regel erzeugt das Nahrungsmittel dann sehr heftige Reaktionen, wenn es eine Allergie aulöst. Allergieauslöser lassen sich auch kinesiologisch und mittels vom Arzt durchzuführende Tests nachweisen. Wenn Sie den Verdacht haben, daß bei Ihnen Allergien vorliegen, dann sollten Sie sich damit beschäftigen und gegebenenfalls einen Spezialisten konsultieren. Wenn Sie tierisches Eiweiß ganz konsequent weglassen, werden Sie in den meisten Fällen eine rasche Verbesserung erleben.

Fasten am Beginn der Umstellung

In weniger schlimmen Fällen hilft in der Regel eine mehrtägige oder längere Fastenkur, bei der möglichst nur mineralarmes bis -freies Wasser getrunken wird. Dabei achten Sie besonders auf eine gründliche Darmentleerung. Lesen Sie zur Anleitung eines der zahlreichen Fastenbücher, am besten das Buch „Fasten und Essen, Gesundheit für Körper, Geist und Seele“ von U. B. SCHUBERT & F. W. NEUTZLER. Fasten von einer Dauer von nur wenigen Tagen können Sie selbständig durchführen, wenn es jedoch um längeres Fasten geht, sollten Sie sich in die Obhut von erfahrenen Fachleuten geben und einen Fastenkurs in schöner Umgebung durchführen.

Wie im Kapitel „Was ist Krankheit“ schon erwähnt, haben viele Menschen in ihrem Darm alte Kotreste, die dort schon sehr lange Zeiten lagern. Wenn diese Leute nun viel frisches Obst und Gemüse essen, dann fangen diese Lebensmittel im Darm im Kontakt mit den Kotresten an zu gären und es kommt zu unerwarteten Problemen. Es ist in diesen Fällen nötig, daß zuerst der Darm gereinigt wird. Dies kann im Zuge einer längeren Fastenkur durch Einläufe erfolgen. Manchmal reicht das aber nicht aus. Es gibt verschiedene Methoden zur gründlichen Darmreinigung, lassen Sie sich von Ihrem Heilpraktiker oder Naturarzt beraten. WALKER empfiehlt dazu vor allem die „Colon Hydrotherapie“. Bei der Firma B & K Medizinbedarf in Aschaffenburg/Hösbach, Tel.: 06021-540377 erfahren Sie, wo Sie diese gründliche Darmreinigung in Ihrer Nähe durchführen lassen können. Das kann ambulant erfolgen.

Vorsicht bei Leberschwäche

Probleme treten bei einer Reihe von Menschen auch auf, weil sie eine schwache Leber haben, was sie zum Teil gar nicht ahnen. Diese ist im Laufe der ersten Jahre nach Anfangserfolgen der starken Entgiftung nicht gewachsen. Eine reine Rohkosternährung stellt an eine schwache Leber einfach zu hohe Anforderungen. PEITER (1989, S. 22f.) hat auf diesen Punkt besonders hingewiesen. Eine reine Rohkosternährung ist nur für gesunde Menschen voll verträglich. Aber wer ist das schon? Alle übrigen benötigen eine mehr oder weniger lange Umstellungsphase, die sich unter Umständen auf viele Jahre bis Jahrzehnte erstrecken kann. In dieser Umstellungsphase entgiften Sie und trainieren Ihren Organismus so weit, daß er schließlich problemlos mit Rohkost umgehen kann. Wenn Sie den Verdacht haben, daß Sie Leberprobleme haben könnten, dann ist es zweckmäßig, einen Fachmann aufzusuchen, der Ihnen durch verschiedene Tests Klarheit verschafft. Wenn Sie schon einmal Gelbsucht oder Malaria hatten, oder Drogen aller Art im Übermaß konsumierten, dann trifft dies auf Sie zu – ebenso natürlich dann, wenn Sie ernstlich krank sind. Bei PEITER (1989, S. 311) und bei WEISE (1990, S. 273f.) finden Sie einen Lebertest, den Sie selbst durchführen können.

Kalte Hände und Füße

Viele Menschen klagen nach der Umstellung auf (überwiegend) Rohkost darüber, daß sie frieren, daß sie kalte Hände und Füße haben. Dies ist leicht verständlich: Durch vegetarische Ernährung, besonders durch ungewürzte Rohkost sinkt der Blutdruck, was wünschenswert ist, weil dadurch die Organe nicht so abgenutzt werden und in der Regel die Langlebigkeit erhöht wird. Die Durchblutung besonders der Extremitäten läßt aber nach, vor allem auch als Folge von Verkalkungen der Blutbahnen aus der Zeit vor der Umstellung. Während eine intensive Versorgung mit Blut infolge des höheren Blutdrucks früher gegeben war, ist dies jetzt nicht mehr möglich und man friert. Sie müssen deshalb Geduld haben: Im Laufe der Zeit werden die Schlacken in den Blutbahnen abgebaut und schließlich werden Sie keine Probleme mehr haben.

Außerdem müssen Sie bedenken, daß eine reine Obst-Gemüse-Rohkost entwicklungsgeschichtlich von Menschen genossen wurde, die unter tropischem Klima lebten. Die meiste Zeit der rund fünf Jahrmillionen, die man für die Entwicklung des Menschen ansetzt, herrschte ja auf der ganzen Erde tropisches Klima. In diesem Klima treten keine Kälteperioden auf. Wenn Sie also frieren, dann sollten Sie zu mehr Nüssen, Samen, Trockenfrüchten, Avokados, kurz zu Lebensmitteln greifen, die mehr Kohlehydrate oder Fett enthalten. Auch warme Getränke oder Suppen wären empfehlenswert. Auch gedünstetes Gemüse wird die Entgiftung nicht stoppen, nur verlangsamen. Nicht vergessen sollten wir auch zweckmäßige, warme Kleidung, die unsere Vorfahren nicht benötigten. Und denken Sie daran: die Zirkulation wird vor allem durch durch Bewegung angeregt!

Wie man wieder zunimmt

Menschen, die nur „aus Haut und Knochen bestehen", sollten ohne speziellen Rat durch einen Fachkundigen nicht über einen längeren Zeitraum fasten – die dabei auftretende Entschlackung könnte sie zu sehr entkräften. Wenn Sie nach einer anfänglichen, in der Regel erwünschten Gewichtsabnahme bei Ihrer neuen Kost immer weiter abnehmen und sich schließlich geschwächt fühlen, dann liegt das daran, daß Sie übertrieben haben: Sie haben höchstwahrscheinlich zu viel Rohes gegessen ohne daß Ihr Körper das verkraften konnte, d. h. ohne daß er in der Lage war, aus den Speisen auch genügend aufzunehmen. Sie müssen dann zurückschalten und – vorzugsweise abends – auch schonend gegarte warme Speisen zu sich nehmen. Gleichzeitig würde ich Zitrusfrüchte und anderes saure Obst einschränken bzw. weglassen. Wenn Sie auch dann noch weiter abnehmen und sich geschwächt fühlen, dann sollten Sie – spätestens jetzt – einen Heilkundigen aufsuchen und sich auf Candida oder andere Beschwerden hin untersuchen lassen. Wenn der Befund negativ ist, d.h. wenn nichts zu finden ist, dann sollten Sie versuchen, in der zweiten Hälfte des Vormittags etwas substanzielleres als Obst zu essen: Avokados, eingeweichte Nüsse, vollfetten Rohmilchkäse oder notfalls auch ein Butterbrot. Legen Sie immer dann eine Zwischenmahlzeit ein, wenn Ihnen danach ist. Denken Sie aber auch daran, daß es nicht nur auf die Menge der Nahrung ankommt. Es ist auch sehr wichtig, daß Sie in Ruhe ohne Streß essen und gut kauen. Außerdem sollten Sie mit Muskeltraining beginnen – das gibt Gewicht!

Schließlich möchte ich noch auf solche Menschen eingehen, die partout nicht zu- oder abnehmen, obwohl sie sich völlig mit Rohkost ernähren. Hier handelt es sich um lebendige Beweise, daß Ernährung nur ein Aspekt der menschlichen Gesundheit ist. Die psychische Seite steht massiv dahinter. Ich haben in meinem Bekannten- und Freundeskreis eine Reihe solcher Menschen beider Typen beobachten können – die Ergebnisse waren immer wieder dieselben: Die Menschen, die zum Skelett abgemagert nicht zunehmen konnten, obwohl sie zum Teil Unmengen vertilgten, waren deutlich sicht- und spürbar Menschen, die generell nicht in der Lage waren, Dinge anzunehmen, die ihnen zur Verfügung standen. Im Verborgenen liegt hier wohl ein Minderwertigkeitskomplex vor, der dem Menschen suggeriert, daß er es nicht wert sei, daß die Umwelt gut zu ihnen ist. Solche Menschen sind auch nicht fähig, Liebe entgegenzunehmen. Wenn Sie mit ihnen sprechen, hören sie nicht richtig zu, niemand kann ihnen Ratschläge oder einfach zur Zuwendung schenken, ohne abgewiesen zu werden. Wenn diese Armen nicht lernen, sich selbst zu akzeptieren und zu lieben, werden sie auch nicht zunehmen.

Warum manche schwer abnehmen

Andere wiederum nehmen einfach nicht oder nur extrem langsam ab. Dies sind häufig Menschen, die Angst haben, sie könnten zu leicht werden und damit den Bezug zur Erde zu verlieren. Es kann passieren, daß ihre Energie dann so leicht und fahrig wird, daß sie den täglichen Anforderungen des Arbeitslebens nicht mehr gewachsen sind oder daß sie zu schnell so übersensibilisiert werden, daß sie Umweltverschmutzung und Lärm, unangenehme Energien anderer Menschen oder ihre bisherige Tätigkeit nicht mehr ertragen können. Andere fürchten, sie könnnten sich „auflösen", sie könnten ihre Substanz einbüßen, ihren Schutzpanzer verlieren. Denken Sie auch daran, daß Ihre Fettspeicherzellen zwar beim Fasten etc. Fett abgeben, als solche aber bestehen bleiben. Sie füllen sich sehr schnell wieder auf – deshalb sind kurze Kuren ohne Dauererfolg. Sie endgültig loszuwerden ist eine Lebensaufgabe. Nur mit strikter Rohkost über lange Zeit kann man sie völlig aushungern. Erwarten Sie also in diesem Punkt keine Wunder!

13 goldene Regeln zum Entschlacken

Als Einstiegskur zur Entschlackung und „Verjüngung" gebe ich hier die folgenden 13 goldenen Regeln, die ich selbst mit großem Erfolg ausprobiert habe.

1. Meiden Sie konzentrierte Nahrungsmittel, schränken Sie diese zumindest stark ein. Dies sind: Fleisch, Wurst, Fisch, Getreideprodukte, Hülsenfrüchte, Milch- und Milchprodukte, Eier etc.
2. Essen Sie wasserhältige Lebensmittel, vormittags nur Obst auf leeren Magen oder trinken Sie Obstsäfte sehr langsam und verdünnt mit Wasser. Kauen Sie sorgfältig und speicheln Sie alles gut ein.

3. Essen Sie Salate und Gemüse roh oder trinken Sie langsam verdünnten, frisch gepreßten Gemüsesaft. Wenn Sie es nicht anders schaffen, oder wenn mit rohem Obst und Gemüse und Salaten allein die Entgiftung zu stürmisch (mit zu starken Entgiftungserscheinungen) verläuft, essen Sie das Gemüse leicht gegart.
4. Trinken Sie zusätzlich – oder zum vormittäglichen Fasten – nur mineralarmes oder besser destilliertes oder durch Umkehr-Osmose entmineralisiertes Wasser.
5. Generell: Essen Sie nur dann, wenn Sie Hunger haben und essen Sie so viel wie Sie mögen. Sie sollen dabei nicht hungern! Dies ist keine Fastenkur. Die Nahrung soll Sie auch sinnlich und gefühlsmäßig befriedigen. Sie werden jedoch rasch merken, daß Sie sich mit weniger Nahrung viel besser fühlen.
6. Meiden bzw. reduzieren Sie Genußgifte wie Tee, Kaffee, Kakao, Tabak und Alkohol. Durch die vorgeschlagene Kost werden Sie ohnehin bald so wach und vital, daß Sie Drogen nicht mehr benötigen, es sei denn, Sie wollen Ihr Energieniveau runterziehen. Falls die Lust nach Kaffee Sie nicht losläßt, trinken Sie eine Tasse am Nachmittag.
7. Sorgen Sie für einen guten Stuhlgang, mindestens einmal pro Tag. Der Darm scheidet nicht nur die Überreste der Nahrung aus, sondern nimmt auch in großen Mengen Unbrauchbares aus dem Körper auf und befördert es ins Freie. BURGER (1988, S. 268) empfiehlt, bei Bedarf täglich mehrmals einige Scheibchen Kassie (Manna) zu lutschen. Dieses milde Laxativ beugt auch Entgiftungserscheinungen vor.
8. Gönnen Sie sich stets genug Ruhe, Entspannung und Schlaf! Meiden Sie Hektik, Streß, Lärm, Schmutz, unangenehme Menschen und Umgebung usw.
9. Unterstützen Sie die Entschlackung durch körperliche Bewegung an der frischen Luft und möglichst in der Sonne. Es gibt jetzt kleine Trampolins, die wahre Wunder wirken können. Zehn bis fünfzehn Minuten Bewegung auf dem Trampolin hat den gleichen Effekt wie eine halbe Stunde Joggen plus zusätzliche wohltuende Effekte und ohne die Nachteile des Joggens (WEIGERSTORFER).
10. Außerdem trägt Massage sehr zu Entschlackung bei: sie mobilisiert die Schlacken im Gewebe, das geschilderte übrige Verhalten führt sie zur Ausscheidung. Tiefengewebsmassage, die ich aus eigener Erfahrung sehr wirkungsvoll finde, mobilisiert festsitzende Schlacken im Gewebe. Dabei ist es wichtig, daß diese dann auch wirklich ausgeschieden werden und sich nicht nur umlagern. Bei dieser Art von Massage werden mit dem Aufbrechen der physischen Spannungen und Mobilisierung von Schlacken psychische Blocks und Traumata gelockert und abgebaut.

11. Saunabesuche sind ebenfalls sehr entgiftend, entschlackend und entsäuernd durch den hohen Schweißverlust. Wählen Sie eine Sauna mit mäßig hohen Temperaturen. Auch die kalte Dusche oder das kalte Tauchbad danach wirken entsäuernd (AIHARA 1988, S.92).
12. Gleichzeitig mit einer Entschlackungskur bietet es sich an, einen guten homöopathischen Arzt aufzusuchen, der durch geeignete Mittel die gesamte Krankengeschichte des Patienten aufrollt und traumatische physische wie psychische Überreste zu beseitigen versucht. Die richtigen homöopathischen Mittel können auch die innere Bereitschaft zu weiterer Reinigung verstärken. Dabei wird vor allem auf die Leber zu achten sein, da diese bei vielen zivilisationsgeschädigten Menschen stark gelitten hat und weil sie die Hauptarbeit der Entgiftung im Körper zu leisten hat. Dabei sollten auch im Körper gespeicherte Umweltgifte wie Blei, Kadmium, Amalgam, Benzol etc. ausgeleitet werden. Amalgamplomben sollten entfernt werden.
13. Schließlich sei Meditation als ausgezeichnetes Mittel physischer und psychischer Entschlackung genannt. Besonders wirkungsvoll dürften Methoden der Meditation sein, die mit Bewegung verbunden sind, wie sie zum Beispiel RAJNEESH (1983) empfohlen hat. Entscheidend für Entschlakkung ist, daß der Energiefluß gesteigert wird – und der wird ja durch alle Arten von Meditation angeregt.

Beachten Sie aber bitte dies: die Entschlackung sollten Sie nur dann durchführen, wenn Sie auch ein inneres Bedürfnis danach haben und bereit sind, in jeder Hinsicht, loszulassen. Nur dann werden Sie es richtig und ohne Zwang durchhalten.

Wie überwacht man die Entschlackung?

Sie können den Entschlackungsvorgang an der Waage und durch Messen des pH-Wertes des Morgen-Urins verfolgen. Solange das Gewicht sinkt und der pH-Wert trotz überwiegend basenbildender (Obst- und Gemüse-)Ernährung noch unter 7 ist, geht die Entschlackung noch vor sich. Das kann viele Monate dauern. Zur Messung des Morgen-Urins ist das Universal-Indikatorpapier der Firma MERCK (Nr. 9533) am besten geeigent. Da viele Schlacken über die Zunge ausgeschieden werden, ist diese ein guter Maßstab für die Entschlackung: solange sie belegt ist, geht Entschlackung vor sich.

Die 13 goldenen Regeln eignen sich vortrefflich für eine ein- bis dreiwöchige Entschlackungskur, die darüber hinaus als Demonstration der Wirksamkeit der hier vorgeschlagenen Ernährungsmethode – sozusagen zum Hineinschnuppern – fungieren kann. Gar mancher wurde auf diese Weise überzeugt, weiterzumachen. In diesen ersten Wochen können Sie – wenn Sie sich es zutrauen und wenn Sie die oben genannten Vorsichtsmaßnahmen beachten

– um einen größeren Entgiftungsschub zu erreichen, vorübergehend ziemlich radikal vorgehen. Danach empfehle ich jedoch eine langsame, schrittweise, harmonische Umstellung.

Zusammenfassung:

Bei der hier propagierten Ernährungsumstellung geht es um eine Reinigung des Körpers von Innen her, nicht um eine Symptombehandlung. Dabei treten Entgiftungserscheinungen auf. Diese können zwar durch geeignete Maßnahmen minimiert werden, sind aber letztlich das Nadelöhr, durch das man hindurch muß, wenn man innerlich rein werden will. Hundert Prozent Rohkost von heute auf morgen ist nur für wenige Menschen geeignet, denn die Verdauungsorgane müssen erst wieder lernen, aus der neuen Kost ausreichend Nährstoffe aufzunehmen. Falsche Ernährungsgewohnheiten, Antibiotika u. a. haben bei den meisten Menschen den Verdauungstrakt schwer geschädigt. Am weitesten verbreitet scheint zur Zeit die Candidiasis zu sein. Symptome werden geschildert und Wege zur Behandlung genannt. Allergien, Neurodermitis und ein geschädigtes Immunsystem stehen häufig in Verbindung mit einem Übermaß an tierischem Eiweiß, Pilzbefall und Umweltverschmutzung. Lieblingsspeisen sind oft Allergieauslöser.

Am Beginn der Umstellung hat sich eine Fastenkur bewährt. Dadurch werden so manche Probleme vermieden. Auf lange Sicht ist Vorsicht bei Leberschwäche angebracht. Kalte Hände und Füße sind für manche ein Problem, wie auch die Frage, wie man nach Gewichtsverlust bei der Entschlackung wieder zunimmt. Dafür wird Abhilfe genannt, ebenso für das Problem, warum manche so schwer abnehmen. Am Ende des Kapitels stehen 13 goldene Regeln zum Entschlacken und Angaben, wie man die Entschlackung überwacht.

Wie's gemacht wird

Nicht jeder ist zum Vegetarier geboren

Wir geben Ihnen in diesem Buch zwar Vorschläge für eine Ernährungsumstellung, betonen aber ausdrücklich, daß es sich um Experimentiervorschläge handelt und daß Sie selbst der einzige Maßstab sein sollten, ob und in wie weit Sie sich umstellen. Viele Menschen sind zum Beispiel ganz einfach noch nicht dazu bereit, Vegetarier zu werden. Für diese gelten dann unsere Vorschläge, die Menge der tierischen Produkte wenigstens zu reduzieren, nur erste Qualität aus biologischer Tierhaltung zu essen und die tierischen Produkte richtig zu kombinieren.

Werden Sie empfindsamer

Wenn Sie anfangen wollen, sich mehr und mehr nach den Regungen Ihres eigenen Körpers zu richten, dann sollten Sie lernen, diese besser zu spüren und verstehen zu können. Viele von uns sind so verschlackt, daß der Grad der Empfindsamkeit ziemlich niedrig ist. Mit anderen Worten, Sie müssen erst wieder sensibler werden. Dies erreichen Sie auf verschiedenen Wegen – die Entschlackung durch richtige Ernährung ist nur einer davon.

Schließen Sie Freundschaft mit Ihrem Körper!

Infolge einer leibfeindlichen Erziehung haben viele von uns keinen rechten Kontakt zu ihrem Körper. Der Körper als Sitz der Sexualität und auch der als unangenehm angesehenen Regungen wie Ärger, Wut, Zorn etc. wird von vielen Menschen als ein zu kasteiendes Übel angesehen. Auf diese Weise kommen wir nicht voran. Der Schöpfer hat Ihnen diesen Körper mit all seinen Eigenschaften gegeben, damit Sie sich hier auf Erden unter den hier herrschenden materiellen Bedingungen bewähren und unersetzliche Erfahrungen machen. Nichts darf und kann dabei ausgeklammert werden. Sexuelle Regungen sind – selbst abgesehen von der Notwendigkeit der Fortpflanzung – ebenso richtig und wichtig wie das Bedürfnis nach Nahrung. Lassen wir also alle Tabus beiseite und fangen wir an, uns mit unserem Körper anzufreunden. Er ist wie er ist, und so wie er ist, ist er gut. Versuchen Sie, das zu akzeptieren. Hören Sie auf, sich mit anderem zu vergleichen. Eine Rose ist keine Sonnenblume. Jede hat ihre speziellen Eigenschaften, keine davon ist besser. Sie haben einen Körper erhalten, der optimal zu Ihrer Lebensaufgabe paßt. Bitte machen Sie sich das einmal klar. Mit dem Körper eines anderen Menschen könnten Sie nicht leben, ihre Aufgabe nicht erfüllen. So einfach ist das. Vielen von Ihnen wird zur Ergänzung dieses Kapitels das Buch „Körperbewußtheit" von Ken DYCHTWALD helfen.

Energiegewinn durch Selbstannahme

Versuchen Sie, sich so anzunehmen, wie Sie sind. Und wenn Sie der Meinung sind, daß Sie zu dünn oder zu dick, zu klein oder zu groß etc. sind, dann vergessen Sie das mal eine zeitlang. Akzeptieren ist paradoxerweise der beste Weg, dorthin zu gelangen, wo Sie hinwollen. Geben Sie Ihre Energie nicht in die Ablehnung Ihres Eindruckes von sich selbst sondern in Wege zur Veränderung. Wenn sie sich selbst akzeptieren, wird sehr viel Energie frei, die Sie darauf verwenden können, Ihren Körper und seine Bedürfnisse genauer zu erforschen. Beobachten Sie sich, und finden Sie heraus, was Sie wirklich benötigen und wollen. Wie wird das gemacht?

Ganzkörpererlebnisse machen körperbewußt

Wie werden Sie sich Ihres Körpers bewußt? Dies geschieht zunächst am besten dadurch, daß Sie Ihren Körper beobachten und erleben, wenn starke Sinnesreize den gesamten Körper durchfluten, etwa dann, wenn Sie sich bewegen. Als erstes möchte ich das Tanzen nennen; nicht das übliche Tanzen, bei dem gesellschaftliche Konventionen im Vordergrund stehen oder bei dem Sie durch die überlaute Musik betäubt sind. Ich meine das meditative Tanzen, Ausdruckstanz, Gurdjieff-Tänze, Contact-Dance etc. Sie tanzen dabei in der Regel alleine und beobachten jede einzelne Bewegung, die sie durchführen. Sie spüren dabei Ihre Füße, die Beine und Arme, den ganzen Körper. Sie merken, wo und wann Sie steif und unbeweglich, wo und bei welchen Bewegungen Sie besonders geschmeidig und flexibel sind. Eng verwandt damit sind gymnastikartige Bewegungen wie Tai Chi, das sogenannte chinesische Schattenboxen, was nichts mit Boxen zu tun hat sondern aus besonderen Bewegungsabläufen besteht, für die hohe Konzentration und Bewußtheit nötig ist. Sie sind so wirkungsvoll, weil sie besonders langsam – quasi in Zeitlupe – durchgeführt werden.

Gewinnen Sie wieder Kontakt zur Natur!

Eine weitere Möglichkeit, um mehr Kontakt zu sich selbst und zur Erde zu gewinnen besteht darin, daß Sie sich den Elementen Sonne, Wind, Wasser und Boden aussetzen. Barfuß ohne Schirm im Regen . . . Fühlen wie Kälte und Wärme, Wind und Regen die Haut aktivieren, wie neue Lebensenergie aufsteigt. In der Wiese oder auf den herabgefallenen Blättern oder im Moos im Wald liegen und die weiche und doch solide unterstützende Kraft spüren, die vom Boden ausgeht und dem Körper Sicherheit und Geborgenheit zu schenken vermag, wenn wir sie nur annehmen, uns einlassen.

Genießen Sie, wie das Herz nach einem schnellen Sprint bis zum Hals hinauf schlägt, wenn der erste Schweißhauch durch die Poren dringt, wenn der ganze Körper vor lauter Leben summt und brummt. Nur darüber nachlesen oder die Abenteuer im Fernsehen betrachten hilft nicht – man muß es schon selbst erleben. Niemand anders kann für Sie schwitzen!

Sie müssen schon selbst in die Sauna gehen und die Körpersensationen erleben, wenn der Schweiß in Sturzbächen Sie verläßt und wie das Herz pocht und der Atem wegzubleiben droht, wenn der kalte Guß den Körper überflutet. Für besonders aktive Menschen, die es lieben, an Ihre Grenzen zu kommen und darüber hinauszugehen, empfehle ich, einmal ein Seminar „Bioenergetics" zu besuchen. Hier können Sie die Leistungsfähigkeit Ihres Körpers erproben. Hier können Sie lernen, was Sie alles erreichen können, wenn Sie nur positiv sind und wollen, hier können Sie genießen, wie herrlich befreiend und leicht es sich anfühlt, wenn Sie ihre (selbst errichteten) Grenzen überschreiten, wenn Sie sozusagen den Nachbrenner einschalten.

Entspannung mit Musik

Aber es geht auch ruhiger, sensibler. Haben Sie schon einmal etwas von autogenem Training gehört? Nein? Dann erkundigen Sie sich danach. Entspannung können auch Sie gebrauchen und zugleich ist das ein guter Weg, mit sich selbst besser in Kontakt zu kommen. Sie liegen in Ruhe und gehen Ihren ganzen Körper, Stück für Stück durch. Sie erleben ihn, Sie entspannen ihn, Sie lernen ihn kennen. Es gibt jetzt so phantastische, entspannende, beruhigende, sensibilisierende Musik, daß Sie wirklich davon Gebrauch machen sollten. Besorgen Sie sich Musik von z.B. Deuter, Kitaro, Vollenweider, Oliver Shanti etc., setzen Sie Ihre Duftlampe in Gang, dämpfen Sie das Licht, schalten Ihre Stereoanlage ein und legen sich auf den Rücken. Lassen Sie die Klänge den Körper durchfluten. Bleiben Sie völlig still und regungslos, genießen Sie die Musik und beobachten Sie Ihren Körper und Ihre Gedanken. Sie werden erstaunt sein, wie das erfrischt und wie Sie nach nur einer halben Stunde Pause dieser Art auf einmal nach getaner Tagesarbeit wieder Lust haben, für sich selbst ein gutes Mahl zu bereiten und es so entspannt zu genießen, daß es Ihnen auch wirkich richtig bekommt.

Traumreise ins Schlaraffenland

Und was Sie auch ab und zu ausprobieren sollten: eine Traumreise, z.B. ins Schlaraffenland. Dazu legen Sie sich ebenfalls auf den Rücken und es kann auch nicht schaden, dabei Musik zu hören. Dann stellen Sie sich vor, wie Sie dürstend und hungrig, völlig erschöpft in der Wüste umherirren und schließlich wie durch ein Wunder an den Gartenzaun einer Oase gelangen. An einem Tor steht: Schlaraffenland. Hier können Sie alles essen, wonach das Herz begehrt und so viel davon, wie Sie können. Fangen Sie aber nicht sofort an, wahllos das erste beste hinunterzuschlingen. Lassen Sie sich Zeit und sehen Sie sich erst den gesamten Garten an, damit sie auch wissen, was er bietet. Suchen Sie sich das aus, was Sie am liebsten möchten, vor allem auch das, was Sie im realen Leben nicht bekommen können, aber schon immer einmal essen wollten, bzw. das, was Sie gerne essen, sich aber verkneifen, weil Sie meinen oder gehört haben, daß das für Sie nicht gut sei. Wenn Ihre Wünsche klar vor Augen stehen, dann fangen Sie an zu essen und malen sich in allen Details aus, wie die Speisen duften, wie sie sich im Mund und zwischen den Zähnen anfühlen, wie sie schmecken und ob Sie sich danach befriedigt fühlen. Vielleicht können Sie auch spüren, ob die eine oder andere Speise, dieses oder jenes Lebensmittel bestimmte Teile Ihres Körpers besonders beeinflußt. Wenn Sie fertig sind, legen Sie sich in der Oase ins Gras und genießen Ihre Sättigung, Ihre Zufriedenheit und die süße Schwere und Erdverbundenheit, die gutes Essen zu geben imstande ist. Sie werden sehen, daß Sie diese Erlebnisse im täglichen Leben sinnvoll verwerten können, wenn es darum geht, herauszufinden, worauf Sie Lust zum Essen haben!

Körpererfahrungs-Übung

Eine weitere Körpererfahrungs-Übung möchte ich Ihnen hier vorschlagen (PEARSON, 1988). Sie legen sich dazu in Ruhe hin, schließen Ihre Augen und lenken dann Ihre Aufmerksamkeit langsam durch den ganzen Körper. Sie geben besondere Energie den Körperteilen, die Sie als die stärksten und die schwächsten, die ältesten und die jüngsten, die wärmsten und die kältesten, die glatten und sanftesten sowie die rauhesten, die härtesten und empfindlichsten erachten. Sie weihen Ihre ungeteilte Aufmerksamkeit dem Körperteil, dessen Veränderung Sie am meisten wünschen oder am wenigsten möchten, dem angespanntesten und dem entspanntesten Teil Ihres Körpers, dem Teil, auf den Sie am stolzesten sind und demjenigen, dessen Sie sich am meisten schämen. Sie bekommen so mehr Kontakt zu Ihrem Körper und Ihren Empfindungen, kurz zu sich selbst.

Massage

Lassen Sie sich manchmal massieren, auch wenn Sie keine akuten medizinischen Gründe dafür haben? Haben Sie schon einmal jemand anders massiert? Ist Ihnen klar, daß massieren nicht notwendigerweise mit durchkneten gleichgesetzt werden darf und daß es Massagearten gibt, bei denen nicht die Körperteile berührt werden, die man behandeln will, sondern andere, die mit ihnen in Verbindung stehen? Können Sie sich vorstellen, daß man einen Menschen sogar massieren kann, ohne seinen physischen Körper zu berühren? Massage ist ein weites Feld und eine der besten Methoden, mehr Körperbewußtsein zu erlangen. Für viele von Ihnen wäre es vielleicht ein guter erster Schritt, einmal ein paar Fußreflexzonen-Massagen zu genießen. Sie werden staunen, wie entspannend und heilsam das ist und wie viel Sie dabei über Ihren Körper lernen. Auch werden immer wieder Massagekurse angeboten, in denen es weniger um Ausbildung und die Übermittlung von Techniken geht als um das Kennenlernen des eigenen Körpers und um den Abbau von Scheu im Umgang mit anderen Menschen. Lassen Sie sich darauf ein! Wir sind hier auf Erden, damit wir unter diesen Umweltbedingungen mit einem menschlichen Körper unsere Erfahrungen machen. Wir müssen diesen Körper so gut wie möglich kennenlernen, nur dann können wir ihn auch richtig verwenden. Manche Arten von Massage arbeiten mit dem Vital-, Emotional- oder gar Mentalkörper (vgl. Abb. S. 151), weshalb der physische Körper gar nicht berührt wird. Wenn solche Massagen von einem Menschen durchgeführt werden, der wirklich etwas davon versteht, sind sie besonders wirkungsvoll. Sie werden überhaupt staunen, was im Laufe einer Massage alles an Gefühlen hochkommen kann.

Sex und Zärtlichkeit

Vielleicht schalten Sie auch einmal Ihr Leistungsdenken ab und vergessen den Orgasmus, wenn Sie das nächste mal mit Ihrem oder Ihrer Liebespartner(in) zusammen sind. Stellen Sie Streicheln, sanftes Massieren, Kuscheln und Zärtlichkeit an die erste Stelle – und versuchen Sie, sich selbst dabei zu beobachten. Sie fühlen Sie sich in jedem Moment? Was gefällt Ihnen am be-

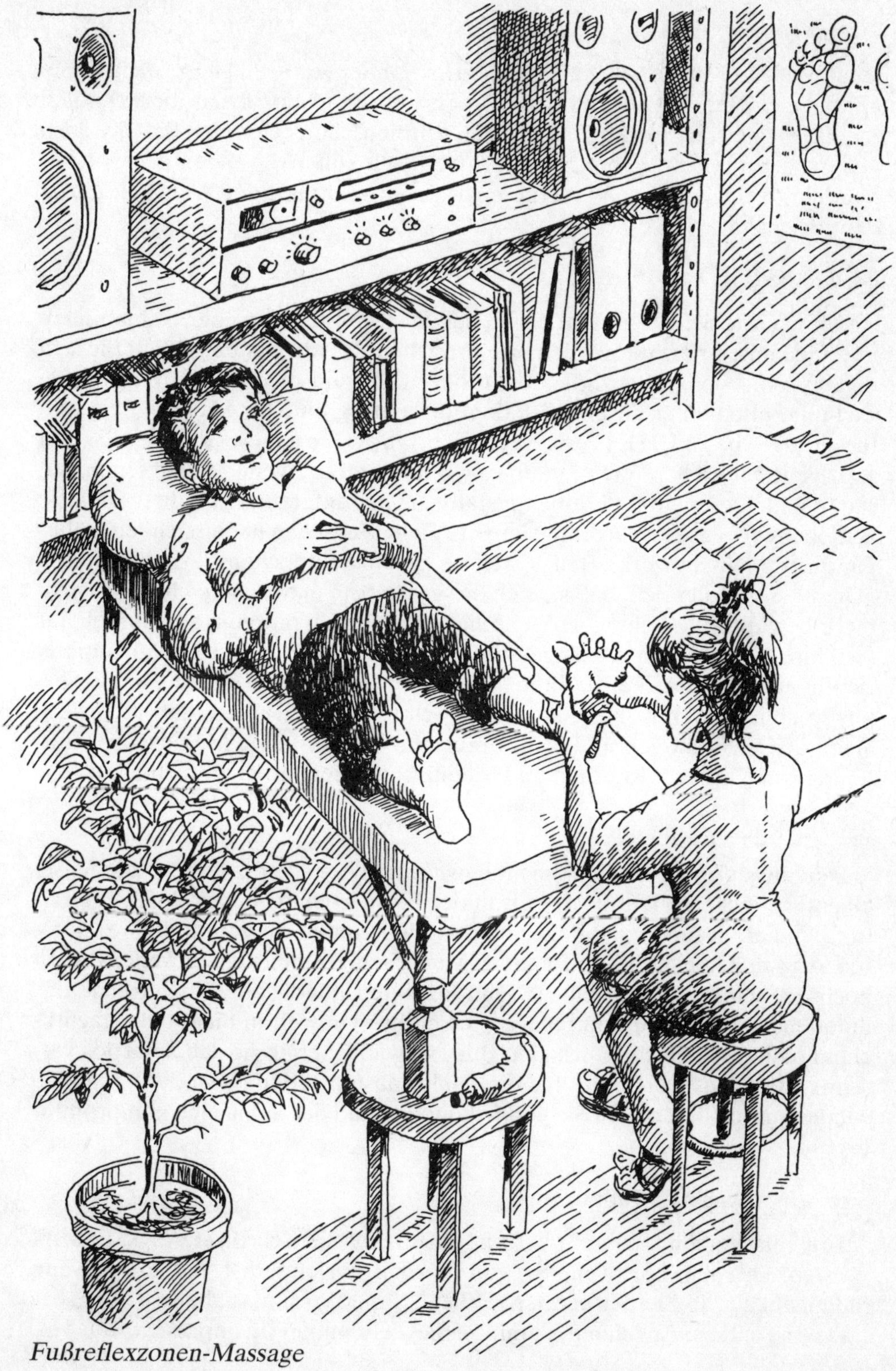

Fußreflexzonen-Massage

sten? Welche Körperteile haben Sie bisher immer vernachlässigt? Achten Sie auf die kleinsten Regungen Ihres Körpers und sprechen Sie darüber. Denken Sie daran: der rechte Umgang mit den Mitmenschen erfordert, daß Sie nach außen ehrliche, zutreffende Signale setzen. Wie sollen die anderen Sie gut behandeln, wenn Sie Ihre Wünsche nicht äußern und mit der Wahrheit hinter dem Berg bleiben?

Bewußtheit

Der nächste Schritt besteht darin, daß Sie sich Ihrer Gefühle, Stimmungen und Gedanken bewußt werden. Sie erreichen das am besten, indem Sie sich täglich wenigstens zwanzig Minuten hinsetzen und meditieren. Wählen Sie sich mit Hilfe von erfahrenen Meditationslehrern eine für Sie geeignete Methode aus – bei WEISE (1990, S. 222f.) erfahren Sie näheres darüber. Es gibt z.B. viele Menschen, die merken es gar nicht mehr, wenn Sie auf jemanden sauer sind, weil sie das als einen negativen Charakterzug betrachten, den sie zeitlebens erfolgreich verdrängt haben. Viele Menschen haben sich seit früher Kindheit Wünsche verkniffen – weil sie gegen die üblichen Verhaltenweisen gehen – so erfolgreich, daß sie sich dieser Gelüste inzwischen schon gar nicht mehr bewußt sind. Sehr viele Menschen frühstücken morgens ausführlich nur weil ihre Eltern ihnen das eingeredet hatten, obwohl sie als Kinder instinktiv richtig nicht frühstücken wollten. Viele Menschen essen Fleisch, weil es bei uns so üblich ist, obwohl sie als Kinder schon einmal wußten, daß sie Fleisch eigentlich nicht mögen und nicht brauchen. Yoga ist eine Möglichkeit, Einübung von Körperbewußtheit und Meditation miteinander zu verbinden.

Falsche Rücksichtnahme

Den meisten von uns ist es nicht bewußt, daß sie ständig Dinge tun, die sie eigentlich nicht wollen: im Beruf, in der Partnerschaft, in der Freizeitgestaltung, in der Gesundheitspflege etc. Ständig nehmen sie aufgrund ihrer inneren Ängste „Rücksicht" auf andere Menschen. Dabei tun sie weder diesen noch sich selbst einen Gefallen, denn sie halten ständig ein Bild aufrecht, das ihnen nicht entspricht und belügen dabei ihre Umwelt in nicht unbeträchtlichem Maße. Sie machen sich kein Bild, wieviel Energie sie dabei nutzlos verschwenden. Das Geheimnis für Ihre Nahrungsumstellung liegt darin, daß Sie wieder herausfinden, was Sie wirklich mögen und das dann auch kompromißlos tun.

Sich seiner Angst bewußt werden

Ein entscheidender Punkt besteht darin, daß Sie sich Ihrer Angst bewußt werden. Das geht nur, wenn Sie ganz ehrlich zu sich selbst sind. Auch wenn Sie glauben, daß Sie der unübertreffliche Supertyp sind, haben Sie Angst – und es ist gut, sie zu kennen, damit sie Sie nicht immer im unpassendsten Moment doch von hinten einholt und dann zu Handlungen zwingt, die Sie nachher bereuen. Wenn Sie ehrlich sind, kennen Sie das schon. Es geht jetzt darum, daß Sie das generell zugeben und laufend beobachten. Daraus ergibt sich wie von selbst eine Änderung Ihres Verhaltens.

Am zuverlässigsten: die innere Stimme

Je sensibler, je empfänglicher Sie werden, umso klarer werden Sie die Signale Ihres Instinktes, Ihrer Gefühle, Ihres Verstandes und vor allem Ihrer Seele hören. Während der Instinkt nur funktioniert, wenn Sie bereits völlig kompromißlos auf Rohkost sind und Gefühl und Verstand oft noch zu sehr in Gewohnheiten verhaftet sind, ist es vor allem die innere Stimme, mit der Ihre Seele spricht, auf die Sie sich hundertprozentig verlassen können. Sie wird am besten durch Meditation und dadurch, daß Sie ihr folgen trainiert.

Mensch, erkenne dich selbst!

Auf dem Wege, sich selbst beser kennenzulernen hilft es auch, wenn Sie sich Partner(innen) suchen, mit denen Sie über sich selbst sprechen können, denen gegenüber Sie sich öffnen und rückhaltlos offen sein können. Häufig ist es gut, ein Feedback zu bekommen, von anderen ehrlich zu hören, wie man von anderen empfunden wird. Häufig kann man eigene Eigenschaften – vor allem wenn es sich um unerwünschte handelt – selbst nicht richtig sehen. Zuweilen kann es durchaus auch sinnvoll sein, bei der Suche nach dem eigenen Charakter, nach seinen Gewohnheiten und seinem Potential einen Fachmann einzuschalten: Astrologen, Charakterologen und viele andere Arten von Lebensberatern können dabei hilfreich sein. Prüfen Sie aber alles, was man Ihnen sagt, sehr sorgfältig und achten Sie darauf, daß man Ihnen nichts einredet, was nicht vorhanden ist. Letzte Instanz sind immer Sie selbst. Deshalb ist auch ein Selbststudium von Konstitutions- und Charaktereigenschaften anhand der Literatur sehr hilfreich (z. B. anhand des Buches von WAGNER, 1992).

Was will ich wirklich essen?

Der entscheidende Schritt zu einer Verbesserung Ihrer Ernährung besteht darin, daß Sie anfangen, sich ganz ehrlich und ohne Rücksicht auf die Ideen anderer darüber klar werden, was Sie in einem gegebenen Moment am liebsten essen würden. Es ist gut, dies in einer Umgebung zu tun, in der Ihnen kein Essen angeboten wird, damit Sie nicht von Ihren inneren Wünschen abgelenkt werden. Fragen Sie sich, welcher Art das Essen sein sollte: warm oder kalt, weich oder fest, süß oder salzig, breiig oder saftig usw. Stellen Sie sich dann vor, welche Speisen das konkret sein könnten. Wenn es Ihnen unklar ist, ob sie eine Speise, die Ihnen in den Sinn kommt, wirklich mögen, fragen Sie sich, ob Sie sich betrogen fühlen würden, wenn Sie diese Speise jetzt nicht bekämen.

Dann erst suchen Sie das Restaurant oder den Supermarkt usw. auf, in dem Sie die gewünschte Speise erhalten können. Achten Sie dabei sehr darauf, daß Sie sich nicht von Sonderangeboten ablenken lassen, daß Sie Dinge kaufen, die Sie reizen. Vergessen Sie niemals, daß nur das, was Sie wirklich wollen, sie auch befriedigen wird. Nur das Original zählt, nicht die Kopie oder die zweite Wahl. Wenn Sie Lust auf den Kuchen eines bestimmten Bäckers haben, dann kaufen Sie exakt diesen in genau diesem Laden und nicht einen Kuchen gleichen Namens aus dem erstbesten Supermarkt.

Habe ich überhaupt Hunger?

Weiterhin kommt es sehr wesentlich darauf an, festzustellen, ob Sie zur Essenszeit überhaupt Hunger haben. Ist dies nicht der Fall, dann sollten Sie so diszipliniert sein, daß sie tatsächlich so lange nichts essen, bis sich der Hunger einstellt. Es ist unschädlich, einige Stunden hungrig oder mit Appetit herumzulaufen aber weniger sinnvoll „auf Vorrat" zu essen. Letzteres belastet den Körper während hungrig sein die Ausscheidung begünstigt, also sehr nutzt.

Ausnahmsweise keine Angst vor Junkfood

Die Methode, das zu essen, was man wirklich will, führt zwangsweise dazu, daß man Dinge ißt, die nach neuerer wissenschaftlicher Erkenntnis eindeutig ungesund sind (Junkfood = Essen, das man besser wegwerfen sollte, weil es völlig denaturiert ist). Wenn diese Speisen aber dem wirklichen eigenen Bedürfnis entsprechen und wenn sie ohne schlechtes Gewissen voll genossen werden, wird man wenigstens nicht mehr zu viel essen. Der Körper wird damit weniger belastet als zuvor und einer weiteren Gewichtszunahme wird vorgebeugt. Mit diesem Konzept erreicht man, daß Übergewicht sehr erfolgreich abgebaut werden kann. Die Erfolgsquote ist dabei wesentlich höher als bei Abmagerungskuren. Im Laufe der Zeit werden Sie zu gesünderen Nahrungsmitteln kommen, weil mit dieser Methode erfahrungsgemäß nur die Speisen auf Dauer gewünscht werden, die Ihnen auch nutzen. Die Probleme, die dabei auftreten, werden in vorhergehenden Kapitel behandelt.

Wann will ich essen?

Als nächstes müssen Sie Ihr Augenmerk darauf richten, wann Sie essen. Es gibt viele Menschen, die zu den üblichen Essenszeiten nicht den richtigen Appetit verspüren. Es gibt die verschiedensten Ansichten, wann und wie oft man essen sollte. Sind drei Hauptmahlzeiten mit oder ohne Zwischenmahlzeiten oder sind mehrere kleine Mahlzeiten über den Tag verteilt richtig? Auch hier gibt es keine allgemein verbindlichen Vorschriften. Finden Sie selbst heraus, was am besten zu Ihnen paßt. Richten Sie Ihre Essenszeit so ein, daß Sie Ihr Essen langsam und ungestört einnehmen können, falls Sie das wollen. Schrecken Sie anfangs nicht vor ungewöhnlichen Essenszeiten zurück, auch wenn Sie im Kapitel „Richtiges Timing“ erfahren haben, daß z.B. essen um Mitternacht ungesund ist. Nehmen Sie Ihren ganzen Mut zusammen und experimentieren Sie.

Wo und mit wem möchte ich essen?

Auch das Wo und mit Wem muß sorgfältig beachtet werden. Viele Mütter mögen nicht mit ihren Kindern am Tisch essen, weil die Kinder ein zu großes Durcheinander veranstalten. Tun sie es trotzdem, so finden sie keine Befriedigung und essen später nochmals, was zur Gewichtszunahme führt. Viele Personen können auf ihren eigenen Partys nichts wirklich genießen. Auch bei ihnen ist die Gefahr, daß sie zweimal essen und dann zu dick werden. Viele Menschen fühlen sich gezwungen, mit ihren Arbeitskollegen in Kantinen zu essen, obwohl sie vielleicht viel lieber alleine essen würden und ganz andere Speisen bevorzugen. Hier gehört schon Mut dazu, zu sich selbst zu stehen und sich die eigenen Wünsche zu erfüllen.

Wie möchte ich essen?

Schließlich sei die Art des Essens erwähnt. Auch sie muß sorgfältig beachtet werden. Manchmal hat man den Wunsch, sehr rasch zu essen, die Speisen förmlich hinunterzuschlingen. Dann sollte man das auch tun, dabei aber nicht die Möglichkeit versäumen, sich selbst zu beobachten. Dabei wird sich dann herausstellen, warum der Wunsch aufgetreten ist, was man damit bewirkt, ob es Spaß macht, ob es wirklich befriedigt.

Beim Essen sich selbst beobachten

Nachdem Sie in jedem Einzelfall herausgefunden haben, was Sie wo, mit wem und wann essen wollen, kommt der nächste Schritt: Beobachten Sie sich beim Essen. Achten Sie auf die sinnlichen Sensationen, die sich abspielen. Nutzen Sie alle Möglichkeiten aus, die Speisen wirklich zu genießen. Ungewöhnliche Formen des Essen sollten Sie nicht wegschieben, wenn der Wunsch danach hochkommt oder wenn Sie feststellen, daß sie besondere Befriedigung verschaffen. Suchen Sie sich eine Umgebung, die Ihren Bedürfnissen am meisten entgegenkommt: Wenn Ihnen vornehmes Tellergeklapper und Tafelmusik, aufmerksame Ober, kurz eine vornehmes, festliches Ambiente zusagen, dann gönnen Sie sich dies. Wenn Sie lieber mit den Fingern essen und den Mund so richtig voll stopfen (wofür viel spricht), wenn Sie gerne schmatzen oder schlürfen, schaffen Sie sich die richtige Umgebung, wo Sie dies tun können. Wenn Sie den Nachtisch gerne zuerst essen möchten, lassen Sie sich nicht davon abhalten!

Das Stopp-Spiel

Versuchen Sie herauszufinden, ob die jeweils für bestimmte Speisen gewählte Art des Essens Sie auch wirklich befriedigt. Es wird Ihnen kaum gelingen, dies herauszufinden, wenn Sie beim Essen lesen oder an tausend andere Dinge denken oder gleichzeitig anders beschäftigt sind. Anfangs – wenn Ihnen danach ist – sollten Sie dies noch tun. Je mehr Bewußtheit aber hineinfließen kann, um so schneller wird diese Angewohnheit fallen. Beobachten Sie sich während des Essens, damit Sie rechtzeitig merken, wann Sie satt sind. Sie können dies um so sicherer bestimmen, je langsamer Sie essen, je besser Sie kauen, je tiefer Sie atmen und je weniger Sie sich ablenken lassen.
Bei allem was Sie tun ist es gut, von Zeit zu Zeit – auch mitten in der jeweiligen Beschäftigung – „stop" zu sagen und innezuhalten, ein paar mal tief durchzuatmen und sich zu fragen: Was tue ich hier eigentlich? Ist es das, was ich wirklich wollte? Wenn ja, ist es jetzt immer noch dran? Was müßte ich ändern? Haben sich meine Bedürfnisse geändert? Der letzte Gang muß nicht unbedingt auch gegessen werden, es genügt, daß man ihn bezahlt!

Experimentieren mit unbekannten Speisen

Je besser Ihre Beobachtung beim Essen wird, je genauer und schneller werden Sie herausfinden, welche Speisen Ihnen wirklich schmecken oder ob Sie bei der Auswahl nicht genau genug hingehört haben. Im Laufe der Zeit sollten risikofreudiges Experimentieren mit neuen, völlig unbekannten Speisen hinzu treten. Der Verstand kann Vorschläge als Anregungen machen, die er von außerhalb bezogen hat, Vorschläge, die zu den erfüllten Wünschen bezüglich der Eigenschaften der gewünschten Speisen passen. Dann kann damit experimentiert werden. Auf diese Weise können sich neue Vorlieben einstellen, die wissenschaftlich betrachtet höherwertige Lebensmittel beinhalten. Je bewußter Sie werden, um so mehr werden auch gesunde Speisen in Ihrem Nahrungszettel auftauchen. Ihre innere Stimme ist sehr für natürliche Lebensmittel!

Wachsamkeit nach dem Essen

Der nächste Schritt ist der, auch nach dem Essen die Wachsamkeit nicht aufzugeben: Es gilt, sorgfältig darauf zu achten, welche Speisen sich nach dem Essen gut anfühlen. Nach welchem Essen fühle ich mich leicht, nach welchem belastet und schwer? Welches beflügelt, welches macht müde. Welches sättigt langanhaltend etc. Hier müssen Sie von Tag zu Tag neu hinsehen. Das selbe Essen hat nicht immer die selben Wirkungen. Je klarer und drastischer Ihre Beobachtungen und Empfindungen sind, umso wirkungsvoller werden sie sein. Sie müssen sich dann nicht zwingen, eine Speise, die Ihnen nicht gut bekommen ist, nicht mehr zu essen. Sie werden ganz einfach nicht mehr danach verlangen.

Sucht und Abhängigkeit

Zum Schluß möchte ich noch ganz kurz ein Thema anschneiden, das sehr schwierig und vielgestaltig ist. Es ist die Frage nach der Sucht, die Frage nach Abhängigkeit und wie man diese los wird. Man unterscheidet Abhängigkeit, die physische Entzugserscheinungen beinhaltet, wenn man ihr nicht nachkommt und Abhängigkeit, die keine körperlichen Folgen hat. Psychische Ursachen liegen beiden zugrunde und wenn sie nicht gelöst werden, dann wird man auf Dauer auch das Suchtproblem nicht in den Griff bekommen, sei die Entziehungskur auch zunächst noch so erfolgreich. Zu diesem Thema sind viele Bücher geschrieben worden, ich kann hier unmöglich auch nur annähernd darauf eingehen. Einige wenige Bemerkungen zur Praxis seien mir aber gestattet.

Suchtursache

Es ist klar, daß die oben geschilderte Methode, das zu essen, was man wirklich möchte, bei Süchtigen nicht der erste Schritt sein kann, weil diese in der Regel derart nach den entsprechenden Speisen, Getränken oder Drogen gieren, daß sie immer noch tiefer in ihre Sucht hineingeraten, bis sie sich schließlich völlig ruinieren. Dies kann auch auf die Bulimie (die Eß-Brechsucht), die Anorexie (Magersucht) und auf die Freßsucht (Fettleibigkeit) zutreffen. In seinem sehr lesenswerten, hochinteressanten Buch „No more Cravings" (keine Gelüste mehr) vertritt HUNT aufgrund jahrzehntelanger, ärztlicher Erfahrungen die Ansicht, daß Eßsüchte in aller Regel mit Pilzbefall (Candidiasis), Lebensmittelallergien oder Vitamin- oder Mineralmangel zu tun haben. Daß dahinter psychische Probleme und die individuell sehr verschiedene Konstitution der jeweiligen Menschen stehen, sei nur am Rande vermerkt. Die Frage ist, wie kann den Eßsüchtigen geholfen werden? Candidiasis und Allergien müssen ärztlich behandelt werden – allein mit Nahrungsumstellung ist da nichts zu machen. Die Betroffenen würden es nicht durchhalten und die neue Nahrung würde als Heilmittel nicht ausreichen.

Nahrungsergänzungen stoppen das Verlangen

Wenn die betreffenden Personen frei von Allergien oder Pilzen sind, dann kann es sich um Vitamin- oder Mineralmangel handeln. Dieser kann auftreten, weil die entsprechenden Stoffe in der verzehrten Industrienahrung nicht enthalten sind oder weil der Körper konstitutionsbedingt oder infolge Abnutzung diese Stoffe aus der Nahrung nicht in genügender Menge aufzunehmen imstande ist. HUNT (1987) empfiehlt die Einnahme von natürlichen Vitaminen und organischen Mineralien in bestimmten Mengen mehrfach täglich. Nach seinen Beobachtungen an tausenden von Patienten, verschwindet dadurch das Verlangen. Bei Zucker empfiehlt er z. B. Kelp und Calziumlaktat, ergänzt durch Leinölkapseln, und L-Glutamin u. a. (S. 44ff). Bei Sucht nach

Backwaren und Käse empfiehlt er Niacin und ein organisches Multimineralpräperat oder Alfalfatabletten, bei Milch- und Speiseeis-Sucht Kalzium-Laktat (S. 66ff). Generell hilft zusätzlich Vitamin C.

Durch diese häufigen und relativ hohen Gaben verschwindet bei den meisten Patienten nach wenigen Tagen das Verlangen nach den vorher in Riesenmengen vertilgten Nahrungsmitteln. Die Nahrungsergänzung in Form der Präparate kann dann bis wöchentlich einmal reduziert werden. Wenn Sie unter Süchten leiden und das Problem so angehen wollen, dann empfehle ich Ihnen, sich einen Heilkundigen zu suchen, der davon etwas versteht und der die geeigneten Mittel für Sie zusammenstellt. HUNT betont, daß man in jedem Fall individuell herausfinden muß wieviel und wie oft die Nahrungsergänzung benötigt wird. Wenn sich die Lage stabilisiert hat und Sie viel Rohes essen – besonders auch Wildkräuter und Sprossen – dann können Sie in der Regel auf Nahrungsergänzungen in Form von Präparaten verzichten. Entscheidend aber ist und bleibt, daß Sie sich bei allen Süchten voll im Klaren sind, daß diese immer seelische Ursachen haben. So lange diese nicht gesehen und geklärt sind, sind alle anderen Behandlungsmethoden immer nur Symptombehandlung, d.h. die Sucht wird zwar äußerlich scheinbar beseitigt, dies gelingt aber nur vorübergehend. Sie kommt so oder anders wieder und der Ärger geht – meist verschlimmert – von vorne los. Das ausführlich geschilderte Programm zur Bewußtwerdung ihres Körpers und Ihrer Gefühle wird Sie unterstützen, ihrer Süchte Herr zu werden. Hilfe durch einen erfahrenen Therapeuten können sie aber meist nicht ersetzen.

Zusammenfassung

Wenn Sie Ihre persönliche, individuelle Ernährung erspüren wollen, dann sollten Sie empfindsamer werden. Lernen Sie sich selbst besser kennen! Indem Sie sich, so wie Sie sind, annehmen, setzten Sie viel Energie frei, die Sie in die Selbsterkundung stecken können. Ganzkörpererlebnisse machen körperbewußt. Auch Bewußtheit der Gefühle, Gedanken und Stimmungen ist gefragt. Aus falscher Rücksichtnahme werden wir unehrlich und verlieren den echten Kontakt zu uns und unserer Umwelt. Sich seiner Angst bewußt werden ist der Ausweg. Unser bester und zuverlässigster Ratgeber ist unsere innere Stimme, die Intuition. Viele Methoden helfen uns bei der Frage „Wer bin ich?“.

So gehen wir schrittweise bei der Nahrungsauswahl vor: Was will ich wirklich essen? Habe ich überhaupt Hunger? Wann will ich essen? Wo und mit wem möchte ich essen? Wie möchte ich essen? Habe ich genug gegessen? Auch das Experimentieren mit unbekannten Speisen ist gefragt, ebenso wie Wachsamkeit nach dem Essen. Zum Schluß werden Sucht und Abhängigkeit diskutiert; es wird nach Suchtursachen gefahndet. Nahrungsergänzungen stoppen das Verlangen, langfristig muß jedoch der psychische Hintergrund aufgearbeitet werden.

LITERATURVERZEICHNIS

AICHER (1988): Sprossen u. Keime – Bausteine z. Vollwerternährung. St. Georgen.

AIHARA, H. (1985): Milch – Ein Mythos der Zivilisation. Holthausen.

AIHARA, H. (1988): Säuren & Basen (Synthese aus dem westlichen Säure-Base-Modell und dem östlichen Yin-Yang-Prinzip). Holthausen.

AIVANHOV, OMRAAM MIKHAEL, (1988): Yoga der Ernährung. Frejus.

BAUMGARDT, H. (Hrsg.) (1987): Ohne Fleisch gesund leben. Ritterhude.

BAUMGARDT, H. (Hrsg.) (1988): Keine Angst vor AIDS. Ritterhude.

BILLEN-GIRMSCHEID, G. & SCHMITZ, O. (1986): Das Öko-Lexikon unserer Ernährung. Frankfurt a. M.

BIRCHER-BENNER, M. (1977): Ordnungsgesetze des Lebens als Wegweiser zur echten Gesundheit. Bad Homburg v. d. H.

BRAGG, P. C. & P. (1987): Wasser. Das größte Gesundheitsgeheimnis. Ritterhude.

BRUKER, M. O. (1985): Unsere Nahrung – unser Schicksal. Lahnstein.

BURGER, G. C. (1988): Die Rohkosttherapie (Instinktotherapie). München.

DAHLKE, R. (o.J.): Bewußt fasten. München.

DASA, A. (1987): Vedische Kochkunst. Heidelberg.

da SILVA, K. (1990): Richtig essen zur richtigen Zeit. Ernährung und Kinesiologie. München.

DETHLEFSEN, T. & DAHLKE, R. (1983): Krankheit als Weg. München.

DIAMOND, H. & M. (1987): Fit fürs Leben. Ritterhude.

DIAMOND, H. & M. (1987): Lebensmittel-Kombinations-Tabelle. Ritterhude.

DIAMOND, H. & M. (1989): Fit fürs Leben – Teil 2. Ritterhude.

DIAMOND, M. (1991): Neue Eßkultur mit Sonnenkost. Waldthausen, Ritterhude.

DYCHTWALD, K. (1981): Körperbewußtsein. Essen.

EHRET, A. (1988): Die schleimfreie Heilkost. Ritterhude.

EHRET, A. (1989): Vom kranken zum gesunden Menschen d. Fasten. Ritterhude.

ELMADFA, I., AIGN, W., FRITZSCHE, D. (1988): Nährwert Kompaß. München.

FRAWLEY, D. (1989): Ayurvedic healing. A comprehensive guide. Passage Press, Salt Lake City. Utah.

FRY, T. C. (1988): Dynamische Gesundheit. Ritterhude

GERSON, M. (1961): Eine Krebstherapie: Bericht über 50 Fälle ... Freiburg.

GESELLSCHAFT FÜR NATÜRLICHE LEBENSKUNDE e. V. (Hrsg.) (1988):
Heft 1: Milch, Quelle der Gesundheit oder Krankheit? Gefahren der Milch. (Dorschner & Fuhrmann)
Heft 2: Lebenskraft durch Fleisch? Ein Märchen. (Dorschner)
Heft 3: Fleisch. Ursache von Zivilisationskrankheiten. (Langer)
Heft 4: Gesund durch natürliche Ernährung. (Langer)
Heft 5: Unser Wasser. Ursache von Krankheiten. (Langer)
Heft 6: Vegetarismus gestern und heute. (Baumgart)

GESELLSCHAFT FÜR NATÜRLICHE LEBENSKUNDE e. V. (Hrsg.) (1989): Studienreihe für Gesundheitspraktiker, Studienbrief 1 etc. Ritterhude.

GESELLSCHAFT FÜR NATÜRLICHE LEBENSKUNDE e. V. (Hrsg.) (1989): Lebenskunde, Magazin für Gesundheitspraktiker, Heft 1 etc. Ritterhude.

GOETZ, R. (1987): Naturkost, ein prakt. Wanderführer. Bd. 1 & 2. Schaafheim.

GOETZ, R. (1988): Andere Ernährung: Ein Führer durch die alternativen Kostformen. Schaafheim.
GRONAU, H. (1988): Keime und Sprossen – einfach köstlich. Weil der Stadt.
HAEFELI, B. (1991): Die Wahrheit über Mykosen. In: Raum und Zeit, 9/50, S. 17–29. Ehlers Verlag, Sauerlach.
HAMER, R. G. (1989): Krebs, Krankheit der Seele. Köln.
HAUSCHKA, R. (1989): Ernährungslehre. Frankfurt a. M.
HAZARD, S. (1990): Kohlenhydrate sind schlecht verdaulich. – Lebenskunde. Magazin für Gesundheitspraktiker, Heft 1, 1990. S. 31. Ritterhude.
HERTLING (1988): Kochen mit Hirse. Schaafheim.
HUNT, D. (1987): No more cravings. New York.
HUNTZIGER, J. (1988): Mieux vaut cru et en bonne santé! Ou les quatre vérités d'un naturopath. Editions du Rhin, Steinbrunn-le-Haut.
JOHARI, H. (1988): Grundlagen der ayurwedischen Kochkunst. Durach.
KAPFELBERGER, E. & POLLMER, U. (1988): Iß und stirb. München.
KATALYSE-UMWELTGRUPPE (1983): Chemie in Lebensmitteln. Köln
KELDER, P. (1989): Die fünf „Tibeter". Integral Verlag, Wessobrunn.
KENTON, L. & S. (1987): Kraftquelle Rohkost. München.
KIME, Z. R. (1989): Sonnenlicht und Gesundheit. Ritterhude
KOERBER, K. W., MÄNNLE, T. & LEITZMANN, C. (1987): Vollwert-Ernährung. Heidelberg.
KOLLATH, W. (1987): Die Ordnung unserer Nahrung. Heidelberg
KUSHI, M. & JACK, A. (1987): Das Buch der Markobiotik. Südergellersen.
LAN THAI, K. (1988): Köstliches aus dem Wok. München.
MARKUS & FINCK (1990): Ich fühle mich krank und weiß nicht, warum. Candida albicans, die maskierte Krankheit. Ehrenwirth-Verlag, München.
MOELLER, M. L. (1989): Gesundheit ist eßbar. Ritterhude.
MÜHLEISEN, I. (1988): Gute Argumente: Ernährung. München.
NEUMANN, H. (1991): Stop der Azidose. Eine Ganzheitsmethode mit Langzeitwirkung gegen die Zivilisationskrankheit Körperübersäuerung (mit einem Kapitel über Candidiasis und deren Therapie). Fürhoff Verlag, München.
OUSELEY, G. J. R. (1988): Das Evangelium des vollk. Lebens. Bad Homburg.
PEARSON, L. & L. (1988): Psychodiät. Hamburg
PEITER, J. (1989): Die Heilkraft der Vital-Ernährung. Königstein 2.
PILGRIM, V. E. (1988): Zehn Gründe kein Fleisch mehr zu essen. Frankfurt a. M.
RAJNEESH, SHREE (1982): Das orangene Buch: Die Meditationstechniken von Bhagwan Shree Rajneesh. Stuttgart.
RAUM & ZEIT, Zeitschrift im Ehlers-Verlag, Sauerlach. (u. a. alternative Medizin).
RAUSCHER, (1989): Sind Mykosen Ursache für Neurodermitis? in: Raum und Zeit, 8/42, S. 32–35. Ehlers Verlag, Sauerlach.
RAUSCHER, (1989): Tödliche Mykosen durch krankmachende Hefe-Schimmel pilze. Eine Antwort der Natur auf Antibiotika-, Cortisonsmißbrauch und Umweltgifte. Reischer Verlag, Karlsruhe.
RAY, S. (1986): Schlank durch positives Denken, die spirituelle Diät. München.
RANDOLPH, T. G. & MOSS, R. W. (1986): Allergien: Folgen von Umweltbelastung und Ernährung. Karlsruhe.
RECKEWEG, H.-H. (1977): Schweinefleisch und Gesundheit. Baden-Baden.

RIEDWEG, F. (1987): Hormonmangel. Regensburg.
ROCHLITZ, S. (1989): Die fehlende Dimension: Energiebalance. Mit Kinesiologie gegen Allergien und Kandida. Droemer-Knaur Verlag, München.
RÜTTING, B. (1991): Lieblingsmenüs aus meiner Vollwertküche. München.
SCHAETZING, E. E. & WENDE, P. (1987): Trennkost-Diät. Landsberg/Lech.
SCHMIDT, G. (1974): Dynamische Ernährungslehre Bd. 1. St. Gallen.
SCHMIDT, G. (1979): Dynamische Ernährungslehre Bd. 2. St. Gallen.
SCHNITZER, J. G. (1982): Der alternative Weg zur Gesundheit. München.
SCHUBERT, U. B. & F. W. NEUTZLER (1991): Fasten und essen. Gesundheit für Körper, Seele und Geist. Verlag Peter Erd, München.
SHELTON, H. M. (1989): Richtige Ernährung. Ritterhude.
SPILLER, W. (1988): Neurodermitis. Krankheit ohne Ausweg? Mit Rezepten „tierisch-eiweißfreie Vollwertkost". Verlag Natürlich & Gesund, Stuttgart.
SPILLER, W. (1991): Ganzheitstherapie bei Pilzkrankheiten. Vortrag auf dem 3. Gesundheitskongreß in Hamburg vom 4.-5. Mai 1991. Erhältlich als Toncassette beim Waldthausen Verlag, Ritterhude.
STEINER, R. (1989 A): Naturgrundlagen der Ernährung. Stuttgart.
STEINER, R. (1989 B): Ernährung und Bewußtsein. Stuttgart.
SUMM, U. (1988): Trennkost. Niedernhausen Ts.
WAERLAND, A. (o. J.): Handbuch der Gesundheit. Bern.
WAGNER, C. (1992): Jeder ist einmalig. Die Konstitution des Menschen auf der Basis der Körperchemie mit Angaben zur jeweils passenden Ernährung. Frederiksen & Weise TABULA SMARAGDINA Verlag, München.
WALB, L. & WALB, I. (1986): Die Haysche Trennkost. Heidelberg.
WANDMAKER, H. (1988): Willst Du gesund sein? Vergiß den Kochtopf! Ritterhude.
WEIGERSTORFER, R. (o. J.): Bio-Wippen. Das Training des Zukunft. Regensburg.
WEISE, D. O. (1990 a): Harmonische Ernährung. Wie Sie bewußter werden und Ihre persönliche gesunde Ernährung intensiv selbst finden. Frederiksen & Weise TABULA SMARAGDINA Verlag, München.
WEISE, D. O. (1990 b): Nahrung als Information. In: Raum und Zeit, 9/48, S. 30–34. Ehlers Verlag, Sauerlach.
WEISE, D. O. (1991): Melone zum Frühstück. Abenteuergeschichten über gesundes, genußreiches Essen. Für Kinder ab 8 J., Jugendliche und Erwachsene. Frederiksen & Weise TABULA SMARAGDINA Verlag, München.
WEISE, D. O. (1991): Ernährung, Bewußtheit, Harmonie. Vortrag auf dem 3. Gesundheitskongreß in Hamburg vom 4.–5. Mai 1991. Erhältlich als Toncassette beim Waldthausen Verlag, Ritterhude. Dieser Vortrag behandelt die unterschiedliche Verträglichkeit von Rohkost für Menschen mit unterschiedlichem Temperament, verschiedener Konstitution.
WEISE, D. O. (1993): Die Fünf „Tibeter", Feinschmecker Küche. Integral Verlag, Wessobrunn.
WENDT, L. (o. J.): Gesundwerden d. Abbau von Eiweißüberschüssen. St. Georgen.
WENDT, L. & PETRI, S. (1985): Eiweißfasten. Heidelberg.
WIGMORE, A. (1990): Lebendige Nahrung ist die beste Medizin: Die Hippocrates Diät. Droemer-Knaur Verlag, München.
WILZ, G. (1990): Die vegetarische Rohkost, Heilnahrung für Körper, Seele & Geist. Eigenverlag, Görwihl.
YOGANANDA, S. (1988): Autobiographie eines Yogi. München.